사람을
경영
하는

사장의
생각

**사장은 무엇을 고민하고,
어떻게 해결하는가**

신현만 지음

21세기북스

사람을
경영
하는

● 사장의
● 생각

"기업은 사람이 하는 것이고, 사람은 기업을 움직인다.
기업의 성패를 좌우하는 것은 사람이다.
또 그런 사람을 만들어내는 것은 기업이다."

—

호암 이병철

사장은 무슨 생각을 하고 있을까

●
●

오래전 초등학교에 다니던 아들과 이런 대화를 한 적이 있다.

"아빠는 회사에 가서 뭐 해?"

"일하지."

"무슨 일?"

"무슨 일 하는 것 같니?"

"서류에 결재하고, 직원들 야단치고……."

"그리고?"

"몰라, 정말 뭐 해?"

초등학교 다니던 아들에게 사장은 서류에 서명이나 하고 직원들을 채근하는 존재로 비춰졌던 것 같다. 아마 텔레비전 드라마에 등장하는 사장의 모습이 그랬던 모양이다.

그러나 내가 만난 사장들은 모두 회사를 키우기 위해 동분서주하고 있다. 사장들은 자금을 확보하고 기술을 개발하고 새 상품을 기획하고 마케팅 전략을 짜느라 밤늦게까지 사무실 불을 밝히기 일쑤였다. 이들에게 회사는, 몸뚱이는 하나고 머리는 다른 샴쌍둥이 같은 존재였다. 사장들은 회사의 성장을 자신의 발전처럼 기뻐했다. 반대로 성장이 정체하거나 쇠퇴하면 심하게 가슴앓이를 했다.

이렇게 모든 경영자들이 기업의 성장을 위해 애를 쓰지만, 모두가 그 꿈을 이루는 것은 아니다. 어떤 기업은 설립한 지 몇 년이 안 됐는데도 초고속 성장을 거듭하며 세간의 주목을 받는다. 처음 만났을 때 떡잎만 겨우 내민 스타트업이었는데 순식간에 중소기업의 모양을 갖추는가 싶더니 몇 년이 지나지 않아 중견기업의 반열에 오르기도 한다. 그렇게 해서 몇몇 경영자들은 자신이 이끄는 회사를 대기업으로 키워간다.

그러나 대부분의 기업들은 경영자들의 간절한 꿈과 달리 떡잎 단계에서 물기가 말라버리거나 중소기업 수준을 넘어서지 못한다. 사장이 전력을 다해 중견기업을 향해 질주하려 하지만, 마음과 달리 몇 년 아니, 10년, 20년씩 성장이 멈춰 있는 곳이 대다수다. 더구나 중견기업에서 대기업으로 성장하는 것은 하늘에서 별을 따는 것만큼이나 어렵다.

왜 이런 차이가 생기는 것일까? 왜 어떤 경영자는 기업을 빠르게 키워나가는 반면 어떤 경영자가 맡고 있는 기업은 성장을 멈추거나 심지어 조로하는 것일까?

성장하는 기업 vs. 조로하는 기업: 차이는 '사람 경영'이다

이 책은 이런 의문에 대한 답이다. 나는 30년 가까이 신문사와 인재 컨설팅$^{Talent\ Consulting}$ 회사에서 일하면서 수많은 기업경영자를 만났다. 또 꽤 긴 시간 직접 경영자로 일하면서 기업의 성장을 고민해왔다. 이 책은 이 경험을 토대로 경영자들과 고민을 나누면서 그들에게 했던 조언을 갈무리한 것이다.

이 책에 등장하는 경영자들의 수많은 의문과 고민은 내가 경제주간지 〈한경비즈니스〉에 'CEO 코칭'이라는 주제로 연재할 때 경영자들이 이메일이나 전화로 알려온 것, 혹은 직접 만나서 털어놓은 것들이다.

내가 접한 경영자들의 고민과 의문은 각양각색이었지만, 핵심주제는 단 하나였다. 경영자들은 한결같이 '사람'을 놓고 고민하고 연구하고 생각했다. 창업 동지부터 전문경영인, 임원, 중간간부, 직원에 이르기까지 경영진의 머리를 가득 채우고 있는 것은 언제나 사람이었다.

이것은 내로라하는 세계적 경영자들도 마찬가지다. 에드 마이클스가 펴낸 《인재전쟁$^{The\ Talent\ War}$》에 '리미티드$^{The\ Limited}$'의 최고경영자인 레스 웩스너$^{Les\ Wexner}$의 이야기가 실려 있다. 리미티드는 2003년 미국 경제주간지 〈포춘^{Fortune}〉이 선정한 스페셜 리테일러 중 최고 기업으로 대중들에게 '빅토리아 시크릿$^{Victoria's\ Secret}$'이라는 속옷 브랜드로 잘 알려진 곳이다. 웩스너는 스탠더드앤푸어스$^{S\&P}$ 지수에 편입된 미국 대기업 CEO 가운데 최장수 CEO다. 그는 리미티드에서 50년이 훨씬 넘게 최고경영자로 일했다.

웩스너는 1990년대 초반 리미티드의 수익이 급감하면서 주가가 내리막길을 걷자 심각한 고민에 빠졌다. 그는 위기를 벗어나기 위해 밤낮없이 열심히 일했지만 경영 상황은 좀처럼 개선되지 않았다. 그래서 웩스너는 GE나 펩시콜라 같은 세계적 기업의 CEO로부터 조언을 듣기 위해 그들을 찾아갔다.

웩스너는 그들에게 얼마나 자주 영업매출을 확인하는지 물었다. 그들은 "한 달에 한두 번"이라고 말했다. 일주일에 한두 번도 아니고 한 달에 한두 번이라니, 웩스너는 믿을 수 없었다. 그래서 새 광고를 검토하는 데 얼마나 시간을 쓰는지 물었다. 그런데 그들의 대답은 모두 "거의 안 한다"였다. 예상하지 못했던 답변에 놀란 웩스너는 그렇다면 새로운 상품의 콘셉트를 정하는 데는 얼마나 시간을 할애하는지 캐물었다. 그들은 하나같이 "가끔"이라고 답했다. 그것도 예산지출이 많은 상품일 경우에만 확인한다고 말했다.

그들의 답을 이해할 수 없었던 웩스너는 "그럼 도대체 무엇을 하면서 지내느냐"고 따지듯 물었다. 기업경영자가 매출도, 상품기획도, 광고도 안 챙긴다니 도무지 상상조차 할 수 없기 때문이었다. 그런데 그들의 대답은 똑같았다. 인재를 채용하고, 특정 직위에 적합한 인물을 선별하고, 젊은 인재를 훈련하고, 글로벌 관리자를 육성하고, 성과 미달자의 문제를 처리하고, 전체 인재 풀pool을 검토한다는 것이다. 즉, '사람'에게 시간의 절반 정도를 쓴다는 것이었다.

특히 GE의 전 최고경영자 잭 웰치는 자기 시간의 75퍼센트를 핵심 인재를 찾고 채용하고 평가하고 보상하는 데 썼다고 말했다. 그는 "각 사업부에 유능한 인재가 배치되는 것이 가장 중요한 일이고, 그렇게 하지 않으면 사업에 실패할 것"이라고 강조했다.

사람들은 잭 웰치의 이런 말이 조금 과장된 것이라고 생각한다. 인재가 중요하다는 사실은 이해가 되지만 자기 시간의 대부분을 인재관리에 쏟는다는 것은 현실적이지 않다고 생각하기 때문이다.

'사장은 자금도 확보해야 하고 기술개발도 독려해야 하며 새로운 상품의 기획을 후원할 뿐 아니라 영업도 지원해야 해. 이렇게 할 일이 많은 최고경영자가 인재관리에만 신경을 쓴다고? 말도 안 돼. 잭 웰치의 말은 인재관리의 중요성을 강조하기 위해 사용된 상당히 과장된 표현일 거야.' 대부분 이렇게 치부하고 만다. 그러나 나는 잭 웰치의 말을 이해하고 동감한다. 나 역시 기업을 경영하면서 시간의 대부분을 임직원 관리를 위해 쓰고 있기 때문이다.

기본적으로 기업은 사람이다. 공동의 이익을 위해 함께 모여 일하는 사람의 집단이다. 사람이 전부인 기업에서 경영자가 사람에게 관심을 쏟지 않으면 도대체 무엇을 한단 말인가? 자금확보도, 기술개발도, 상품기획도, 영업도 모두 사람이 하는 것이다. 그런데 사장이 아무리 뛰어나도 혼자서 이런 업무를 다 잘할 수는 없다. 능력과 관계없이 물리적으로 시간이 부족하다. 따라서 사장은 이런 일을 잘할 수 있는 직원을 뽑아서 그들이 일을 잘하도록 만들 수밖에 없다.

삼성을 창업한 호암 이병철 회장도 "내 인생의 80퍼센트는 인재를 모으고 교육시키는 일로 보냈다"고 회고했다. 이 회장이 사람에게 자신의 모든 것을 쏟아 부은 것은 그만큼 사람이 중요하기 때문이다. 그는 이렇게도 말했다.

"기업은 사람이 하는 것이고, 사람은 기업을 움직인다.
기업의 성패를 좌우하는 것은 사람이다.
또 그런 사람을 만들어내는 것은 기업이다."

나는 기업에서 경영자의 역할은 간단명료하다고 생각한다. 경영자라면 세 가지를 잘해야 한다. 아니, 이 세 가지만 잘하면 경영에서 성공할 수 있다. 첫째는 우수한 인재를 확보하는 것이다. 기업의 성장발전에 필요한 인재를 확보하는 것은 전적으로 최고경영자의 몫이다. 둘째는 그렇게 모은 인재를 조직하는 것이다. 구슬이 서 말이라도 꿰어야 보배라는 속담이 있다. 아무리 우수한 인재가 모여 있어도 이들이 조직적으로 일하도록 만들지 않으면 원하는 성과를 얻기 어렵다. 셋째는 조직 구성원들에게 일하는 동기를 부여하는 것이다. 최고경영자는 임직원들이 미치도록 일하게 만들고, 업무에 몰입하게 만들어야 한다.

기업을 빠르게 키우는 경영자와 성장 정체로 어려움을 겪고 있는 경영자는 이 세 가지를 얼마나 중요하게 생각하고 실행하는지에서 근본적으로 차이가 있다. 기업의 성장은 사장이 임직원을 얼마나 잘 관리하느냐에 달려 있는 셈이다.

앞서 소개했던 웩스너 역시 세계적 경영자들의 조언을 듣는 과정에서 기업의 성장에 가장 중요한 것은 인재관리라는 사실을 깨달았다. 어떻게 인재를 선발하고 육성하느냐가 기업의 성장을 좌우한다는 사실을 발견한 것이다. 웩스너는 그들과 만나면서 기업을 위대하게 만드는 것도 인재란 사실을 절감했다.

웩스너는 이들과 면담한 뒤 곧바로 회사에서 가장 중요한 100명의 리스트를 만드는 등 인재관리를 시작했다. 하버드 경영대학원 교수를 컨설턴트로 고용했고, 대대적으로 유능한 인재의 영입에 나섰다. 이 과정에서 3년간 250명의 핵심보직 담당자 가운데 절반이 바뀌었다. 그 결과 리미티드는 3년 만에 수익과 주가가 모두 두 배로 뛰었다.

사장은 무엇을 생각하고, 왜 고민하며, 어떻게 해결하는가?

이 책은 앞서 언급한 대로 기업경영자들의 고민과 그 고민에 대한 해법이다. 내가 만나고 연락했던 기업경영자들의 고민은 대부분 사람이나 조직과 관련된 것이었다. 그런데 그들은 고민에 대한 해법을 대부분 알고 있었다. 오랫동안 기업을 경영하는 과정에서 자연스럽게 고민에 대한 해법을 터득한 것이다. 그럼에도 불구하고 이들 경영자들이 해법을 실행하지 않았던 것은 해법의 중요성을 간과했거나, 그 해법이 옳은지에 대한 확신이 부족했기 때문이었다.

이 책은 기본적으로 경영자와 임원들을 위한 것이다. 기업을 경영해본 경험이 있거나 현재 경영하고 있는 사람이라면 책장을 넘길 때마다 자신의 이야기를 하고 있다는 느낌을 받게 될 것이다. 질문자들이 대부분 기업경영과 조직운영의 책임을 맡고 있는 경영자와 임원들이고, 질문 내용 역시 이들이 부닥치는 현실에 관한 것이기 때문이다.

따라서 책을 읽다 보면 경영자와 임원들은 대개 자신과 비슷한 고민을 안고 있고 비슷한 해법을 선택하고 있음을 확인할 수 있을 것이다. 때로 자기 고민에 걸맞은 해법을 얻지 못할 수도 있다. 그러나 나만 유독 불운해서 골치 아픈 일들을 겪고 있는 특별하고 특수한 존재가 아니라는 점을 아는 것만으로도 위안이 되고 힘을 얻을 수 있을 것이다.

이 책은 또 기업의 직원들에게도 도움이 될 것이다. 직원과 사장은 한 직장에서 동고동락하고 있지만 같은 사안을 놓고 전혀 다른 관점에서 접근하는 경우가 많다. 직원들은 종종 사장을 이해하기 어렵다고 말한다. 우리 주변에 "사장님은 왜 저런 말을 할까", "사장님이 왜 저렇게 결정했을까", "도대체 사장님은 무슨 생각을 하고 계신 걸까"라고 의

문을 갖는 직장인들이 많다.

그러나 사장은 직원이 보는 것보다 훨씬 많은 것을 본다. 직원이 보는 세계가 전부가 아니다. 사장의 판단이 종종 직원들과 다른 것도 이 때문이다. 그런 점에서 임직원들이 사장의 생각과 고민을 이해한다면 직장생활에 큰 도움이 될 수 있다. 경영자들이 어떤 생각을 하고 어떻게 해결하는지를 안다면 직장인들의 언행은 지금과 많이 달라질 것이다.

직장에 다니지 않더라도 기업경영에 관심이 있는 사람이나 직장에 들어가려는 예비 직장인들에게도 이 책은 도움이 될 것이다. 기업을 이해하는 가장 좋은 방법은 경영자를 이해하는 것이다. 기업에서 경영자가 차지하는 비중은 절반을 훨씬 넘는다. 그만큼 경영자가 중요하다. 특히 취업을 준비하는 대학생들에게 이 책은 경영현실을 미리 간접적으로 체험할 수 있는 기회를 제공할 것이다.

기업을 경영한다는 것은 매일 도전한다는 뜻이다. 수많은 경영자들이 오늘도 기업의 성장발전을 위해 회사 안팎의 문제와 씨름하고 있다. 대부분 피할 수 없는 문제들인 데다 누구도 대신하기 어려운 성장통을 수반하고 있다. 따라서 경영자들은 고통스럽지만 문제를 해결하는 과정에서 회사가 한 단계 성장하고 발전한다는 희망을 갖고 의연하게 대처해야 한다.

오늘도 도전하는 기업의 경영자들에게 위로와 성원을 보낸다.

2015년 여름 삼성동에서

신 현 만

∙
∙

PART 04

목표는 생존이 아닌 성장이다

01 ·· 문제의 답은 항상 시장에 있다

02 ·· 레드오션을 알아야 블루오션이 제대로 보인다

PART 01

어떤 사장이
회사를 키울까

많은 기업들이 사라지는 가장 큰 이유는 경영자가 포기하기 때문입니다.
'무엇 때문에 이런 고생을 하고 있는가', '이렇게까지 하면서 회사를 지켜야 하는가'라는
생각이 끊임없이 들지만, 매번 떨쳐내야만 합니다.
경영자가 '왜 내가 이런 책임과 고통을 감수해야 하는가'라고 회의하는 순간,
회사는 무너지고 맙니다. 살아남고 성장하는 기업은
이를 악물고 역경을 견딘 경영자가 있습니다.
성공하는 경영자는 정말 마지막이다 싶은 그 순간에도 포기하지 않습니다.

사장은 '끝까지
살 길을 찾는 사람'

•

CEO 자질

Q 전자부품 제조 회사를 경영하고 있습니다. 제가 나이도 많은 데다 건강도 좋지 않아서 회사경영을 맡길 사람을 찾고 있습니다. 그런데 회사 안팎에서 후보자들을 추려 살펴보고 있습니다만, 제각각 장단점이 뚜렷해서 어느 한 사람을 지목하기가 어렵습니다. 기본적으로 최고경영자는 회사를 대표할 수 있는 자격과 구성원들을 지휘할 수 있는 역량을 두루 갖추어야 한다고 생각합니다. 어떻게 해야 이런 사람을 고를 수 있을까요? 최고경영자를 선택할 때 중요하게 고려해야 할 점들을 알려주십시오.

A 최고경영자는 비전을 제시하고 그에 대한 확신을 주는 사람이자, 직원들이 그 비전을 실현할 수 있도록 돕는 사람입니다. 또한 무엇보다 위기가 닥쳤을 때 큰 고통을 감내하며 기업을 살려내기 위해 최선을 다하는 사람이어야 합니다. 그러니 후보자들이 위기가 닥쳤을 때 어떻게 행동하는지 주의 깊게 관찰해보세요.

비전을 현실로 만든다는 것

기업에서 CEO(최고경영자)가 해야 할 역할은 너무도 많습니다. 조직의 성과를 끌어내기 위해 할 수 있는 모든 일을 해야 하기 때문에 단순히 어떤 일만 잘하면 된다고 말하기 어렵지요. 그렇다고 모든 일을 CEO가 다 해야만 성과를 거둘 수 있다면, 그 조직은 정상적으로 운영되고 있다고 볼 수 없습니다. 그런 점에서 CEO는 본인만이 할 수 있는 일을 잘하는 사람이어야 합니다.

일반적으로 경영자가 해야 할 일은 크게 세 가지입니다.

첫 번째는 회사의 비전을 만들고 유지하는 것입니다. 어느 기업에서나 비전은 온전히 CEO의 몫입니다. 창업자의 설립취지, 회사 안팎의 상황, 조직 구성원들의 열망을 담을 수 있는 비전을 만드는 일이야말로 CEO가 역량을 집중해야 할 뿐 아니라, 역량을 가장 잘 발휘할 수 있는 분야입니다.

비전이 제대로 제시돼야 기업이 흔들림 없이 나아갈 수 있고, 구성원들의 역량도 모을 수 있습니다. 회사의 비전에 동의할 때 직원들은 회사에 대해 자부심을 갖게 됩니다. 업무 의욕이 높아지고 회사 일에 자발적으로 참여하게 됩니다. 구성원의 자발적 참여는 조직이 성과를 내는 데 가장 중요한 요소입니다.

둘째, 직원들에게 확신을 심어주는 일입니다. 비전이 만들어졌다고 해서 저절로 실현되는 것은 아닙니다. 직원들은 끊임없이 흔들리고 의심합니다. 이 때문에 수시로 회사의 비전이 실현가능한 것인지 확인하고 싶어 합니다. 이때 CEO는 직원들의 궁금증에 답을 줘야 합니다. 우리 회사의 비전은 실현가능한 것이라는 확신을 심어줘야 한다는 겁니다. 그러기 위해서 CEO 자신부터 스스로 세운 비전을 확신할 수 있어야 합니다. 직원들은 상사의 심리 상태를 기가 막히게 알아챕니다. 상사의 말과 행동, 표정과 제스처를 보고 금방 느낍니다. 경영자가 아무리 숨기려 해도 그가 제시한 비전이 공허한 그림에 불과한지, 아니면 설계도가 갖춰진 실현가능한 것인지 알게 된다는 뜻입니다.

셋째, CEO는 직원들이 비전을 실현해가도록 도와야 합니다. 뚜렷한 비전이 있고 그 비전의 실현을 확신하고 있다면, 그다음에 할 일이 뭐겠습니까? 비전을 현실로 만들기 위해 모든 것을 투입하는 것입니다. 기업에서 일은 직원들이 합니다. 따라서 CEO는 직원들이 일을 잘할 수 있도록 여건을 만들고 분위기를 조성하는 데 전력투구해야 합니다.

가끔씩 본인이 비전을 제시해놓고도 행동을 망설이는 경영자들을 보게 됩니다. 이런 경영자와 함께 일하는 직원들은 "이럴 거면 비전은 무엇 때문에 있는지 모르겠다"며 볼멘소리를 해댑니다. 직원들은 의욕을 잃고 조직은 금세 길을 헤맵니다. 당연한 일입니다. CEO가 움직이지 않고 조직이 움직이기를 기대할 수는 없습니다.

직원을 돕는다는 것은 먼발치에서 지켜보는 일이 아닙니다. 솔선수범을 뜻합니다. 본인이 먼저 팔을 걷어붙이고 비전을 구현해가야 합니다. 직원들이 일하는 것을 도와야 하고, 때로 앞장서서 나가야 합니다.

이렇게 또렷하게 앞만 보며 나아간다면 직원들은 CEO를, 또 CEO가 제시한 비전을 더욱 신뢰할 것입니다.

할 만큼 했다는 자기위안을 경계하라

—

그 밖에, CEO가 해야 할 일이 하나 더 있습니다. 어쩌면 앞서 말한 세 가지보다 더 중요한 역할일 수도 있습니다. 많은 CEO들이 앞의 세 가지 일들을 잘 해냈지만 결과적으로 실패한 경영자로 남는 것은 이 일에 실패했기 때문입니다. 바로 역경을 이겨내는 것입니다.

경영자가 기업을 설립해서 일정한 궤도에 올려놓기까지 그 과정에는 수많은 역경이 도사리고 있습니다. 이런 역경을 견디고 이겨내는 경영자는 생각보다 많지 않습니다. 2012년 한 해 동안 국내에서 77만여 개의 기업이 새로 만들어졌습니다. 그런데 이렇게 설립된 기업 가운데 절반 이상이 2년도 안 돼 문을 닫았습니다. 통계를 보면 5년 뒤까지 살아남는 기업은 전체 기업 수를 10으로 볼 때 3개가 채 안 된다고 합니다. 게다가 어렵게 살아남은 기업도 계속해서 성장하고 발전해갈 수 있는 것이 아닙니다. 대기업으로 발전하는 곳은 손에 꼽을 정도입니다.

이렇게 많은 기업들이 사라지는 가장 큰 이유는 바로 경영자가 포기하기 때문입니다. 기업을 키워내려면 수많은 고비를 넘겨야 하고, 그만 포기하고 내려놓고 싶은 유혹을 계속해서 물리쳐야 합니다. '무엇 때문에 이런 고생을 하고 있는가', '이렇게까지 하면서 회사를 살려야 하는가'라는 생각이 끊임없이 들지만, 매번 떨쳐내야만 합니다. 경영자가

'왜 나만 이런 책임과 고통을 감수해야 하는가'라고 회의하는 순간, 회사는 무너지고 맙니다. 그래서 살아남고 성장하는 기업에 반드시 이를 악물고 역경을 견딘 경영자가 있습니다.

위기가 닥치면 많은 경영자들이 대책을 마련하기 위해 동분서주합니다. 허리띠를 졸라매고 사방팔방에 지원을 호소하기도 합니다. 그러나 이런 노력에도 불구하고 길이 없어 보일 때가 많습니다. 문을 닫는게 그나마 피해를 최소화하는 방법처럼 보입니다. 사업을 계속하는 것은 무모한 오기일 뿐이라는 생각에 사로잡히기도 합니다. '할 만큼 했으니 이제 그만 손을 놓아야겠다…' 경영자가 이렇게 생각하는 순간 또 하나의 기업이 실패한 숱한 기업들의 대열에 들어서게 됩니다.

그러나 성공하는 경영자는 정말 마지막이다 싶은 그 순간에도 포기하지 않습니다. 정주영 현대그룹 회장이 한 말을 기억하십니까? "내가 실패라고 생각하지 않는 한 결코 실패가 아니다." 스스로 포기하지만 않는다면 단지 시련이 계속되고 있을 뿐 아직 실패한 것이 아니라는 뜻이지요. 그런 태도 덕분에 그는 아무것도 없는 벌판에서 현대그룹이라는 거대한 기업을 일굴 수 있었습니다. 그래서 그는 창업자의 가장 근본 덕목으로 낙관적 사고와 자신감을 꼽았습니다.

일본 사쿠라전기의 마쓰모토 겐이치 회장은 "경영자란 역경에서도 포기하지 않고 살아갈 길을 찾는 사람"이라고 강조합니다. 어려움 속에서도 어딘가 살아갈 길이 있다고 믿는, '이까짓 것쯤이야' 하는 태도야말로 기업경영자에게 가장 중요한 덕목이라는 겁니다.

포기하지 않으면 언젠가는 성공하는 법입니다. 포기하지 않고 역경을 견뎌내는 것, 이것이야말로 CEO에게 꼭 필요한 자질입니다.

비전 없는 회사에
내일도 없다

•

비전

Q 얼마 전 식사 자리에서 한 직원으로부터 "회사의 비전이 무엇이냐"는 질문을 받은 적이 있습니다. 갑작스러운 질문이라서 얼버무리고 넘어갔습니다만, 마음이 편치 못했습니다. 비전은 추상적이고 형식적인 것이라고 여겼기에 그동안은 회사의 비전에 대해 큰 고민을 하지 않고 지내왔습니다. 많은 회사들이 홈페이지에 비전을 제시하고 있지만 실제 경영은 그와 다른 모습이기도 했고요. 그런데 직원의 질문을 받고 보니 제가 뭔가 잘못 생각한 게 아닌가 걱정이 됩니다. 실제로 기업에서 비전이 갖는 의미는 어떤 것인가요? 비전이 꼭 있어야 할까요?

A 비전이 없는 회사는 방향키가 없는 배나 마찬가지입니다. 비전은 기업문화와 인재확보에도 큰 영향을 미치므로 회사가 성장발전하려면 꼭 있어야 합니다. 뜬구름 잡듯 무의미한 비전이 아닌, 구체적이고 실현가능한 비전을 세우십시오. 그리고 그것을 꼭 현실로 만들어가십시오.

비전은 뜬구름 잡는 이야기?

—

'비전이 꼭 필요할까?' 경영자라면 한 번쯤 진지하게 고민하고 답을 찾아내야 하는 질문입니다. 보통 기업들이 제시하는 비전을 보면 대체로 추상적이기도 하고 형식적인 것처럼 보이기도 합니다. 아마도 경영자들이 비전을 먼 미래에 관한 이야기, 그것도 구체성이 없이 뜬구름 잡는 이야기처럼 생각하고 있기 때문일 겁니다. 실제로 비전에 대해 큰 관심을 두는 경영자들은 그리 많지 않습니다. 일부 임원들은 회사의 사업이나 직원들의 업무와 큰 관련이 없는데 왜 그런 것에 신경을 쓰고 있는지 이해하기 어렵다는 반응을 보이기도 합니다. 그런데 정말 그럴까요?

몇 년 전 어떤 분이 부모로부터 떡을 만드는 회사를 물려받았습니다. 그 부모는 오랫동안 떡 가게를 운영해왔습니다. 떡의 품질이 좋고 고객에게 정성을 다했기 때문에 시장에서 좋은 평가를 받았습니다. 그의 부모는 자신들의 제품을 한국을 대표하는 떡으로 만들겠다는 꿈을 갖고 있었습니다. 그래서 작지만 연구소까지 설립해 제품개발을 위해 노력했습니다. 전통 떡에 관심을 갖고 있던 인재들이 모여들었고 다양한 제품이 만들어졌습니다. 이런 노력 덕분에 사업이 계속 커져 어느덧 직원 수만 해도 100명을 훌쩍 넘어섰습니다. 그런데 부모가 갑작스러운 사고를 당하는 바람에 아들이 경영을 맡게 됐습니다.

부모의 사업을 물려받은 아들은 떡에 큰 관심이 없었습니다. 그는 커피사업이 잘된다는 소식을 듣고 작은 커피 회사를 인수했습니다. 제주도 토종돼지가 인기를 끌고 있다는 뉴스에 흥미를 느껴 토종돼지를 키우는 양돈사업에도 뛰어들었습니다. 그에게 사업은 오로지 수익을 만드는 수단이었습니다. 이 때문에 돈 되는 사업이라면 무엇이든 하려 했습니다.

유감스럽게도 결과가 좋지 않았습니다. 커피사업의 경우 시장이 커지자 대형 프랜차이즈 회사들이 등장했습니다. 이들은 대규모 자금을 투입해 수백 개의 체인점을 내고 마케팅에 나섰습니다. 떡 가게 아들의 회사를 포함한 중소기업들은 순식간에 경쟁력을 잃고 말았습니다. 양돈사업도 돼지유행성설사병이 돌면서 큰 타격을 입고 철수해야 했습니다.

그런데 이렇게 신규사업이 망가지기 전에 모든 사업의 기반이 됐던 떡 사업이 먼저 흔들렸습니다. 그가 다른 사업에 눈을 돌리자 떡 사업을 주도했던 전문인력들이 떠나버렸기 때문입니다. 이들은 회사에서 자기 비전을 찾기 어렵게 되자 경쟁회사로 옮기거나 창업했습니다.

왜 비전이 필요한가

—

조직에 비전이 없으면 여러 문제가 발생합니다.

첫째로 회사가 방향성을 잃고 우왕좌왕하게 됩니다. 목적지가 불분명하기 때문에 상황에 따라서 목적지가 달라지기도 합니다. 직원은 물론이고 경영진조차 방향감각을 상실할 수도 있습니다. 어느 회사든 재원은 한정적입니다. 따라서 선택과 집중이 중요합니다. 그런데 비전이 없으면 상황에 따라 기준이 오락가락해 선택과 집중이 어려워집니다. 가끔씩 '도대체 저 회사의 비전은 무엇일까'라는 의구심을 불러일으키는 기업을 접하게 됩니다. 이런 회사의 경영자들을 만나면 왜 기업을 경영하는지, 무슨 그림을 갖고 있는지 답답해집니다.

두 번째로 기업문화에 문제가 생깁니다. 기업문화는 비전에 따라 좌우되는 법인데, 비전이 없거나 불분명하면 다른 요인들이 기업문화에 영향을 미치게 됩니다. 경영자나 상사의 개인적 취향, 회사 안팎의 업무환경, 고객의 성향, 조직 구성원들의 출신배경 등 비본질적 요소들이 기업문화를 결정하는 것입니다. 이런 요소들에 따라 형성된 기업문화가 업무성과나 조직의 성장발전에 좋은 토양이 될 수는 없습니다.

마지막으로 인재를 확보하기 어렵습니다. 당연한 이야기지만 기업이 성장발전하려면 인재가 모여야 합니다. 그런데 유능한 인재는 단지 연봉이나 복리후생만 가지고 자신의 진로를 결정하지 않습니다. 회사가 추구하는 가치가 자신의 철학과 일치하는지, 최고경영자의 경영철학이 자신의 인생관과 궤를 같이하는지를 살펴본 뒤 입사를 결정합니다. 회사의 비전이 불분명하거나 자신이 수용할 수 없다고 판단하면 웬만한 조건을 제시해도 반응을 보이지 않지요. 그런 회사에서 자신이 역량을 발휘하고 성장할 수 있다고 기대하지 않기 때문입니다. 따라서 인재를 확보하려면 인재가 공감하고 동참할 수 있는 회사의 비전이 꼭 필요합니다.

당신 회사의 비전은 액자 속에만 걸려 있지 않은가

—

그렇다면 비전은 어떤 것이어야 할까요? 정답은 없을 겁니다. 회사마다, 회사를 이끄는 경영자마다 추구하는 가치와 비전이 다르기 때문입니다. 그러나 비전이 제대로 작동하려면 간과해서는 안 될 것들이 있습니다.

첫째, 비전은 구체적이어야 합니다. 구체성을 담보하고 있을 때 영향력을 발휘하게 됩니다. 우리가 비전을 막연하고 추상적이라고 느끼는 것은 구체성이 부족하기 때문입니다. 따라서 비전은 실현가능해야 하고, 실현방안이 뒷받침돼야 합니다. 실현방안이 있으면 조직 구성원들의 공감을 불러일으킬 수 있습니다.

둘째, 비전은 공개적으로 설명돼야 합니다. 글로 써서 걸어놓거나, 홈페이지에 올려놓는 것으로는 부족합니다. 경영자는 수시로, 그리고 반복적으로 비전에 대해 설명하고 알려야 합니다. GE의 회장이었던 잭 웰치는 "비전을 800번을 반복했더니 그제야 조직 구성원들이 이해하는 것 같았다"고 회고하더군요.

설명을 잘하려면 비전이 단순명쾌해야 합니다. 누가 들어도 금방 이해할 수 있어야 합니다. 비전과 목표를 혼동하면 안 됩니다. 비전은 그 자체로 받아들여집니다. 그러나 목표는 '왜'라는 질문을 거쳐야 직원들이 이해할 수 있습니다. 예를 들어 '한국의 전통 떡을 세계인의 기호식품으로 만든다'는 문장은 호불호의 대상이 될 수는 있습니다. 그러나 '왜 그렇게 하려고 하는가'라는 질문으로 이어지지 않습니다. 이에 반해 '하루에 떡을 1억 원 이상 판다'고 말한다면 일부 직원들은 "왜 그래야 하는지 알려달라"고 말할지도 모릅니다. 왜 5,000만 원이나 2억 원이 아니고 1억 원인지 설명이 필요합니다. 앞의 것은 비전이 될 수 있지만, 두 번째는 비전이 아니라 목표이기 때문입니다.

셋째, 조직 구성원들이 공감해야 합니다. 조직원들이 이해하고 동의하지 않는 비전은 공허한 구호일 뿐입니다. 직원들의 자발적 참여를 이끌어내지 못하는 비전이라면 굳이 공을 들여 만들 필요가 없습니다. 특히 직원들이 공감하지 않는 비전은 보스의 욕심일 뿐입니다. 따라서 공감할 때까지 반복적으로 설명하되, 그래도 공감대가 형성되지 않으면 비전에 무슨 문제가 있는지 점검해보십시오.

마지막으로, 비전이 현실에서 제대로 구현되도록 꼼꼼히 관리하십시오. 회사에 '비전 따로, 현실 따로' 현상이 나타나지 않아야 합니다. 그러나 수많은 기업에서 이런 상황이 벌어지고 있습니다. 비전이 현실로 구현되려면 다른 많은 것을 포기해야 한다는 점을 잊지 마십시오. 그래야 조직이 일관성 있게 비전을 향해 나아갈 수 있습니다.

●● 사장의 생각

성과를 만드는 리더십은
따로 있다

•

카리스마형 리더십

Q 아버지로부터 200여 명 규모의 식품 회사를 물려받은 지 5년 정도 됐습니다. 그
런데 아직도 어떤 리더십으로 조직을 이끌어야 할지 잘 모르겠습니다. 책이나 언
론에서 부드럽고 따뜻한 리더십이 좋다고 합니다. 강한 카리스마를 내세우는 리더십은
직원들과 소통을 어렵게 만들기 때문에 당장은 성과를 낼지 몰라도 궁극적으로 회사의
발전에 좋지 않다고 합니다. 그렇지만 제가 현장에서 지켜본 결과 부드럽기만 한 리더십
은 흔치 않을 뿐더러 제대로 작동하지도 않는 것 같습니다. 제가 잘못 이해하고 있는 걸까
요?

A 여전히 놀라운 성과를 내는 경영자들은 대부분 강한 카리스마형 리더십을 발휘
하고 있습니다. 그에 비하면 부드러운 리더십은 성공하기가 쉽지 않습니다. 그러
나 리더십에 절대적으로 옳고 그름이란 없으니, 어느 한쪽을 택하기보다 회사의 발전단
계와 경영환경, 그리고 무엇보다 본인의 스타일에 맞는 리더십을 찾으시길 바랍니다.

'독한 보스'의 시대는 갔다?

—

본래 리더십에 대한 고민은 끝이 없습니다. 특히 강한 카리스마형 리더십인가, 부드러운 팔로우형 리더십인가 하는 문제는 많은 경영자들이 이론과 현실 사이에서 괴리를 느끼고 있는 주제입니다.

현업 경험으로 미루어볼 때 성과를 만드는 리더십은 대개 카리스마형이었습니다. 그런데 최근 언론과 책에서 이런 리더십은 부정적인 것으로 평가받고 있습니다. 그런 리더십은 과거 권위주의 시절에나 맞는 낡고 진부한 것으로 치부되고 있습니다. 이런 분위기로 인해 자신의 리더십에 대해 확신을 갖지 못하는 경영자들이 늘고 있습니다. 일부 경영자들은 '내 리더십이 도덕적으로 옳지 않다'는 생각까지 하고 있습니다. 이 때문에 리더십 스타일을 바꾸려는 경영자도 생겨나고 있습니다.

그러나 리더십을 바꾸는 것은 쉽지 않습니다. 리더십은 오랜 경험과 훈련의 산물이기 때문에 한두 번의 연습만으로 달라지지 않습니다. 더구나 이렇게 바꾼 리더십으로 조직을 성공적으로 이끌고 있는 경영자는 매우 드뭅니다.

그런데 정말로 카리스마형 리더십은 틀렸고 구시대적인 것일까요? 카리스마형 리더십으로는 조직의 장기적 성장발전을 기대할 수 없을까요?

스티브 잡스, 잭 웰치, 앤드루 그로브, 제프 베조스, 나가모리 시게노부, 정주영, 박태준. 모두 세계적 기업을 성공적으로 이끈 경영자들입니다. 세계의 주요 경영전문대학원에서 이들의 리더십을 연구하고 가르치고 있을 정도지요. 그런데 이들의 공통점은 아이러니하게도 '카리스마형 리더십'입니다.

이들은 강한 카리스마로 조직을 이끌었습니다. 대부분 고집불통이고 직설적 성격의 소유자들로, 종종 괴팍하고 거만하다는 느낌을 주기도 했습니다. 쉬지 않고 불호령을 쏟아내면서 직원들을 혹독하게 다루는 보스였습니다.

이런 성격만 놓고 보면 직원들은 가능한 한 이들을 피해야 마땅합니다. 그러나 이들의 주변엔 언제나 유능한 인재들이 모여들었습니다. 직원들이 떠나기는커녕 가능하면 가까이 있으려고 애를 썼습니다.

왜 그랬을까요? 이들은 강하고 독했지만, 그만큼 매력적이었기 때문입니다. 우리가 매운 맛에 취해 땀을 흘리고 연신 물을 들이켜면서도 청양고추나 '불닭'을 손에서 놓지 못하는 것과 같습니다.

카리스마형 경영자가 결국 성과를 낸다
—

이들은 첫째, 완벽을 추구했습니다. 기본적으로 일반인들보다 훨씬 높은 목표를 설정했습니다. 높은 목표를 달성하려니 사소한 실수도 용납할 수 없었습니다. 자신은 물론 부하직원들에게도 높은 업무 완성도를 요구했습니다. 이들의 편집증에 가까운 완벽추구 태도는 자신과 부하

직원을 고단하게 했습니다. 이들은 마음에 들 때까지 자신들의 작품을 수없이 만들고 부쉈습니다. 이들에게 '이 정도면 됐다'는 식의 관대함은 애초부터 존재하지 않았습니다. 그렇게 '옹고집'을 부린 결과, 그들이 만든 작품은 언제나 세상을 놀라게 했습니다. 순식간에 시장을 평정했습니다.

두 번째로 이들은 집요했습니다. 성과는 언제나 집요함의 결과입니다. 그런데 이들은 집요함에서 타의 추종을 불허했습니다. 목표를 한번 정하면 절대 바꾸지 않았습니다. 이들의 사전에 포기라는 단어는 없어 보였습니다. 특히 이들은 요행을 바라지 않았습니다. 결과는 항상 투입만큼 나온다는 것을 확신하고 있었습니다. 이 때문에 상황이 변해도 뚜벅뚜벅 목표를 향해 걸어갔습니다. 자신만의 길을 꾸준히 걸었던 것입니다.

세 번째로 이들은 선택하고 집중했습니다. 핵심을 선택한 뒤 그것에 자신이 동원할 수 있는 모든 것을 쏟아 부었습니다. '가장 중요한 것'에 집중하기 위해 '중요한 것'을 과감하게 포기했습니다. 아쉽고 안타까웠지만 포기한 것에 더 이상 미련을 두지 않았습니다. 이렇게 자신의 역량을 한곳에 집중했기 때문에 좀 더 빠르든 늦든, 언젠가 성과를 낼 수밖에 없었습니다. 아무리 유능한 사람이라도, 아무리 탄탄한 조직력을 갖춘 집단이라도 역량은 한계가 있기 마련입니다. '분산'은 절대 '집중'을 이길 수 없습니다. 이들은 이런 원리를 잘 알고 있었습니다.

마지막으로 이들은 자존감이 강했습니다. 언제나 자기 인생의 주인은 자기 자신이었습니다. 스스로를 존중하고 믿었기 때문에 절대 자신의 신념과 가치에 반하는 행동을 하지 않았습니다. 현실과 타협하지 않았고 오로지 자신들이 추구하는 가치에 헌신했습니다. 자신의 노력과 결과를 평가하는 유일한 잣대는 자신의 철학이었습니다. 이렇게 타협을 멀리하고 원칙을 고수하다 보니 "고지식하다"는 말을 들었습니다. 돈을 벌 기회를 스스로 차버리는 바보 같은 짓을 벌이기도 했습니다. 그러나 그런 과정을 거치면서 그들은 강한 브랜드를 갖게 됐습니다. 그리고 이 브랜드는 이들을 추종하고 이들의 제품을 선호하는 두터운 마니아층을 만들어냈습니다.

'지금 우리 회사'에 맞는 리더십을 찾아라
—

최근 들어 많은 리더십 전문가나 경영학자들이 따뜻하고 인간적인 리더십의 중요성을 역설하고 있습니다. 물론 이런 리더십이 틀린 것은 아닙니다. 원칙적으로 리더십은 사람에 따라, 환경에 따라 모두 다릅니다. 또 달라야 합니다. 절대적으로 옳은 리더십이라는 것은 없습니다. 소통하고 배려하는 리더십은 그런 점에서 분명 의미가 있고 가치가 있습니다.

그러나 아직까지도 리더십의 대세는 카리스마형입니다. 현업에서 성과를 만드는 보스는 대개 조직 구성원들에게 분명한 비전을 제시한 뒤 조직 전체가 이를 향해 돌진하게 하는 카리스마형입니다. 따뜻한 리더십이나 팔로우형 리더십을 가지고 조직을 잘 이끄는 보스도 있습니다. 그러나 많지 않습니다. 잘 짜인 시스템, 높은 식견과 자기관리 능력을 갖고 있는 조직 구성원, 그리고 분명한 비전과 자율적 기업문화 등의 여건이 잘 갖춰져 있지 않으면 따뜻한 리더십은 성공하기 어렵습니다.

그런 점에서 귀하도 자신의 리더십에 대해 너무 회의하지 않기를 바랍니다. 특히 귀하의 회사처럼 아직 시스템이 잘 갖춰진 곳이 아니라면 오히려 카리스마형 보스가 더 어울릴 수도 있습니다. 앞서 말한 대로 아직까지 한국의 기업에서는 따뜻한 보스보다 독한 보스가 성과를 거두고 있는 곳이 많습니다. 따라서 귀하가 카리스마형 리더십으로 조직을 운영해 좋은 성과를 거두어왔다면 그 리더십이 귀하나 귀하의 회사에 적합하다고 봐야 합니다.

한 가지 덧붙일 것은 어떤 리더십이든 완벽한 것은 없다는 사실입니다. 리더십은 조직에 부여된 성과를 만들기 위해 조직 구성원들의 자발적 참여를 이끌어내는 역량과 기법입니다. 자발적 참여를 이끌어내는 방법에 여러 가지가 있습니다. 이는 달성하려는 성과가 무엇이냐, 조직 구성원들이 누구냐에 따라 달라집니다. 그래서 경험이 많은 경영자는 회사의 비전과 목표, 직원들에게 맞는 최적의 리더십이 무엇인지를 끊임없이 고민합니다. 귀하도 만약 조직 구성원들이 바뀌고 회사의 경영 환경이 변한다면, 그때는 리더십을 재검토해야 할 겁니다.

귀를 열 때와
입을 열 때

·

소통방식

Q 저는 조직의 수장으로서 가급적 정제된 언어를 사용하고 몸가짐도 조심하려 노력하는 편입니다. 그런데 이렇게 하다 보니 너무 딱딱하고 권위적인 인상을 주는 것 같습니다. 직원들이 거리감을 느껴 쉽게 다가오기 어렵다고들 합니다. 저 역시 감정을 드러내지 못하니 불편할 때가 있습니다. 저도 인간인지라 희로애락의 감정이 있고 일을 하다 보면 힘들 때도 있는데, 그걸 잘 표현하지 못하니 답답합니다. 그렇다고 일반 직원들과 똑같이 생각과 느낌을 내보이자니 직원들이 이상하게 생각할 것 같습니다. 경영자는 어떻게 말하고 행동하는 게 옳은 걸까요?

A 경영자가 자신의 감정을 너무 쉽게 내보인다면 직원들의 신뢰와 존경을 받기 어렵습니다. 반대로 적극적으로 소통해야 할 때도 말을 아낀다면 직원들은 결코 경영자가 기대하는 대로 움직이지 않습니다. 어려운 일입니다만, 경영자는 절제된 언행을 유지하면서도 끝까지 자신의 생각을 전달해 직원들의 공감을 얻을 수 있어야 합니다.

경영자가 곧 브랜드가 되는 시대

—

경영자가 임직원들과 어떻게 소통을 할 것인가는 그리 간단한 문제가 아닙니다. CEO를 비롯한 경영자들의 언행은 직원들은 물론이고 거래 관계에 있는 기업과 소비자에까지 직간접으로 영향을 미칩니다. 이 때문에 경영자들은 말과 행동을 항상 조심해야 하지요. 큰 의미를 두지 않고 내뱉은 말 한마디가 생각하지도 못한 파장을 불러일으키는 경우가 많기 때문입니다.

사회적으로 큰 문제가 됐던 조현아 전 대한항공 부사장의 언행만 해도 그렇습니다. 그가 한 말과 행동은 한 개인의 부적절한 언행에 불과했지만, 그 결과는 사회적 지탄과 법적 제재, 아니 그 수준을 훨씬 넘는 심각한 것으로까지 이어졌습니다. 대한항공의 브랜드는 심각한 손상을 입었고 임직원들은 업무의욕을 잃었습니다. 대한항공을 넘어 한진 그룹 전체가 큰 피해를 입었습니다.

리더는 기본적으로 조직원들의 신뢰를 기반으로 조직을 이끕니다. 따라서 신뢰가 약해지면 조직 구성원을 지휘하기 어렵습니다. 리더십 약화는 기업의 성장발전에 치명적 위협요소가 됩니다. 이는 아무리 전통이 있고 규모가 큰 조직, 시스템이 잘 갖춰져 있고 잘 교육받은 직원들이 모여 있는 기업이라도 마찬가지입니다.

이처럼 경영자의 언행이 갖는 의미와 영향력이 크기 때문에 경영자들은 말과 행동을 절제할 수밖에 없습니다. 그런데 문제는 이렇게 자신의 생각이나 감정을 감추는 것이 종종 커뮤니케이션에 장애가 된다는 점입니다. 사람은 기본적으로 자신을 개방해야 상대방과 소통할 수 있습니다. 자신의 약점을 드러내면 상대방도 금방 무장을 해제하게 되고 자연스럽게 교감이 이뤄집니다.

그런 점에서 경영자들이 자신을 드러내지 않고 자신의 강점이나 완벽성만 강조하는 방식은 소통단절을 불러오기 쉽습니다. 직원들 입장에서 그런 경영자는 그림과 같은 존재일 뿐 결코 함께 대화하고 느낌을 나누는 동료일 수 없습니다. 당연히 이런 경영자는 직원들의 자발적 참여를 이끌어내기 어렵습니다.

따라서 경영자는 자신의 생각과 감정을 표출할 때 직원들의 존경과 신뢰의 대상에서 벗어나는 일이 없도록 하면서도 다른 한편으로 자신의 생각과 감정을 적절하게 표현해 직원들과 정서적으로 교류할 수 있어야 합니다. 직원들이 경영자에 대해 "나와 똑같이 생각하고 똑같이 느끼는구나"라고 친근감과 동료의식을 느끼면서도, 한편으로는 존경심과 신뢰감이 유지돼야 한다는 말입니다.

물론 이렇게 하기란 참 어려운 일입니다. 경영자도 완벽하지 않은 인간일 뿐인데 '절제된 언행으로 인간적인 모습을 드러낸다'는 것은 사실상 완벽을 요구하는 것이나 다름없지요. 그러나 그렇게 해야 하는 것이 경영자입니다. 경영자가 완벽을 추구해야 조직이 유지되고 성과가 만들어지는 것이 현실입니다. 그렇게 할 수 없고, 하고 싶지도 않은 사람이라면 경영자의 자리에서 물러나는 것이 옳은 처사일 것입니다.

'감정 노출'과 '감성 공감'은 다르다

—

그렇다면 경영자가 직원들과 소통하는 방식은 어때야 할까요? 여기에 정답은 없습니다. 각 조직이 처한 현실과 기업문화, 그리고 경영자의 철학이나 가치관에 따라 천차만별입니다. 그러나 정답은 없어도 오답은 있는 것 같습니다. 흔히 경영자들이 보이는 잘못된 소통방식을 한번 짚어볼까요?

가장 대표적인 오답은 직원들에게 쉽게 감정을 드러내는 것입니다. 솔직한 것이 최선이라고 여기며 직원들 앞에서 희로애락의 감정을 여과 없이 털어놓는 경영자들이 있습니다. 그러나 이렇게 하면 얻을 수 있는 것이 거의 없습니다. 대신 잃는 것은 너무나 많습니다. 경영자가 자신의 감정을 쏟아내면 직원들은 면전에서 함께 느끼고 공감하는 것처럼 행동할지도 모릅니다. 그러나 실상은 다릅니다. 경영자가 자리를 뜨면 남은 직원들은 십중팔구 경영자의 행동에 대해 당혹감과 실망감을 토로하게 됩니다. 이런 상황이 자주 벌어지면 경영자에 대한 신뢰감이나 존경심이 무너지는 것은 시간문제입니다.

경영자는 직원들이 자신의 심정을 이해해줄 것을 기대하지 않는 게 좋습니다. 특히 자신의 외로움을 직원들과 나누려 하는 것은 금물입니다. 외로움은 경영자의 '태생적 질병'입니다. 경영자의 자리에서 물러나지 않고서는 치료가 불가능한 것입니다. 이런 외로움을 직원들은 이해하기 어렵습니다. 고용자인 경영자와 피고용자인 직원들의 시각은 너무나 다르기 때문이지요. 그런데도 가끔 경영자가 직원들에게 자신의 외로움을 하소연하고 그들로부터 손쉽게 위로를 받으려 하는 모습을 접하게 됩니다. 어리석은 일입니다.

직원들은 대체로 선배이자 보스인 경영자로부터 무엇인가 배우려 하고 의지하려고 합니다. 따라서 경영자는 직원들에게 자신의 고민이나 어려움을 털어놓으면 안 됩니다. 그것은 직원들의 기대에서 한참 벗어나는 행동입니다. 경영자는 직원들의 고민을 듣고 어려움을 함께 나누는 존재여야 합니다. 따라서 경영자의 기본적 소통방식은 경청 그리고 공감이어야 합니다. 말하기보다 듣기에 주력하고, 자신의 감정을 드러내기보다 직원들의 정서를 느끼려고 노력해야 합니다. '내 짐을 직원들이 같이 져줄 것'이라는 헛된 기대로 직원들에게 외로움과 어려움을 토로하는 일은 나약한 경영자라는 인상만 심어줄 뿐입니다.

또 한 가지, 많은 경영자들에게서 볼 수 있는 잘못된 소통방식이 있습니다. '직원들이 알아서 이해하고 움직여주겠지'라고 생각하면서 침묵하는 것입니다. 다시 한 번 말하지만, 직원들의 시각은 경영자와 다릅니다. 같은 사람이지만 여성과 남성은 화성인과 금성인처럼 다르다고 하지요. 경영자와 직원도 마찬가지입니다. 같은 회사에 다니고 있지만 처한 입장과 위치가 다르기 때문에 생각도 너무나 다른 것이 현실입니다.

따라서 경영자가 직원들에게 끊임없이 회사의 비전이나 경영철학을 설명하고 전파하지 않으면 직원들은 경영자와 다르게 행동할 가능성이 큽니다. 바라보는 시각이 다르니 행동이 다른 것은 너무도 당연합니다. 그래서 연륜이 쌓인 경영자들은 기회만 있으면 직원들과 비전을 공유하려고 합니다. 최대한 회사의 상황을 설명하고 해법을 같이 모색하려고 합니다. 그렇게 하고 또 해도 직원들과 공감대를 만들기란 쉽지가 않다는 점을 잘 알고 있지요.

경영자는 침묵만 해서는 안 됩니다. 직원들의 이야기를 최대한 경청하되, 회사의 비전과 자신의 경영철학을 자세히, 반복적으로 전달해야 합니다. 왜 회사가 그런 비전을 세웠고 그 비전을 어떻게 달성하려고 하며, 그 비전이 이뤄지면 직원들은 어떻게 될 것인지를 구체적으로 설명해야 합니다. 그래야 소통이 잘 이루어지고, 경영자와 직원들이 한 직장의 동료로서 함께 일할 수가 있습니다. 또한 그렇게 될 때 회사는 계속 성장해나갈 수가 있습니다.

직원이 웃으면
달라지는 것들

•

직원만족

Q 저희 회사는 오랫동안 적자에 시달려오다 지난해부터 흑자로 돌아섰습니다. 지난해에 채무상환 등 급한 불은 껐기 때문에 올해부터 이익을 어떻게 쓸까 생각이 많습니다. 회사의 설비도 바꾸고 싶고 그동안 기다려준 투자자들에게 배당도 하고 싶습니다. 또 그동안 저임금으로 고생해온 직원들에게도 흘린 땀에 대한 보상을 해줌으로써 희망을 심어주고 싶습니다. 이렇게 생각하니 쓸 곳은 많은데 갖고 있는 자금은 한정돼 있습니다. 이익금을 어디에, 어떻게 쓰는 것이 좋을까요?

A 먼저 직원들의 저임금부터 해소하는 것이 좋겠습니다. 직원의 만족도가 높아야 기업의 성과가 커집니다. 급여 등 보상 수준을 끌어올려 직원만족도를 꾸준히 높여나가세요. 그러나 보상이 일정한 수준에 이르면 물질적 보상만으로는 부족하다는 점도 기억하십시오. 경영진의 진심 어린 존중과 배려가 직원들을 행복하게 만듭니다.

고객의 지갑은 '행복한 직원'이 연다

—

오랜 적자에서 벗어나 드디어 손익분기점을 넘겼을 때, 그야말로 만감이 교차하는 순간이지요. 이익금이 얼마가 됐든 그 돈으로 하고 싶은 일은 참 많습니다. 하지만 이익금은 한정돼 있으니 어디에 먼저 쓸지를 정하지 않으면 안 됩니다. 그렇다면 어떤 기준으로 정해야 할까요?

경영자가 만족시켜야 할 대상은 크게 세 그룹입니다. 고객과 주주 그리고 직원입니다. 이들은 기업경영에서 없으면 안 될 존재이므로, 경영자는 지속적으로 이 세 그룹의 만족도를 점검해야 합니다. 경영성과 역시 이들 세 그룹의 만족도와 직결돼 있습니다. 만약 세 그룹이 모두 만족한다면 경영자는 기업경영에 성공한 것입니다.

그런데 순서를 정해야 한다면 이들 세 그룹 중에 과연 누구부터 만족시켜야 할까요? 결론부터 이야기하면 직원입니다. 경영자는 항상 직원만족을 최우선에 두고 기업을 경영해야 합니다. 직원은 모든 비즈니스의 출발점이자 종착점이기 때문입니다.

먼저 직원만족에 관한 실험을 하나 소개할까 합니다. 캘리포니아 주립대학교의 심리학자 피오트르 윙킬맨Piotr Winkielman은 실험 참가자들을 세 그룹으로 나눈 뒤, 각각 화난 얼굴, 무표정한 얼굴, 웃는 얼굴의 사진을 보게 했습니다. 그 뒤 참가자들은 생전 처음 접하는 음료를 원하는 만큼 스스로 컵에 따라 마십니다. 그러고 나서 음료가 얼마나 맛있었는지, 그 음료값으로 얼마를 지불할 용의가 있는지 답합니다.

실험 결과, 컵에 가장 많은 음료(79밀리리터)를 따른 것은 사전에 목이 많이 마르다고 이야기한 참가자들 중에서도 웃는 얼굴을 본 이들이었습니다. 반대로 화난 얼굴을 본 참가자들은 음료를 가장 적게(37밀리리터) 따랐습니다. 음료를 마신 양도 마찬가지였습니다. 웃는 얼굴을 본 참가자들이 가장 많이 마셨습니다. 가장 적게 마신 그룹은 화난 얼굴을 본 참가자들이었습니다. "마신 음료의 값을 얼마나 내고 싶은가"라는 질문에 대해서도 웃는 얼굴을 본 참가자들은 38센트를, 화난 얼굴을 본 참가자들은 10센트를 내겠다고 대답했습니다.

윙킬맨은 이 실험을 통해 직원들이 웃는 얼굴로 고객을 대해야 고객의 소비를 늘릴 수 있다는 지극히 당연한 결론을 이끌어냈습니다. 참가자들은 아주 짧은 시간 동안 사진에 있는 얼굴 표정을 봤을 뿐인데도 음료 소비량과 지불하고 싶은 음료값은 많이 달랐습니다.

행복한 직원은 이렇게 고객의 지갑을 열게 만듭니다. 직원만족이 고객 만족으로 이어져 기업 성과를 바꾼다는 것은 이 밖에도 여러 연구 결과를 통해 입증된 사실입니다. 많은 연구조사에서 직원들의 만족감은 고객에게 그대로 전달되고 있었습니다.

어떻게 직원을 웃게 만들까?

—

그렇다면 직원만족은 어떻게 해야 하는 걸까요? 어떻게 해야 직원들이 행복감을 느끼고, 그 느낌이 자연스럽게 고객에게 전달되는 걸까요?

일반적으로 직원만족을 결정하는 요소로 크게 다섯 가지를 꼽습니다.

첫 번째는 적정 수준의 보상입니다. 절대적 보상 수준이 낮아서 생기는 불만은 다른 요소로 해소하기 어렵습니다. 두 번째로 근무 인프라입니다. 근무 장소나 기계설비, 업무 도구 등이 잘 뒷받침돼야 직원의 만족도도 높아진다는 뜻입니다. 세 번째는 근무 여건과 복지 환경입니다. 네 번째는 자신이 하고 있는 일이 얼마나 보람 있는가 하는 점입니다. 그리고 마지막은 업무능력 향상 같은 자신의 발전 가능성입니다.

따라서 오랜 적자 끝에 회사에 여력이 생겼다면 우선은 직원들의 저임금을 해소하는 것이 좋겠습니다. 물론 회사의 설비 개선도 중요하고 주주배당도 마냥 미룰 수 있는 일은 아닙니다. 그러나 회사가 계속해서 성장하고 발전하려면 무엇보다 유능한 직원을 확보하고 유지할 수 있어야 합니다. 그러니 일차적으로 기업 활동에 필요한 직원들을 확보하고 유지할 수 있는 수준까지 급여를 인상하십시오. 그 뒤에도 여력이 닿는 한 계속해서 급여를 끌어올려 직원들의 만족도를 높여나가야 합니다. 이렇게 하면 직원들에게 자연스럽게 주인의식이 생깁니다. 머지 않아 직원들 스스로 업무환경을 개선하고 시스템과 프로세스를 정비해 업무 효율을 높이는 모습을 볼 수 있을 것입니다.

물론 이렇게 보상 수준을 높여나가자면 경영자로서 부담을 감수해야 합니다. 특히 재무여력이 그다지 좋지 않은 기업이라면 직원의 급여 인상을 망설이는 것이 당연합니다. 급여를 올린다고 해서 생산성이 금방 따라 오르는 것은 아니기 때문입니다. 그래서 많은 경영자들이 직원들의 급여를 올리더라도 생산성이 오르는 만큼, 이익이 생기는 만큼 올린다는 생각을 갖고 있습니다.

그러나 그런 식으로 급여를 올려서는 직원들이 만족할 수 있는 수준까지 다다르는 데 너무 많은 시간이 걸립니다. 그러니 회사가 먼저 부담을 감수할 필요가 있습니다. 투자를 먼저 하면서 회사의 모든 시스템과 프로세스를 생산성을 높이는 쪽으로 바꿔가야 합니다. 급여를 올린 경영자들은 그만큼 많은 성과를 기대하게 됩니다. 그러므로 업무 강도가 세질 수밖에 없습니다. 그러나 급여가 늘어난 직원들은 업무 강도가 세지는 것을 자연스럽게 받아들일 겁니다. 일부 직원들은 성과를 높이기 위해 먼저 노력할 것입니다. 이런 과정을 몇 번 거치면 생산성은 빠르게 개선되고, 기업의 수준도 어느새 한 단계 올라서게 됩니다.

보상이 다가 아니다, 진심이 닿게 하라

—

다음으로 중요한 것이 있습니다. 보상 수준만 높인다고 해서 직원들의 만족도가 계속해서 높아지지 않습니다. 보상으로 직원만족도를 높이는 데는 한계가 있습니다. 일정 수준을 넘어서면 보상의 영향력은 빠르게 줄기 시작합니다. 이때부터 직원들의 업무 만족도 향상에 영향을 미치는 것은 앞서 언급한 요소 가운데 네 번째 '보람'과 다섯 번째 '발전 가능성'입니다.

직무의 보람이나 자기 발전 가능성은 일시적으로 자금을 투입해서 해결할 수 있는 문제가 아닙니다. 상당 부분은 기업문화와 관련돼 있기 때문에 단기간에 해결할 수가 없습니다. 기업문화는 대부분 기업 오너와 CEO의 가치관이나 철학과 직결돼 있습니다. 그래서 임직원들의 노력만으로 해결하는 데는 한계가 있습니다.

만약 오너나 CEO가 직원들을 회사의 주인으로, 경영의 주체로 여기지 않는다면 이 문제는 해결이 불가능할지도 모릅니다. 생각해보십시오. 경영진이 직원들을 성과를 만드는 도구로, 경영의 수단으로 생각하는 기업에서 직원들이 행복하기를 기대한다는 것은 어불성설이 아닐까요? 그래서 직원만족은 궁극적으로 오너의 창업이념 그리고 경영자의 경영철학과 연결돼 있습니다. 서로 입장과 생각이 다르다 해도, 결국 직원들의 마음은 늘 경영진의 마음과 닿아 있음을 기억하시기 바랍니다.

강한 브랜드가
강한 회사를 만든다

●

브랜드 투자

Q 중견 전자부품 회사를 경영하고 있습니다. 2~3년 전부터 회사를 좀 더 키우고 싶어 설비투자를 시작했습니다만, 그에 맞는 기술인력을 확보하기가 어려워 고민입니다. 채용공고를 내도 지원자가 많지 않을 뿐더러 지원자 대부분은 필요한 자격조건을 갖추지 못한 이들입니다. 저희 회사는 재무적으로나 조직적으로 안정돼 있고 연봉이나 복리후생도 웬만한 대기업 수준입니다. 회사의 기술력이나 제품력도 우수해 저희회사 제품을 구매하는 기업들의 평가도 좋은 편입니다. 어떻게 해야 좋은 인력을 확보할 수 있을까요?

A 문제는 회사의 브랜드입니다. 아무리 제품이 좋고 영업력이 뛰어나도 브랜드가약하면 우수인력 확보도 어렵거니와 회사가 지속적으로 성장발전 해갈 수 없습니다. 일단 회사의 인지도부터 높인 뒤 차근히 브랜드에 투자해보세요. 특히 경영자의 개인 브랜드도 회사 브랜드의 한 축이라는 점을 기억하시기 바랍니다.

우리 회사는 왜 늘 인력난에 시달릴까?

—

안정된 기업체에 우수한 제품력, 높은 보상 수준, 이 모든 것을 갖추고 있다면 훌륭한 인재들이 모여들어야 마땅합니다. 그런데도 필요한 인력을 구하지 못해 어려움을 겪는다면 분명 문제가 있는 것이지요.

그런데 이렇게 회사의 내용에 비해 외부평가가 높지 않은 기업은 의외로 많습니다. 대부분 일반 소비자가 아니라 기업고객을 대상으로 'B to B 비즈니스'를 펼치는 기업들입니다. 이들 기업들은 관련 업계에서는 잘 알려져 있습니다. 하지만 일반 소비자들과 접촉할 기회가 없기 때문에 대중적 인지도는 낮을 수밖에 없습니다. 매출액이 수천억 원대에 달하는 큰 기업인데도 대중적 인지도는 매우 낮은 경우가 있습니다. 이들 기업은 고객이 관련 업계 기업들로 한정돼 있기 때문에 홍보의 필요성을 느끼지 못합니다. 임직원들도 회사의 인지도가 낮은 것을 문제라고 여기지 않지요.

일반 소비자가 고객층이 아니라고 해서 인지도가 낮아도 괜찮은 것은 아닙니다. 인지도는 기업 브랜드와 직결되는 문제이기 때문입니다. 어느 기업이든 사업의 안정성과 성장성은 브랜드의 직접 영향을 받게 마련입니다. 브랜드가 좋은 기업은 고객의 신뢰를 얻을 수 있습니다. 같은 값이면 믿을 수 있는 회사의 제품을 사려는 심리, 값이 조금 비싸도 신뢰할 수 있는 회사와 거래하고자 하는 심리는 고객이 누구든 마찬가지입니다. 정부의 지원을 받거나 해외시장에 진출을 하려 해도 브랜드는 큰 영향을 미칩니다. 뿐만 아니라 사업을 확장할 때도 브랜드는 막강한 위력을 발휘합니다. 기업이 새로운 제품을 내놓거나 신규 시장에 진입하려면 많은 비용과 시간을 투입해야 합니다. 이때 브랜드가 강하면 비용과 시간을 크게 절감할 수 있습니다.

브랜드가 중요한 또 한 가지 이유는 바로 인재확보 때문입니다. 누구나 안정적인 직장을 원합니다. 연봉이나 근무조건이 아무리 좋다 한들 이름 한번 제대로 들어본 적 없는 회사에 입사하려면 큰 결심이 필요한 법입니다. 특히 직급이 높고 전문성이 뛰어난 사람일수록 입사할 때 모험을 하려 하지 않습니다. 쉽게 말해 회사의 브랜드가 강하면 연봉을 적게 주고도 우수한 인재를 영입할 수가 있지만, 브랜드가 약하면 연봉을 많이 줘도 인재를 확보하기 어렵습니다. 브랜드가 채용 비용에도 큰 영향을 미치고 있는 것입니다.

인텔을 살린 '미친 짓'

—

지금은 너무나 잘 알려져 있지만 1990년대 초만 해도 '인텔'이라는 이름을 아는 사람은 많지 않았습니다. 인텔은 '마이크로프로세서'라는 컴퓨터 부품을 만드는 회사입니다. 이 부품은 일반인들 눈에 보이지도 않습니다. 설명하기도 어려워 전문가가 아니면 그 가치를 알지 못합니다. 그러니 인텔 역시 회사의 내용에 비해 인지도가 턱없이 낮았습니다. 그래도 큰 문제가 없었습니다. 세계 마이크로프로세서 시장의 절반 이상을 차지할 정도로 기술력과 제품력이 막강했기 때문입니다. 세계에서 가장 많은 연구개발비를 쓰는 회사 중 하나였기에 인텔의 위상은 절대 흔들리지 않을 것 같았죠.

그런데 문제가 생겨버렸습니다. 1980년대 후반 인텔의 하청업체인 AMD가 저가를 무기로 인텔에 도전해왔기 때문입니다. AMD의 시장점유율이 늘어나자 인텔의 위상도 흔들리기 시작했습니다. 고민하던 인텔의 CEO 앤디 그로브는 마이크로프로세서를 브랜드화하기로 결정했습니다. 그는 '미친 짓을 하고 있다'는 비아냥을 감수하며 막대한 비용을 들여 브랜드 관리를 시작했습니다. 앤디 그로브는 일반 소비자들을 대상으로 마케팅 캠페인을 전개하고 DELL, NCR, IBM, Compaq 등 PC 제조 회사들과 공동 마케팅을 진행하기로 했습니다.

'인텔 인사이드Intel Inside'는 이렇게 시작됐습니다. 인텔은 1991년부터 PC 겉면에 '인텔 인사이드'라는 로고를 붙였습니다. PC 안에 인텔의 마이크로프로세서가 부착돼 있다는 것을 알리기 시작한 것입니다. 인텔은 PC 회사들의 참여를 독려하기 위해 캠페인에 참여하는 기업에게 마이크로프로세서 값의 5퍼센트를 공동광고 비용으로 적립해줬습니다. 적립된 비용은 PC 회사가 PC 광고를 할 때 50퍼센트까지 사용할 수 있도록 했습니다.

앤디 그로브는 1998년까지 이 마케팅에 무려 34억 달러를 쏟아 부었습니다. 2,700개가 넘는 컴퓨터 회사가 인텔 인사이드 캠페인에 참여했습니다. 그 결과는 놀라웠습니다. 1998년 경제전문지 〈포춘〉이 발표한 브랜드 순위에서 인텔의 펜티엄은 코카콜라와 말보로에 이어 3위를 차지했습니다. 덕분에 인텔은 단순히 AMD의 저가공세를 방어하는 차원을 넘어 마이크로프로세서 값을 50퍼센트 이상 올려 받을 수 있었습니다.

브랜드 투자의 효과는 이렇게 큽니다. 투자하는 즉시 결과물로 돌아오지는 않지만 지속적으로 관리하면 기대 이상의 효과를 발휘합니다. 그러니 그동안 '제품만 잘 만들면 되지' 혹은 '기술력만 앞서가면 되지'하며 브랜드에 관심을 두지 않았다면 지금부터라도 브랜드 관리를 시작하십시오. 브랜드 관리를 경영의 최우선 순위에 올려놓으십시오. 이를 CEO를 비롯한 경영진의 주요 관심사로 삼고 전 직원이 브랜드의 중요성을 이해하고 느낄 수 있도록 해야 합니다. 브랜드는 한두 번의 광고로 뚝딱 만들어지는 게 아니라 모든 직원이 오랫동안 공을 들여야 제대로 뿌리 내리고 성장할 수 있습니다.

특히 브랜드 관리를 강화하려면 사내에 꼭 전담자가 있어야 합니다. '대기업도 아닌데 너무 과잉 투자하는 것 아니냐'고 반문할지 모르겠습니다. 그러나 회사가 성장하고 발전하려면 두 사람이 꼭 필요합니다. 우수한 인재를 뽑고 교육훈련하는 인사 담당자, 그리고 회사의 브랜드를 키우는 브랜드 담당자입니다.

CEO 브랜딩, 선택이 아닌 필수

—

브랜드와 관련해 또 한 가지 강조하고 싶은 점이 있습니다. 우리는 종종 어떤 사람이 CEO를 맡느냐에 따라 기업의 주가가 큰 폭으로 오르내리는 것을 목격하게 됩니다. 이를 'CEO 주가'라고 합니다. CEO의 존재만으로도 경영실적이 크게 달라지는 것입니다. 역량과 성과가 검증된 CEO가 경영을 맡고 있는 회사는 그만큼 높은 평가를 받습니다. 즉, 회사 브랜드의 한 축은 CEO 브랜드가 차지하고 있다는 뜻입니다.

따라서 회사의 브랜드 가치를 키우고자 하는 경영자라면 꼭 자신의 브랜드도 챙겨야 합니다. 경영자들이 갈수록 PI$^{Personal\ Identity}$에 큰 관심을 기울이는 것도 이 때문입니다. 이미 글로벌 기업은 물론이고 한국 대기업의 CEO들도 자신의 브랜드를 관리하기 위해 전문가의 도움을 받고 있습니다. 어떤 경영자들은 자신의 PI 전담자를 따로 둘 정도로 PI에 신경을 쓰기도 합니다. 이들은 자신의 브랜드가 회사 브랜드와 직결돼 있고, 회사 경영에 큰 영향을 미친다는 점을 잘 알고 있습니다.

가끔씩 외부에 자신을 알리는 일을 쑥스러워하는 경영자들을 접하게 됩니다. 그중에 경영자가 언론에 등장하는 것을 마치 외도라도 하는 것처럼 부정적 시각으로 바라보는 이들도 있습니다. 그러나 경영자의 대외활동은 본인의 브랜드는 물론 회사의 브랜드를 키우는 데 있어 매우 중요한 역할을 합니다. 특히 중견·중소기업에서 CEO의 활동은 회사의 브랜드를 키우는 가장 효과적인 방법이 됩니다.

한국 게임의 새로운 지평을 열어가고 있는 방준혁 넷마블게임즈 의장은 2015년 7월 갑자기 기자간담회를 열었습니다. 그동안 그는 언론에 모습을 잘 드러내지 않았습니다. 회사 경영에만 전념해왔습니다. 그는 넷마블게임즈의 전신인 넷마블의 창업자입니다. 회사를 연매출 1조 원을 앞둔 대형 게임 회사로 키웠지만 어쩔 수 없는 상황이 아니면 공개석상에 등장하지 않으려 했습니다. 경영자는 성과로 말하는 것이고, 게임 회사 사장은 게임으로 이야기하면 된다고 생각했던 것입니다. 그런 그가 회사의 주요 간부들과 함께 나와 100여 명의 기자들을 대상으로 넷마블의 창업부터 성장 스토리, 성공 비결과 향후 전략 등을 두 시간이 넘게 설명했습니다.

방 의장은 자신이 갑작스레 기자간담회를 자처한 것은 두 가지 이유 때문이라고 설명했습니다. 하나는 자신의 발언이 왜곡전달되는 것을 보고 언론과 소통을 강화해야 할 필요성을 느꼈다는 것이고, 다른 하나는 한국 게임산업의 성장을 위해 자신의 경험을 공유하는 게 좋겠다고 판단했다는 것입니다.

그의 이례적인 기자간담회는 언론에 자세히 소개됐습니다. 그런 점에서 그의 기자간담회는 엄청난 홍보효과를 거뒀습니다. 그러나 저는 기자간담회가 단순한 홍보를 넘어 자신의 브랜드를 강화하는 데 결정적 역할을 했다는 점에서 큰 의미를 부여하고 싶습니다. 그는 이 간담회를 계기로 한국 게임의 아이콘이 됐습니다. 그의 브랜드는 그가 이끌고 있는 회사를 알리고, 그가 만들고 서비스하는 게임을 판매하는 데 지대한 영향을 미칠 것입니다.

사장도 떠나야 할 때를
알아야 한다

•

경영자의 자기고용

Q 대표이사 사장으로 일한 지 3년이 지났습니다. 회사는 제가 입사할 당시만 해도
극심한 혼란을 겪고 있었지만 우여곡절 끝에 안정되고 한 단계 성장했습니다. 그
런데 이 과정에서 대주주인 창업자와 틈이 벌어졌습니다. 대주주는 다음 주총에서 대표
이사를 교체하려 합니다. 하지만 회사 정상화 과정에서 저와 함께 어려움을 나눴던 임직
원들은 제게 회사를 떠나지 말라고 합니다. 대주주에게 연임을 요구하라면서 자신들도
지원하겠다고 말합니다. 저도 이대로 떠나기가 아쉽고 섭섭합니다. 제가 어떻게 하는 것
이 좋을까요?

A 대표이사 교체는 창업 대주주의 고유 권한이니 그의 판단을 존중하십시오. 아쉬
움을 내려놓고 깔끔하게 떠나는 모습이 향후 커리어에 훨씬 큰 도움이 됩니다.
섭섭한 마음은 짐작이 갑니다만, 오히려 '나라면 지금의 나를 고용하겠는가'라고 냉정하
게 자신을 돌아보는 계기로 삼으시길 권합니다.

'그토록 고생을 했는데 떠나라니!'

—

온갖 우여곡절을 겪으며 회사의 정상화를 위해 노력해왔는데 최고경영자의 자리에서 물러나라는 요구를 받으면 섭섭한 것이 인지상정입니다. 많은 전문경영인들이 비슷한 상황에 처해 힘들어하곤 하지요.

그런데 이는 경영자들에게만 해당되는 이야기는 아닙니다. 알고 보면 '내가 회사에 기여한 몫이 있으니 내게도 그만큼의 권리가 있다'는 생각은 임직원들도 똑같이 갖고 있습니다. 아마 그동안의 경험을 떠올려보면 금방 이해하실 겁니다. 근무 여건이 더 나은 곳으로 옮기기 위해, 혹은 불가피한 사정으로 자발적으로 회사를 떠나는 경우가 아니면 회사를 그만두는 임직원들 모두 섭섭해합니다. 대부분 자신이 그동안 고생하고 기여한 만큼 충분히 보상받지 못했다고 생각합니다. 섭섭한 마음은 직급이나 직책과 무관합니다. 과장이나 부장으로 그만둬도 섭섭하고, 전무로 물러나고 사장과 부회장까지 지내다 떠나도 섭섭하기는 마찬가지입니다. 모두 재직 기간 중 자신이 고생한 것이나 성과를 만들어낸 것만 생각하기 때문입니다.

하지만 입장을 바꿔 냉정하게 생각해보면 결론은 달라집니다. 창업자나 대주주 또는 경영자의 시각에서 보면 오히려 회사는 그동안 임직원들에게 기회를 준 것입니다. 부장으로, 임원으로, 경영진으로 발탁해 기회를 줬으니 고마워한다면 모를까 섭섭해할 이유는 없습니다. 본인이 동의했기 때문에 그런 역할을 맡긴 것이고, 직무를 수행하는 과정에서 회사는 합당한 보상을 한 것입니다.

　아마도 귀하 회사의 창업 대주주도 비슷한 생각을 하고 있을 것입니다. 귀하가 재직 기간 중에 회사를 안정시키고 한 단계 끌어올린 점을 인정하더라도 그런 역할은 전문경영인으로서 당연히 해야 할 일이라고 여길 것입니다. 그동안 사장으로 재직하면서 책임을 졌지만, 그만큼 권한도 행사했고 보상도 받았다고 생각할 겁니다. 어쩌면 '우리 회사에서 일하면서 성공한 경영자라는 브랜드를 얻게 됐으니 얼마나 큰 보상을 받은 것이냐'라고 되묻고 싶어 할지도 모릅니다.

　이렇게 사원과 간부, 직원과 임원, 전문경영인과 오너의 시각은 서로의 입장에 따라 다릅니다. 같은 현상을 보고 있는 것은 분명한데 바라보는 관점이 전혀 다른 것입니다. 따라서 내가 옳고 상대방이 틀렸다고 일방적으로 주장하기 어렵습니다. 그런 점에서 귀하 역시 창업 대주주의 판단을 너무 이상하게 여기지 않는 것이 좋겠습니다.

마음을 비우고 유종의 미를 거둘 때

—

결론을 이야기하자면, 아쉽지만 귀하는 떠날 수밖에 없습니다. 3년이라는 상법상 대표이사의 임기가 끝났고 전문경영인을 결정하는 권한이 창업 대주주에게 있는 이상, 그가 같이 일하는 것을 그만두는 게 좋겠다고 판단했다면 그 판단을 존중해야 합니다.

물론 혼란을 겪고 있는 회사를 안정시켜 한 단계 도약하게 했으니 귀하가 거둔 성과는 분명 높이 평가받아 마땅합니다. 임직원들이 귀하를 존경하고 따르는 것도 자연스러운 현상입니다. 귀하가 회사를 떠난다면 아마 모두들 아쉬워할 것입니다.

 그렇다고 해서 귀하가 창업 대주주의 의견을 수용하지 않고 연임에 관심을 쏟는 것은 적절하지 않습니다. 이런 일로 창업 대주주와 더 큰 갈등을 빚게 된다면 임직원들이 귀하를 지금처럼 존중하고 따를지도 의문입니다. 직원 가운데 전문경영인으로서 귀하가 만들어낸 성과에 대해 다르게 판단하는 이들도 있을 것입니다. 경영자의 노고와 능력도 중요하지만, 성과는 어느 한두 명의 것이 아니라 모두가 함께 노력해서 만든 것이라고 보는 직원들도 있을 겁니다. 이런 직원들의 생각은 귀하의 측근들과 다를 가능성이 큽니다.

 그러니 귀하의 업무능력이나 성과에 대한 판단은 창업 대주주에게 맡기십시오. 그리고 그의 판단결과를 존중하십시오. 만약 연임 기회가 주어지지 않더라도 창업 대주주를 비롯해 누구에게도 섭섭함이나 불만을 표시하지 않는 게 좋습니다. 귀하가 연임을 요구하고 일부 임직원들이 창업 오너를 설득한다고 해도 아마 그의 생각을 돌리기 어려울 겁니다. 이는 대주주 입장에서 자신의 권한을 침해하는 일이기에 동의하기가 쉽지 않습니다. 자칫하면 갈등 과정에서 귀하가 욕심을 내고 있는 것으로 비쳐질 수도 있습니다. 명분도, 실리도, 다 잃을 가능성이 큽니다.

 그러니 마음을 비우고 담담하게 받아들일 준비를 하십시오. 오히려 그동안 기회를 준 것에 대해 감사의 뜻을 표하고 임직원들에게 "함께 일해서 행복했다"고 이야기하는 것이 현명합니다. 어떤 사람에 대한 인상은 대부분 마지막 떠날 때의 모습이 가장 강하고 오랫동안 지속됩니다. 깔끔하게 정리하고 떠나는 귀하의 인상은 귀하의 차후 커리어에 긍정적 영향을 미칠 겁니다. 귀하와 함께한 임직원들은 귀하를 평생 존중할 것이고, 관계가 소원해진 창업 대주주 역시 귀하를 다시 보게 될 테니까요.

'자기고용'에 엄격해야 흔들리지 않는다
—

물론 이렇게 헤어지는 것은 참 어렵습니다. 웬만큼 자기 수양을 쌓지 않은 경영자들은 이런 길을 걷기가 쉽지 않습니다. 앞서 말한 대로 자의가 아니라 타의에 의해 밀려나는 느낌을 갖고 회사를 떠나는 임직원들은 섭섭함과 아쉬움에서 벗어나기 어렵습니다. 이런 감정은 때로 분노로 비화하기도 합니다. 그래서 한동안 마음을 잡지 못하면서 자신이 몸담았던 기업의 창업 오너나 경영자, 임직원들을 비난하는 경우도 있습니다.

저는 그런 분들에게 이렇게 권합니다. 귀하가 창업 오너이고, 대주주이고, 경영자이고, 임원이라면, 그래서 어떤 임직원을 영입하거나 정리할 수 있는 권한을 갖고 있다면, 현재의 자신을 어떻게 평가할 것인지 자문자답해보라고 말입니다. '내가 대주주라면 지금의 나 자신을 전문경영인으로 영입하거나 임기를 연장할 것인가?', '내가 사장이라면 지금의 나를 임원으로 발탁하고 아낌없이 보상할 것인가?', '내가 임원이라면 지금의 나를 중간간부로, 직원으로 채용하고 승진시킬 것인가?'

●● 사장의 생각

냉정하게 묻고 답하기 어려운 일입니다만, 전문경영인은 이렇게 '자기고용'에 관한 엄격함을 항상 유지해야 합니다. 아니, 전문경영인뿐 아니라 임원이나 간부들, 직원들도 모두 자기고용에 관한 질문을 끊임없이 던져야 합니다.

'내가 의사 결정권자라면 과연 지금의 나를 고용하고 승진시킬까? 내가 받고 있고, 받고 싶은 수준의 보상을 할까? 나의 현재 모습을 존중하고 받아들일까?'

PART 02

사장의 하루는 직원으로 시작해서 직원으로 끝난다

가장 중요한 것은 사람입니다. 자금확보도, 마케팅이나 영업도,

기술개발과 시스템 구축도 다 사람이 하는 일입니다.

어떤 사람이 하느냐에 따라 그 결과가 천양지차입니다.

조직이 발전하려면 한 차원 높은 생각을 하는 인재가 필요합니다.

기존의 틀을 벗어나 창의적으로 사고하면서 예상하지 못했던 결과를 만들어내는

직원, 회사를 바꾸고 가치의 격차를 만들어내는 직원이 필요합니다.

성장하는 기업의 CEO들은 하나같이 조직을

최고의 인재로 꾸리려는 욕심으로 가득했습니다.

01

○

꼭 한 가지만
해야 한다면
'인재'를 구하라

CEO의 '킹핀'은
언제나 인재
•
인재경영

Q 두 달 전, 준비가 전혀 안 된 채로 갑작스럽게 사장으로 취임하게 되었습니다. 사장 공백이 길었던 터라 그동안 쌓여 있던 업무를 처리하느라 순식간에 두 달이 지났습니다. 이제 겨우 한숨을 돌렸는데 앞으로 무엇을 어떻게 해야 할지 잘 모르겠습니다. 제가 없어도 잘 처리되는 일이라면 공연히 끼어들 필요가 없을 것 같고, 사장만이 할 수 있는 일이 딱히 보이지도 않습니다. 좀 더 근본적인 개혁을 하고 싶은데 저에게 주어진 시간이 그리 많지 않아 보입니다. 사장으로서 제가 가장 신경을 써야 할 것은 무엇일까요?

A 현재 회사에서 가장 시급한 일이 무엇인지부터 정확하게 가려낼 필요가 있겠습니다. 특별한 사정이 없는 한 대부분의 회사에서 가장 중요하고 시급한 일은 우수한 인재를 확보하는 일입니다. 우선 우수인재를 발굴해 안착시키는 일에 총력을 기울일 것을 권합니다.

우리 회사의 '킹핀'은 무엇일까?

—

취임한 지 두 달이라면 이제 본격적으로 자신의 구상을 펼칠 때로군요. 그런데 갑작스러운 취임으로 준비가 모자란 상태라면 지금 이 시기가 더욱 중요합니다. 정신을 바짝 차리지 않으면 지나간 두 달이 그랬듯 앞으로 몇 달 혹은 1년이 순식간에 지나가버릴 것입니다.

CEO가 해야 할 일은 일일이 열거하기 어려울 정도로 많습니다. 게다가 하나씩 따지고 보면 모두 다 중요해서 어떤 일을 먼저 시작해야 할지 정하기가 참 어렵습니다. 우선순위를 정해야 자금과 인력 등 회사가 갖고 있는 자원을 배분하고 투입할 텐데, 이 과정에서부터 막히는 것입니다. 특히 귀하처럼 갑작스럽게 경영책임을 맡은 경우라면 더욱 그럴 겁니다.

그럴수록 우선순위를 정해서 선택과 집중 전략을 펼쳐야 합니다. 그렇지 않으면 내내 일상적 업무에만 매달리게 되거나 임기 중 결과를 맛보기 어려운 과제를 가지고 씨름하게 됩니다. 임기 중 씨만 뿌린다면 그는 CEO로서 역할을 잘 수행했다고 볼 수 없습니다. 열매를 따지는 못해도 열매가 열리거나 꽃이 피는 것은 봐야 합니다. 임기가 아주 짧은 경우라도 최소한 싹이 트는 것은 확인할 수 있어야 합니다.

업무의 우선순위를 정할 때 가장 중요한 것은 이른바 '킹핀^{kingpin}'이 무엇인지를 알아내는 일입니다. 볼링에서 스트라이크를 얻으려면 맨 앞의 1번 핀이나 맨 뒤의 10번 핀이 아니라, 1번과 3번 사이로 보이는 5번 핀을 노려야 합니다. 5번 핀을 맞추면 모든 핀을 연쇄적으로 넘어뜨릴 수 있습니다. 바로 이것이 킹핀입니다. 킹핀을 쓰러뜨리면 주변 핀들에 가장 큰 연계효과를 낼 수 있습니다. 그래서 사람들은 어떤 문제가 발생했을 때 이를 해결하기 위한 핵심목표, 문제의 핵심을 킹핀이라고 부릅니다.

회사를 한 단계 도약시키려면 많은 것들을 개선해야 합니다. 그런데 이 가운데 킹핀 역할을 하는 과제가 있습니다. 이 킹핀은 회사가 처한 상황마다 다릅니다. 그런데 대부분의 기업에서 공통적으로 킹핀 역할을 하는 요소가 하나 있습니다. 바로 인재를 확보하는 일입니다.

어떤 사업을 할 때, 또는 어떤 문제를 해결하고 상황을 개선하려고 할 때 가장 중요한 것은 사람입니다. 자금확보나 마케팅, 영업도, 기술 개발과 시스템 구축도 다 사람이 하는 일입니다. 어떤 사람이 하느냐에 따라 그 결과가 천양지차로 달라집니다. 누가 책임을 맡느냐에 따라 사업이 성공할 수도 있고 실패할 수도 있습니다. 그런 점에서 회사의 경영책임을 맡게 된 귀하가 가장 중요한 킹핀으로 삼아야 하는 것은 우수한 인재를 확보하는 일입니다.

CEO의 인재 욕심은 무죄!

—

물론 우수한 인재, 최적의 인재를 찾아서 조직의 적재적소에 배치하는 것은 CEO만 할 일이 아닙니다. 인사 담당자들은 물론이고 회사의 주요 임원과 간부들이 모두 나서야 하는 일입니다. 널리 인재를 구하는 것은 동서고금을 막론하고 유능한 지도자들이 가장 중요하게 여겼던 일입니다.

그러나 인재확보의 책임만큼은 CEO가 확실히 져야 합니다. CEO가 움직이지 않으면 인재를 확보하기가 어렵습니다. 사실 임직원들은 자신과 경쟁하거나 자신보다 수준이 높은 사람을 곁에 두고 싶어 하지 않는 경향이 있습니다. 이 때문에 CEO가 직접 나서지 않으면 우수한 인재를 확보하기도 어렵거니와, 설령 영입에 성공한다고 해도 그가 조직에 안착하기가 쉽지 않습니다. 따라서 CEO는 매우 적극적으로, 강한 의지를 표명하며 인재발굴에 나서야만 합니다.

성장하는 기업의 CEO들은 하나같이 조직을 최고의 인재로 꾸리려는 욕심으로 가득했습니다. 이들은 보다 우수한 직원을 확보하기 위해 끊임없이 노력했습니다. 이렇게 해서 우수한 인재들로 구성된 조직은 고객들에게 경쟁회사보다 수준 높은 상품과 서비스를 제공할 수 있었고, 고객의 사랑과 신뢰 속에 많은 성과를 거두면서 지속성장에 성공할 수 있었습니다.

그런 점에서 귀하가 언제 끝날지 모르는 재임기간 중 가장 먼저 해야 할 일은 우수한 인재를 발굴해 조직에 안착시키는 것입니다. 회사의 주요 직책부터 조직 안팎에서 최적임자를 발굴해 배치하는 데 주력하십시오. 이렇게 해서 회사의 핵심직책에 최적의 인재를 발굴해 안착시키는 데 성공한다면 생각보다 일찍 그 결과물을 맛보게 될 것입니다.

설령 최적의 인재를 찾지 못한다 하더라도 현재보다 우수한 인재들을 핵심보직에 포진시키는 것만으로 회사의 성과는 늘어날 것이고, 조직이 안고 있는 현안들도 상당수 해결될 것입니다. 기업의 성장발전에서 킹핀은 언제나 사람이었습니다.

이것은 귀하 역시 누군가에게 킹핀으로 인식됐다는 뜻이기도 합니다. 귀하를 영입한 사람들은 회사의 성장발전에 가장 중요한 요소가 CEO라고 생각했을 겁니다. 그래서 적임자를 찾던 중 귀하를 발견했겠지요. 귀하를 CEO로 발탁한 사람들은 조직의 많은 현안들을 해결하고 회사의 수준을 한 단계 끌어올리는 최선의 방안으로 귀하를 선택했을 겁니다. 그들의 희망대로 꼭 킹핀이 되시길 바랍니다.

잘 뽑아야
제대로 쓸 수 있다

•

채용기준

Q 회사가 신입사원 채용을 앞두고 있습니다. 그런데 그동안 많은 직원들을 채용해 왔으면서도 아직껏 어떤 사람을 어떤 기준으로 뽑아야 할지 확신이 서지 않습니다. 뚜렷한 기준이 없다 보니 누가 면접관으로 들어가느냐에 따라 뽑히는 사람이 달라집니다. 게다가 면접 시간이 짧아 여러 면을 꼼꼼히 점검하기도 어렵습니다. 특히 힘들게 뽑은 직원들이 몇 달도 안 돼 회사를 떠날 때마다 '이번에도 잘못 뽑았구나'라고 후회하게 됩니다. 대체 어떤 기준으로 직원을 채용해야 할까요?

A 회사의 교육훈련 시스템이 잘 갖추어져 있지 않다면 경력직 채용, 인턴제도 활용 등을 통해 어느 정도 직무역량이 검증된 직원들을 뽑는 것이 안전합니다. 직원을 고를 때는 그가 조직문화와 맞는 품성과 태도를 지닌 사람인가를 보세요. 더불어 자신만의 분명한 목표를 지닌 사람이라면 회사의 성장발전에 기여하는 핵심인재가 돼줄 것입니다.

채용기준, '스펙'에서 '직무'로 바뀌고 있다

—

직원을 어떻게 잘 뽑을까? 이는 모든 기업이 끊임없이 고민하는 문제입니다. 먼저 일반적인 직원채용 방식부터 짚어볼까요?

이전의 대기업들은 대규모로 신입사원을 뽑아서 일정한 교육을 거친 뒤 현업에 배치하는 방식을 택해왔습니다. 이런 대규모 공채 방식에서는 명문대학 출신으로 학점과 영어 점수가 좋고 자격증을 몇 개씩 갖고 있는, 이른바 '스펙이 좋은' 사람들이 뽑히곤 하지요. 그런데 스펙이 좋은 직원들이 반드시 일을 잘하는 것은 아닙니다. 모든 직무에 그 직무를 잘 수행할 수 있는 능력이 있게 마련입니다. 스펙이 좋다고 해서 그 직무 수행에 필요한 역량을 갖추고 있는 것은 아니지요. 게다가 신입사원들은 자신이 원하지 않는 직무를 맡게 되면 금세 업무의욕을 잃게 됩니다. 보통 신입사원의 절반가량이 3년도 안 돼 회사를 떠나는 이유 중 하나도 자신의 적성과 무관한 직무를 맡기 때문입니다.

이런 이유로 인해 최근 대규모 신입사원 공채 방식이 빠르게 사라지는 추세입니다. 대신 직무별로 필요할 때마다 직원을 뽑는 수시채용이 대세로 자리 잡았습니다. 신입사원보다는 이미 직무역량이 어느 정도 검증된 경력사원을 선호하는 추세도 확산되고 있지요. 경력사원 중심으로 채용하면 교육훈련 비용과 시간을 절감할 수 있을 뿐 아니라 직원을 잘못 뽑을 위험도 줄일 수 있습니다. 그래서 교육훈련 시스템을 잘 갖추기 어려운 중견·중소기업에서는 신입사원을 아예 뽑지 않고 경력사원만 뽑기도 합니다. 따라서 귀하의 기업도 경력사원 위주로 채용 시스템을 개편하는 것이 하나의 대안이 될 수 있을 것입니다.

신입사원을 뽑는 경우 먼저 직원이 어떤 업무를 맡게 될 것인지를 분명히 한 다음, 그 직무에 필요한 역량을 갖춘 사람을 고르는 데 중점을 두시기 바랍니다. 후보자의 역량을 세밀하게 확인하고 싶다면 인턴제도를 활용해보는 것도 좋습니다. 인턴사원으로 업무에 투입해 직무역량을 평가한 뒤 정규사원으로 채용하는 겁니다. 인턴 근무 과정에서 직무역량뿐 아니라 업무태도와 조직 적응력도 함께 검증할 수 있으니 직원을 잘못 뽑을 확률을 크게 낮출 수 있습니다.

스마트한가, 성실한가, 목표가 있는가
—

그렇다면 직무역량이 엇비슷한 지원자 중에서는 어떤 사람을 어떻게 골라야 할까요? 채용에서 가장 중요한 것을 꼽으라면 저는 품성과 태도를 이야기하곤 합니다. 다시 말하면 지원자가 조직문화와 맞는지를 살펴보라는 것입니다. 물론 기술도 중요합니다. 그러나 기술은 배울 수 있지만 사람의 품성이나 태도는 잘 바뀌지 않는 법입니다. 아무리 뛰어난 기술을 지닌 지원자라도 그의 품성과 태도가 조직문화와 맞지 않는다면 채용에 신중을 기해야 합니다. 저비용 항공사로 시작해 세계적 항공사로 성장한 사우스웨스트 항공은 공공연히 '태도를 채용한다'고 이

●● 사장의 생각

야기합니다. 다른 것은 교육시킬 수 있어도 직원의 태도는 잘 바뀌지 않는다는 점을 잘 알고 있는 것입니다.

인재를 뽑는 기준은 여러 가지입니다. 이는 조직마다, 이루려는 성과마다, 또 CEO와 채용 결정권자의 가치관마다 다를 것입니다. 따라서 어느 것이 꼭 옳고 언제나 최선이라고 말하기 어렵습니다. 그러나 그의 품성이 조직문화와 맞는가 하는 점만큼은 각 기업의 상황에 맞는 채용 기준을 통해 꼭 점검해보기를 권합니다.

그동안 많은 인재들을 만나보고 언론사와 헤드헌팅 회사를 경영한 경험을 토대로 제가 직원채용을 위한 면접 때 살펴보는 점은 대개 세 가지입니다.

먼저 그가 '스마트한가'입니다. 쉬운 일은 누구나 다 할 수 있습니다. 그러나 난이도가 높아지면 이야기가 다릅니다. 스펙이 좋은 직원이라도 스마트하지 않으면 금세 업무능력이 떨어지고 조직의 부담이 되고 맙니다. 스마트하지 않으면 성장발전에 한계가 있습니다.

다음은 '성실한가'입니다. 성실함이 조직원으로서 성과에, 그리고 직원 스스로의 발전에 어떤 영향을 미치는지는 길게 설명하지 않아도 되겠지요. 성실함에 기초하지 않으면 아이디어는 시행 단계로 나아가기 어렵습니다. 설령 어렵게 시행에 들어가도 중간에 멎고 맙니다. 업무 완성도 또한 성실함과 직결돼 있습니다. 특히 성실하지 않으면 요령을 피우게 됩니다. 성과를 얻기 위해 노력하는 게 아니라 꾀를 낼 가능성이 있습니다.

보통은 이 두 가지 조건만 갖춰도 된다고 할 수 있습니다. 이 두 가지 조건을 갖춘 사람들은 일정한 수준의 성과를 낼 수 있고 자신에게 부여된 과제는 어떻게든 잘 처리해냅니다. 삼성을 비롯한 한국의 대기업에 주로 이런 직원들이 많지요. 이들은 '엄친아'처럼 주어진 틀 안에서 최선의 결과물을 만들어냅니다.

그러나 조직이 발전하려면 한 차원 높은 생각을 하는 인재가 필요합니다. 기존의 틀을 벗어나 창의적으로 사고하면서 예상하지 못했던 결과를 만들어내는 직원, 회사를 바꾸고 가치의 격차를 만들어내는 직원이 필요합니다. 이런 인재를 어떻게 가려낼 수 있을까요?

바로 '목표가 있는가'를 보는 겁니다. 어떤 조직이든 조직의 성장과 발전에 기여하는 사람들에게는 뚜렷한 공통점을 찾아볼 수 있습니다. 분명한 목표가 있고, 그 목표가 높고 크며, 그 목표를 위해 집요하게 노력한다는 점입니다.

목표가 분명한 사람이 회사를 키운다

—

목표는 사람의 삶을 결정하는 요소 가운데 가장 중요한 것입니다. 목표가 없거나 불분명하면 일관성을 갖기가 어렵습니다. 늘 좌고우면하기 때문에 업무에 집중하지 못해 효율성도 떨어집니다. 반면에 분명한 목표를 가진 사람은 흔들리지 않습니다. 자신이 가야 할 곳이 명확하기 때문에 주변상황이 변화해도 당황하지 않습니다. 넘어져도 다시 일어서서 꿋꿋이 목적지를 향해 걸어갈 수 있습니다. 특히 목표가 분명한 사람들은 스스로 에너지를 만들어냅니다. 자기주도성이 강합니다. 누구의 지시나 압력에 의해서 일하지 않습니다. 자신이 세운 목표를 위해 자발적으로 할 일을 찾아서 합니다. 누가 가르쳐주지 않아도 스스로 학습하고 훈련합니다. 이 때문에 직장에서 목표가 분명한 직원들은 금방 표시가 납니다. 그의 언행은 남과 다릅니다. 늘 생기에 차 있고 표정에 자신감이 배어 있습니다. 그런 직원들은 하루하루가 새롭고 즐겁습니다. 자신의 목표를 향해 한 발 한 발 나아가고 있기 때문입니다.

역사적으로 성공한 CEO나 조직의 핵심인재들은 분명한 목표를 갖고 있었고, 목표를 향해 부단히 노력했습니다. 이들 중 상당수는 남들보다 특별히 좋은 조건에서 출발하지 않았습니다. 그럼에도 불구하고 이들이 성과를 낸 것은 뚜렷한 목표를 갖고 있고 이것을 실현하기 위해 지속적으로 노력했기 때문입니다. 그 결과 이들은 자기 삶을 바꿔냈고 세계적 기업을 일구기도 했습니다.

앞의 세 가지 조건을 충족하는 사람은 그리 많지 않습니다. 한 조사에 의하면 보통 채용 가능 인원 가운데 상위 35퍼센트 미만의 C급 인재는 조직이 요구하는 일을 겨우 담당하는 정도여서 입사해도 승진이 거의 어렵습니다. 대부분 중도탈락합니다. 상위 35퍼센트를 넘는 B급 인재는 주어진 일을 잘 수행해 입사 때보다 한두 단계 이상까지 승진할 수 있습니다. 그리고 업무능력과 조직 적응력이 뛰어나 임원으로 승진할 수 있는 A급 인재는 채용 가능자의 상위 10퍼센트 정도에 불과합니다.

채용이 어려운 것도 임원까지 승진할 수 있는 A급 인재를 찾아내야 하기 때문입니다. 임원까지 올라갈 수 있는 인재는 뽑지 못하더라도 중도탈락할 사람은 뽑지 말아야 하지 않을까요? 면접에 조직의 최고 엘리트들을 투입하고 바쁜 CEO들이 시간을 내서 참여하는 것도 이 때문입니다.

'하고 싶은 일'을 맡기면
정말 성과를 낼까?

•

직무적성

Q 젊은 직원들과 이야기를 나누다 보면 "적성에 맞는 일을 하고 싶다"는 말을 많이 들습니다. 경력관리의 중요성에 대해 익히 들어서 알고 있기 때문으로 보입니다. 저도 될수록 직원들의 희망사항을 받아주려 노력합니다. 그러나 조직을 운영하다 보면 직원들의 요구를 전부 수용하기란 불가능합니다. 특히 젊은 직원들의 적성이 특정 분야나 직무에 쏠려 있습니다. 그래서 적성에 따라 인사를 하는 것이 옳은 일인가 의문이 듭니다. 왜 이런 현상이 벌어질까요? 또 직무적성에 맞는 직원을 뽑으려면 어떻게 해야 할까요?

A 많은 직원들이 자신의 적성에 맞는 일과 스스로 선호하는 일을 혼동하는 경향이 있습니다. 따라서 직원들의 희망사항을 그대로 인사에 반영할 것이 아니라 직무적성을 제대로 파악하기 위한 방법을 강구해야 합니다. 인턴제도와 순환근무제도를 활성화하거나 경력사원 중심으로 직원을 뽑도록 채용시스템 개편을 고려해보십시오.

'적성'과 '선호'는 다르다

—

흔히 "하고 싶은 일을 해야 한다"고 합니다. 백번 맞는 말입니다. 하고 싶은 일을 해야 성취하고 성장할 가능성이 크니까요. 경영자의 입장에서도 직원들이 하고 싶은 일을 하게 만들어야 조직의 성과를 키울 수 있습니다. 아무리 똑똑하고 많이 배웠어도 적성이 업무에 맞지 않으면 성과가 부진할 뿐 아니라 오래 근속하지 못하고 떠날 가능성이 큽니다. 그러니 직원들의 적성에 맞는 업무를 고민하는 것은 경영자로서 아주 자연스러운 일이지요.

그런데 문제는 귀하의 지적처럼 직원들의 적성이 비슷비슷하고 희망하는 직무가 몇몇 분야로 집중된다는 점입니다. 사람의 적성이 다 똑같을 리가 만무한데 어떻게 직원들의 직무 적성은 이렇게 한결같은지 신기할 정도입니다.

이는 적성에 대한 이해가 정확하지 않기 때문입니다. 사람들은 흔히 자신이 좋아하는 일을 적성이라고 생각하는 경향이 있습니다. 하지만 적성과 좋아하는 일은 엄연히 다르지요. 직원들이 주장하는 적성은 엄밀히 말하면 '선호'라고 보는 게 맞을 것 같습니다.

적성의 사전적 뜻은 '어떤 일에 알맞은 성질이나 적응능력, 또는 그와 같은 소질이나 성격'입니다. 따라서 적성에 맞는 일을 하면 잘할 수 있고 성과도 잘 납니다. 그러나 사람들이 꼭 적성에 맞는 일만 선호하는 게 아닙니다. 선호는 적성 외에도 그 직무에 대한 직장 내부나 일반 사회의 평가가 담겨 있습니다. 또 가족이나 친구의 기대, 미래에 대한 전망도 들어 있습니다.

이 때문에 어떤 사람이 요리를 좋아하고 그에 대한 적성도 있더라도, 요리 관련 직무를 선호하지 않을 수 있습니다. 반대로 적성에 맞지 않지만 선호할 수도 있고요. 변호사 직무가 좀 답답하고 고리타분하다고 느끼지만 사회적 평가를 받는 직업이라고 생각해 선호하는 사람들도 있습니다. 특히 젊은 직장인들 가운데는 적성에 대한 확신이 없는 상태에서 남들에 비해 업무능력이 크게 뒤지지 않을 경우, 스스로 선호하는 것을 적성이라고 이야기하는 경우가 많습니다.

"당신도 마케팅이 적성이야?"

—

최근 들어 많은 직장인이 마케팅이 자신의 적성에 맞다고 이야기합니다. 물론 이들 중 일부는 정말로 마케팅이 적성에 맞습니다. 이들에게 마케팅을 맡기면 성과도 잘 내고 본인도 성취감을 느낍니다. 그러나 상당수의 나머지 직원들은 꼭 마케팅이 적성에 맞다고 보기 어렵습니다. 실제 업무에 투입해도 평범한 수준의 성과를 낼 뿐입니다. 일부는 성과도 좋지 않고 적성에도 맞지 않는다는 점이 곧 드러납니다.

그럼에도 많은 직원들이 자신의 적성이 마케팅에 있다고 말하는 이유가 뭘까요? 기본적으로 자신의 적성이 무엇인지 잘 모르기 때문입니

● ● 사장의 생각

다. 스스로 적성을 파악하는 것은 참 어려운 일입니다. 물론 어릴 적부터 눈에 두드러진 행동을 함으로써 적성을 드러내는 경우도 있습니다. 그러나 대부분은 대학을 졸업할 때까지도 자신의 적성이 무엇인지 잘 모릅니다. 대학 때 직간접적으로 다양한 경험을 많이 할수록 좋은 이유 중 하나는 그 과정에서 적성을 발견할 수 있기 때문입니다. 적성은 사유보다 경험을 통해 확인되는 경우가 많으니까요.

직장 초년생들의 이직이 잦은 것도 적성을 잘못 알고 직업이나 직장을 선택했기 때문입니다. 어떤 사람들은 40~50대가 돼서도 자신의 적성이 무엇인지 모르겠다고 하소연합니다. 심지어 60대에 접어들어 인생의 황혼기를 맞이할 때쯤에야 자신의 적성이 무엇인지 알았다며 탄식하기도 하고, 뒤늦게라도 알게 돼서 다행이라며 기뻐하기도 합니다.

직장인들의 상당수가 마케팅이 적성이라고 주장하는 또 다른 이유는 마케팅 직무에 대한 선호도가 높기 때문입니다. 최근 젊은 직원들 사이에서 마케팅이 '화려한 직무'이자 '잘나가는 직무'라는 생각이 꽤 퍼져 있습니다. 이 직무를 맡으면 회사 내부에서 주목을 받을 수 있으리라 기대하는 것입니다.

직무적성을 어떻게 검증할까?

—

그러니 직원들이 스스로 주장하는 적성에 따라서만 직무를 맡기면 안 됩니다. 직원들의 적성을 정확하게 파악해 그에 맞는 직무를 맡겨야 합니다. 말처럼 쉬운 일은 아닙니다만, 이를 위해 기업들이 활용하고 있는 여러 방안들이 있습니다.

첫 번째로 인턴제도입니다. 사실 자기소개서와 적성검사, 짧은 면접으로 본인도 모르는 적성을 판단하기란 거의 불가능합니다. 이런 식의 채용방법은 직무적성과 관계없이 똑똑하고 많이 배운 직원을 뽑겠다는 것과 다르지 않지요. 직원을 채용할 때 최대한 현업경험을 중시하면 그나마 채용이 적성과 무관하게 흐르는 일을 막을 수 있습니다. 인턴사원제도는 그런 점에서 효과적인 방법입니다. 몇 개월 정도 현업에 근무하도록 해서 후보자의 직무적성을 판단해보십시오. 만약 인턴 채용이 어렵다면 다만 며칠 동안이라도 현업에 배치해 직무 적합도를 판단해보세요.

두 번째로 신입사원을 일정기간 동안 순환근무를 시켜보세요. 입사 직후 곧바로 직무를 결정하지 말고 최소 몇 달, 길게는 3~4년까지 회사의 주요 분야를 거친 다음 자신의 적성에 맞는 전문분야를 선택하도록 하는 겁니다. 이 기간이면 본인의 직무적성이 어떤 것인지 웬만큼 파악할 수 있습니다.

물론 이렇게 하려면 적지 않은 시간과 비용을 투입해야 합니다. 신입사원을 전문분야로 배치하기 전까지 훈련생으로 간주한다는 점에서 이것은 분명히 비용 관점에서 접근할 필요가 있는 문제입니다. 그러나 장기적으로 보면 신입사원을 현업에 즉각 투입하는 것보다 효율성이 더 높습니다. 현실적으로 섣부르게 판단해 적성에 맞지 않는 직무를 맡겨서 생기는 부작용이 더 크기 때문입니다.

더 근본적으로 직무적성에 맞는 직원을 뽑으려 한다면 경력사원 중심으로 채용제도를 바꾸는 것이 답입니다. 경력사원은 이미 경험을 통해 직무적성이 어느 정도 검증돼 있습니다. 조직이나 직무적응 속도도 빠릅니다. 물론 경력사원이 신입사원에 비해 직접채용 비용은 더 많이 들어갑니다. 조직에 유능한 채용담당자를 둬야 하고, 외부 전문기업으로부터 추천을 받아야 할 수도 있습니다. 채용절차도 신입사원에 비해 길고 복잡합니다. 그렇지만 장기적 관점에서 전체 채용 비용을 따지면 신입사원에 비해 경력사원을 채용하는 것이 훨씬 더 비용이 적게 듭니다. 그러니 신입사원을 교육훈련시킨 뒤 직무적성을 찾아 배치할 만큼 여력이 안 되는 기업이라면 경력사원 중심의 채용을 고려해보는 것도 좋겠습니다.

'괜찮은 회사'와 '일하고 싶은 회사'는 다르다

•

채용 브랜드

Q 작년부터 신규사업을 추진하고 있습니다. 회사의 명운을 걸고 진행하는 사업이라서 조직역량을 총동원하고 있습니다. 그런데 베테랑 기술 인재들이 꼭 필요한 일인데도 인력을 제대로 확보하지 못해 사업에 속도가 붙지 않고 있습니다. 현재 임원들이 직접 인력확보에 나서고 있습니다만, 회사가 원하는 이들은 관심조차 보이지 않습니다. 연봉이나 교육 등에서 파격적 제안을 해도 좀처럼 반응이 없네요. 저희 회사는 자동차 부품 분야에서 비교적 잘 알려져 있고 브랜드도 나쁘지 않습니다. 그런데 왜 이런 상황이 벌어지는지 답답합니다. 어떻게 해결해야 할까요?

A 먼저 CEO나 경영진이 인재확보의 중요성에 대해 얼마나 명확히 인지하고 있는지부터 점검해볼 필요가 있겠습니다. 또한 회사의 제품 브랜드와 채용 브랜드가 꼭 같은 것은 아니니, 좀 더 긴 안목에서 채용 브랜드 개선작업을 시작하십시오.

구글이 기업인수에 거액을 쓰는 까닭

—

회사의 명운을 걸고 진행하는 신규사업에 인력이 제대로 확보돼 있지 않다면 문제는 정말 심각합니다. 유감스럽게도 이대로 사업이 성공적으로 진행될 확률도 낮을 뿐 아니라, 회사의 미래도 그다지 밝지 못합니다.

아직도 많은 경영자들이 인재확보를 너무 쉽게 생각하는 경향이 있습니다. 아마도 채용을 직접 진행해본 경험이 적기 때문일 것입니다. 특히 능력이 탁월하고 성과가 뛰어난 인재를 확보하는 일이 얼마나 어려운지는 직접 채용을 진행해보지 않으면 알기 어렵습니다.

구글은 2014년 1월 네스트라는 기업을 인수했습니다. 네스트는 실내 자동온도조절장치를 만드는 회사입니다. 구글 CEO인 래리 페이지는 이 회사를 인수하는 데 자그마치 32억 달러, 우리 돈으로 3조 4,000억 원을 들였습니다. 그런데 네스트의 연 매출은 3억 달러에 불과합니다. 래리 페이지는 매출의 10배에 이르는 값을 주고 네스트를 사들인 것입니다. 상식적으로 이해하기 어려운 래리 페이지의 결정에 많은 이들이 의문을 표했습니다.

그러나 전문가들의 생각은 달랐습니다. 래리 페이지가 큰돈을 들여 네스트를 인수한 것은 인재를 확보하기 위해서임을 알았기 때문입니다. 네스트는 구글이 야심차게 추진하고 있는 사물인터넷사업의 중심축을 맡고 있습니다. 뿐만 아니라 구글은 얼마 뒤 5,700억 원을 들여 카메라를 만드는 드롭캠이라는 회사를 사들이기도 했습니다. 결과적으로 구글은 사물인터넷 분야의 최고 엔지니어 300여 명을 1인당 100억 원씩 주고 영입한 셈입니다.

구글은 첨단기술 분야에서 세계 최고 수준의 회사입니다. 그만큼 뛰어난 인력이 많을 뿐 아니라 인재들이 알아서 모여드는 곳이기도 합니다. 그럼에도 구글은 인재를 더 모으기 위해 어마어마한 비용을 썼습니다. 래리 페이지는 인재가 많아도 일마다 꼭 필요한 인재가 따로 있고, 더구나 사업의 성패를 좌우하는 인재는 흔하지 않다는 사실을 잘 알고 있는 것입니다.

삼성전자, 100대 기업 중 사실상 꼴찌?

—

인재를 구하려면 참으로 많은 노력과 비용을 들여야 합니다. 그런데도 경영자들이 인재확보에 크게 관심을 두지 않는 것은 인재가 사업에 미치는 영향을 과소평가하기 때문입니다. 어떤 직원이 담당하느냐에 따라 사업은 전혀 다른 모습을 띠게 되는데, 이를 제대로 체감하지 못한 것입니다. 사람보다는 자본이나 설비가 중요하다고 여기기 때문에 인재확보는 적당히 넘어가곤 합니다.

뒤늦게 인재의 중요성을 절감한 기업들이 인재확보에 나선다 한들 현실은 녹록하지 않습니다. 전혀 예상하지 못했던 벽, 바로 채용 브랜드의 벽에 가로막히는 경우가 많기 때문입니다. 채용 브랜드는 대개 제품 브랜드와 상관관계를 갖고 있습니다만, 이 둘이 언제나 같은 것은 아닙니다. 우리 주변에 제품 브랜드는 좋지만 채용 브랜드는 나쁜 기업들이 적지 않습니다. 이런 기업들은 현재 많은 성과를 내고 있을지 몰라도 우수인재를 확보하기 어렵기 때문에 성장발전의 가능성이 막혀 있는 것이나 다름없습니다. 반대로 제품 브랜드에 비해 채용 브랜드가 좋은 기업들은 현재보다 미래의 전망이 더 밝지요.

대표적 예가 삼성입니다. 한국을 대표하는 글로벌 기업인 삼성은 오래전부터 인재확보에 관심을 쏟고 있습니다. 계열사 사장 평가에 핵심 인재확보현황을 반영하고 있고, 계열사마다 TFT가 구성돼 글로벌 차원에서 인재확보에 주력하고 있습니다. 특히 삼성전자는 전담팀이 세계 주요지역을 돌며 '인재사냥'을 벌이고 있습니다.

그러나 이런 노력에도 불구하고 삼성의 인재확보 성과는 그리 만족스럽지 못합니다. 최근 삼성전자의 스마트폰 실적부진이 초미의 관심사로 등장하면서 삼성의 인재확보 문제가 주목을 받은 일이 있습니다. 전문가들은 지금껏 삼성이 국내 인재들만으로 사업을 했지만 글로벌 기업으로서 수익성을 유지하려면 한국 인재만으로 불가능하다는 의견을 내놓았습니다. 소프트웨어에 약한 한국 인재의 현실을 감안할 때 글로벌 차원의 인재확보가 시급하다는 이야기였습니다.

그런데 문제는 삼성의 채용 브랜드가 인재확보를 어렵게 만든다는 데 있습니다. 이는 글래스도어라는 사이트(www.glassdoor.com)를 보면 쉽게 알 수 있습니다. 이 사이트는 미국의 직장인들이 스스로 재직했던 직장을 평가하는 곳입니다. 2013년 글래스도어가 가장 일하고 싶은 세계 100대 기업을 조사한 결과, 점수가 가장 높은 곳은 페이스북(4.6)이었습니다. 구글(4.3), 애플(3.8), 마이크로소프트(3.7)가 그 뒤를 이었지요. 100대 기업의 평균점수는 3.6이었습니다. 국내기업으로는 삼성전자가 유일하게 이름을 올렸습니다만, 평점은 2.7에 불과했습니다. 리뷰가 10개 미만이라 평점에 큰 의미를 두기 어려운 7개 기업을 제외하면 92위, 사실상 꼴찌였습니다.

이 사이트에 올라 있는 리뷰 내용을 보면 삼성전자 채용 브랜드의 심각성을 느낄 수 있습니다. 평가자들은 삼성전자에 대해 "군대처럼 명령에 따라 일한다", "일과 휴가의 균형? 최악이다", "한국 사람들끼리 다 해먹는다"라고 신랄하게 비판했습니다. 심지어 "상사가 부하 직원에게 소리 지르는 일은 다반사다", "상사가 무례하고 폭력적이다", "당신은 노예 취급을 받을 것"이라는 평까지 실려 있습니다.

이 사이트는 미국 유명 MBA 출신 등 고급인력들이 직장을 지원할 때 참고하는 곳입니다. 이들이 이런 평가를 본 뒤에도 삼성전자에 지원할까요?

삼성의 제품 브랜드는 세계 최고 수준입니다. 동남아시아나 중국, 남미, 아프리카 같은 후발개도국뿐 아니라 선진공업국 시장에서도 삼성은 프리미엄 브랜드로 자리 잡고 있습니다. 스마트폰이나 TV, 냉장고 등 삼성전자 제품에 늘 '고성능', '첨단', '고가' 등의 이미지가 붙어 있지요. 그러나 삼성전자의 채용 브랜드는 이와 정반대입니다.

인재가 오고 싶어 하는 회사로 만들려면

—

이렇듯 사람들이 그 기업의 제품을 좋아한다고 해서 그 기업에서 근무하고 싶어 하리라고 생각하는 것은 큰 착각입니다.

귀하의 회사도 삼성전자처럼 채용 브랜드에 문제가 있는 것 같습니다. 이 문제를 해결하지 않으면 우수한 인재를 확보하기 어렵습니다. 또 인재를 영입하는 과정에서 다른 기업들보다 많은 비용을 지불해야 합니다. 게다가 어렵게 영입한 직원들이 쉽게 떠나면 조직 분위기가 엉망이 되고 맙니다.

채용 브랜드를 단시일에 끌어올리기는 어렵습니다. 연봉이나 근무조건은 물론이고 조직 시스템과 업무 프로세스, 그리고 기업문화까지 개선해야 하기 때문입니다. 그러나 채용 브랜드를 개선하지 않고는 발전을 기대하기 어렵습니다. 인재확보와 유지가 힘들고 많은 비용이 들어가기 때문에 시간이 갈수록 회사가 경쟁력을 잃게 될 가능성이 큽니다.

그런 면에서 귀하의 회사도 지금부터 채용 브랜드 개선작업을 시작하기 바랍니다. 현재 재직 중인 직원은 물론이고 퇴직한 직원과 거래회사 관계자들까지 폭넓게 조사해 문제점을 파악해보십시오. 그런 다음 하나하나 개선해나가세요. 너무 거창한 작업이라고 생각할지 모르지만, 시행하다 보면 생각보다 빨리 효과가 나타날 겁니다. 직원들은 회사가 이런 개선작업을 한다는 사실만으로도 희망을 갖게 되고 자발적으로 개선작업에 참여할 테니까요.

보상을 위해
일하게 하지 마라

•

연봉과 인센티브

Q 출판사 경영자입니다. 업계 상위권에 있는 나름대로 안정된 회사입니다만, 출판
  시장이 갈수록 위축되고 있어서 회사의 사업구조를 바꾸고자 합니다. 이를 위해
외부에서 유능한 인재를 영입하려 하는데 문제는 보상입니다. 회사가 원하는 인재들은
현재 직원들보다 훨씬 많은 연봉을 요구합니다. 이들의 희망을 받아들일 경우 내부직원
들의 반발이 걱정됩니다. 인재영입을 포기할 수도 없고 내부직원들을 실망시키기도 싫은
데 어떻게 하는 것이 좋을까요? 또 직원들마다 기대수준이 다른데 연봉을 어떤 기준에
맞춰야 하는지도 궁금합니다.

A 영입 인재의 요구를 무조건 수용하려 하지 말고 동종업계보다 10퍼센트 더 보상
  한다고 생각하세요. 이때 기존 직원들이 불공정한 대우를 받는다고 느끼지 않도
록 해야 합니다. 이를 위해 '사이닝 보너스signing bonus' 등 보조적 제도의 활용을 고려해
보세요. 또한 인센티브 제도를 남용해 금전적 보상만이 직원들의 업무동기가 되지 않도
록 해야 한다는 점도 기억하십시오.

인재를 모으려면 연봉은 '평균보다 10퍼센트 더'

—

기업이 경쟁력을 유지하려면 우수한 인재를 영입하고 유지하는 것이 무엇보다 중요하지요. 여기에 결정적 영향을 미치는 것이 연봉과 복리후생입니다. 물론 조직의 비전과 문화, CEO의 경영철학 등도 절대 간과할 수 없는 요소입니다. 그러나 일정한 수준의 연봉과 복리후생이 갖춰지지 않은 상태에서 이러한 요소들이 효력을 발휘하기는 어렵습니다. 다시 말해 연봉과 복리후생은 인재영입과 유지의 충분조건은 아니지만 필요조건입니다. '의식이 족해야 예절을 안다' 또는 '금강산도 식후경'이라는 속담을 들어보셨겠지요. 모두 삶에 필요한 최소한의 물질적 기반의 중요성을 강조하는 말들입니다.

그렇다면 현실적으로 직원들에게 어느 수준으로 보상을 해주는 것이 맞을까요? 당연한 말이지만 보상에 관한 절대적 기준은 없습니다. 직원마다 기대하는 보상 수준은 천차만별이어서 일률적으로 이야기하기 어렵지요.

단, 회사의 경영 사정에 따라 직원의 연봉 수준을 높이거나 낮추는 게 언제나 정답은 아닙니다. '이익이 많이 난다고 월급을 많이 주고 적자니까 월급을 적게 주는' 식으로 경영하면 기업의 지속성장을 담보하기 어렵습니다. 보상은 회사의 이익이 아니라 직원들의 노동에 부합해야 합니다. 그래야 유능한 인재의 영입이나 경쟁력이 떨어지는 직원의 퇴출이 수월해집니다.

외부인재를 영입할 때 제가 권하고 싶은 기준 중 하나는 '시장가격보다 10퍼센트 더'입니다. '이 사람이 동종업계의 다른 기업으로 간다면 연봉을 얼마나 받을 수 있을까'를 따져본 뒤 그보다 10퍼센트 정도 더 주는 것입니다. 이렇게 하면 회사의 부담을 최소화하면서도 우수한 인재를 확보할 수가 있습니다.

물론 여기에 귀하의 회사가 다른 회사와 모든 면에서 비슷하다는 전제가 깔려 있습니다. 하지만 실제로 그런 경우는 거의 없지요. 귀사의 브랜드나 업무 시스템, 근무환경, 직원의 발전 가능성 등이 영입 인재가 일했던 회사에 비해 월등히 좋을 수도 있고, 나쁠 수도 있습니다. 따라서 현실적으로 인재를 영입할 때 이전 직장에 비해 연봉을 적게 줄 수도 있고, 파격적으로 많이 줄 수도 있습니다.

보상이 불공정하면 집토끼와 산토끼, 모두 잃는다
—

인재영입을 어렵게 만드는 또 다른 문제는 연봉체계입니다. 많은 기업들이 연봉제보다 연공서열에 따라 연봉이 변하는 호봉제를 채택하고 있습니다. 연봉제를 시행하고 있다는 기업도 자세히 살펴보면 '무늬만 연봉제'인 경우가 많습니다. 순수한 연봉제가 아니라 호봉제에 성과적 요소 등을 부분적으로 반영한 것에 불과합니다. 그러니 아무리 유능한 직원이라도 능력이나 성과보다 재직기간과 직급에 따라 자동적으로 연봉이 결정되는 경우가 대부분입니다. 연봉을 낮춰가며 직장을 옮기려는 사람은 많지 않기 때문에 회사는 영입직원의 연봉을 전 직장 수준 이상으로 책정할 수밖에 없습니다. 그런데 새로 입사하는 직원의 연봉이 기존 직원들보다 많아지면 기존 직원들이 불만을 갖게 됩니다.

심리학자들은 직원들의 업무의욕을 잃게 만드는 요소를 크게 세 가지로 꼽습니다. 쓸데없는 일, 무능한 상사 그리고 불공정한 평가와 보상입니다. 특히 보상의 불공정성은 직원들이 회사를 떠나는 핵심요인으로 작용하기까지 합니다.

'회사가 우리보다 새로 영입한 직원을 우대한다'고 느낄 경우 직원들은 업무에 몰입하지 못하게 됩니다. 또 '회사가 영입한 직원을 과하게 대접하고 있다'는 인식이 퍼지면 영입한 직원이 조직에서 적응하기도 어렵습니다. 자칫하면 집토끼와 산토끼 모두를 잃게 될 수도 있다는 뜻입니다.

이런 문제를 해결하려면 '사이닝 보너스signing bonus' 또는 '사인 온 보너스sign on bonus' 제도가 도움이 될 것입니다. 이는 영입 인재의 기대 연봉과 회사의 연봉체계에 따라 산정된 연봉 차이를 미리 보상하는 제도입니다. 이를 활용하는 기업에서는 해당 직원에게 보통 1~3년, 많게는 5년 동안의 연봉 격차를 일시에, 혹은 해마다 보전해주고 있습니다.

직원을 움직이는 힘은 인센티브가 아니다

—

또 한 가지, 보상에 있어 인센티브의 효과는 한계가 있다는 점도 알아

두시기 바랍니다. 많은 기업들이 기본급 인상에 따른 부담을 줄이려고 성과에 따른 인센티브를 지급합니다. 그런데 인센티브 효과를 맹신한 탓인지, 전체 연봉에서 인센티브가 차지하는 비중이 기본급보다 훨씬 큰 곳도 있고 심지어 기본급의 몇 배에 이르는 곳도 있습니다. 일부 기업은 이러한 인센티브제도가 마치 선진적 시스템인 것처럼 홍보하기도 하지요.

그러나 각종 연구조사 결과를 보면 업무의욕을 자극하기 위한 금전적 보상의 한계는 분명합니다. 조립 라인에서 나사를 조이는 것과 같은 단순하고 단기적 업무에서는 꽤 효과가 있습니다. 그러나 가치 지향적이고 창의성이 요구되는 직무에서는 인센티브의 효과가 거의 없거나 아예 역효과를 내기도 합니다.

'○○를 달성하면 인센티브를 ○○ 주겠다'는 식의 보상 시스템으로 인해 직원들 사이에서 금전적 보상이 업무의 핵심동기로 자리 잡으면, 직원들의 관심은 일이 아니라 보상에 집중됩니다. 계속해서 더 많이 보상해주지 않으면 직원들은 일에 흥미를 잃고 맙니다. 이 때문에 경영학자들은 "경영자들만 말도 안 되는 인센티브 효과를 믿고 있다"고 비판하고 있습니다.

직원들의 업무의욕을 근본적으로 높이는 방법은 따로 있습니다. 그동안 이뤄진 많은 연구 결과에 따르면 직원들은 세 가지를 느낄 때 즐겁게 일하며 성과를 낸다고 합니다. ①성취하고 있고, ②성장하고 있고, ③자율적으로 일하고 있다고 느낄 때입니다. 저는 여기에 하나를 더 추가하고자 합니다. ④의미 있는 일을 하고 있다는 느낌입니다. 숱한 인재들을 접해온 제 경험으로 볼 때, 직원들은 사회적으로 의미 있는 일을 한다고 느낄 때 자신의 업무와 회사에 만족했습니다.

따라서 경영자들은 적정수준의 보상을 유지하도록 노력할 뿐 아니라, 직원들이 항상 이 네 가지를 느낄 수 있도록 관심을 기울여야 합니다.

성과는 연봉으로,
리더십은 승진으로

•

승진

Q 중견기업의 인사 담당 임원입니다. 인사 때마다 매번 같은 문제로 고민하게 됩니다. 저희 회사는 직원들 대부분이 장기근속을 하다 보니 직원들의 나이가 많고 직급과 연봉도 계속 높아지고 있습니다. 회사의 매출과 조직규모는 제자리걸음을 하고 있는데 직원들은 직급이 꾸준히 높아지길 원하니, 이대로 가다간 전 직원이 임원이 되는 상황을 걱정해야 할 것 같습니다. 직원들이 승진에 따라 보상이 높아지기를 기대하는 것도 부담스럽고요. 이 문제를 어떻게 풀어야 할까요?

A 승진에 대한 개념을 다시 정립하지 않고서는 풀기 어려운 문제입니다. 업무역량을 키워 실제로 업무확대가 가능한 직원만을 승진시키십시오. 또한 성과와 승진을 분리해 성과를 낸 직원은 연봉과 성과급으로 보상하고, 승진 기회는 리더십을 갖춘 직원에게 돌아가도록 하세요.

연봉 9,000만 원대 경비원, 알고 보면 많다?

—

몇 년 전, 감사원이 상당히 충격적인 발표를 한 적이 있습니다. 한국은행에 근무하는 운전기사와 경비원의 평균 연봉이 6,000만 원대이고 이 가운데 가장 많이 받는 직원의 연봉은 9,000만 원이 넘는다는 것이었죠. 당시 한국은행 홈페이지 게시판에 '어떻게 운전기사나 경비원 같은 단순 업무 종사자에게 1억 원에 가까운 연봉을 지급할 수 있느냐'며 한국은행을 비난하는 글이 폭주했습니다.

당시 한국은행은 공공기관의 특성상 호봉제를 채택하고 있었습니다. 이 때문에 근무 햇수가 25년을 넘어서면 정규직 청원경찰의 경우 연봉 수준이 상당히 높아집니다. 물론 직무 특성상 하는 일은 입사 초기와 크게 다르지 않았을 겁니다. 그러나 호봉은 매년 올라가고 일정기간이 지나면 직급도 올라가니, 재직기간이 긴 직원은 연봉이 많아지는 것이죠.

운전기사와 경비원을 예로 들어서 희귀한 사례처럼 들릴 뿐, 사실 우리 주변에 이와 비슷한 경우가 드물지 않습니다. 특히 공기업이나 공공기관에 입사한 이후 줄곧 같은 일을 해도 직급이 오르면서 연봉도 따라 늘어나는 현상을 아직도 접할 수 있습니다. 이는 연봉을 받는 직원들 입장에서야 좋은 일일지 몰라도, 경영 차원에서 보면 수긍하기 어려운 일입니다. 직원의 조직 기여도는 커지지 않는데 연봉이나 복리후생에 따른 비용만 늘어난다면 기업의 부담은 점점 커질 수밖에 없습니다. 만약 이런 직원이 상당수에 이른다면 회사가 경쟁력을 잃는 것은 시간문제입니다.

귀하의 회사도 같은 문제를 겪고 있는 것 같습니다. 직원들은 재직기간이 늘어감에 따라 자연스럽게 승진과 연봉 상승을 기대할 것입니다. 그러나 회사의 성장이 멈춘 상태여서 승진과 연봉 상승이 계속되면 경영 사정이 악화되고 맙니다. 그렇다고 직원들의 승진과 연봉 상승에 대한 기대를 마냥 억누르기도 쉽지 않을 겁니다. 그러다간 우수한 인재들이 이탈하면서 회사가 흔들릴 수도 있으니까요.

같은 자리에서 승진시키지 마라
—

그렇다면 글로벌 기업에서는 이런 문제를 어떻게 해결하고 있을까요?

대부분의 글로벌 기업에서 같은 자리에서 승진하는 경우가 거의 없습니다. 전과 똑같은 업무를 하면서 직급이 높아지고 연봉이 늘어나는 일은 없다는 이야기입니다. 승진하면 업무량이 늘고 업무범위도 넓어집니다. 따라서 직원이 승진을 하려면 업무역량을 키워야만 합니다. 글로벌 기업에서 승진을 꿈꾸는 직원들이 자기계발에 관심을 갖는 이유도 여기에 있습니다.

글로벌 기업에서는 업무에 따라 직급이 정해져 있습니다. 홍보직무를 예로 들어봅시다. 어느 글로벌 기업의 경우 국내 홍보의 신문 담당은 차장이, 국내 홍보 총괄은 부장이, 회사 전체 홍보 총괄은 상무가 맡고 있습니다. 또 홍보와 대관 업무, 사내 커뮤니케이션을 총괄하는 임원은 전무입니다. 따라서 이 회사의 홍보담당 차장이 국내 홍보의 신문 담당으로 남아 있는 한 그는 부장으로 승진하기 어렵습니다. 승진하려면 국내 홍보를 총괄하는 자리로 옮겨가야 합니다. 그러려면 신문뿐 아니라 방송이나 잡지 등 국내 미디어 전반에 대한 안목과 네트워크를 갖춰야 하겠지요. 마찬가지로 부장이 상무로 승진하려면 국내는 물론 해외 홍보에 필요한 능력을 갖춰야 합니다.

만약 넓은 업무를 수행하는 데 필요한 능력을 갖추지 못한다면 그 사람은 승진이 불가능합니다. 그는 재직기간이 늘어도 같은 업무를 하고 있기 때문에 특별한 상황이 벌어지지 않는다면 그의 회사에 대한 기여도 평가는 바뀌지 않습니다. 당연히 연봉도 오르지 않습니다.

이렇게 글로벌 기업의 경우, 직원이 장기근속하더라도 한국 기업처럼 회사의 부담이 커지지 않도록 하는 제도적 장치를 갖추고 있습니다. 더구나 글로벌 기업에서는 같은 자리에 있는 기간이 길어지고 승진이 안 되면 그 직원은 자의 반 타의 반으로 직장을 떠나게 됩니다. 승진하지 못하면 떠나야지, 한국 기업처럼 승진도 못하면서 자리에 그대로 앉아 있을 수가 없습니다.

귀하의 회사도 이런 시스템을 도입해보십시오. 물론 도입과정이 순탄하지만은 않을 것입니다. 내부저항이 적지 않겠죠. 그러나 시간이 걸리더라도 이런 시스템을 정착시킬 수만 있다면 회사가 크게 달라질 것입니다. 처음부터 완벽한 시스템을 구축하고 운영해야 한다고 생각하지 마십시오. 시도하는 것, 그래서 직원들의 생각과 기업문화를 바꾸는 것만으로도 많은 성과를 거둘 수 있을 겁니다.

성과를 냈다고 승진시키지 마라

—

승진과 관련해 한 가지 더 강조하고 싶은 게 있습니다. 성과에 대해 보상할 목적만 가지고 직원을 승진시키지 말라는 겁니다. 우리는 가끔 탁월한 성과를 내서 승진한 직원이 조직의 책임을 맡았다가 낙마하는 경우를 보게 됩니다. 조직의 책임자로서 적합한 성과를 만들어내지 못했기 때문입니다. 조직의 성과는 조직 책임자의 리더십에 비례합니다. 따라서 어떤 조직 책임자가 부진한 성과를 거뒀다면 그는 리더십이 부족했을 가능성이 큽니다.

그렇다면 성과는 무엇으로 보상해야 할까요? 성과급이나 연봉입니다. 어떤 직원이 탁월한 성과를 거뒀다면 그에 따른 성과급을 지급하고 다음 해 연봉을 올려주십시오. 그러나 거기서 그쳐야 합니다. 그를 승진까지 시켜서는 안 됩니다.

그러면 승진은 언제 시키냐고요? 리더십이 확인됐을 때입니다. 예를 들어 차장이 많은 성과를 만들어냈지만 부장급에 필요한 리더십을 갖추지 못했다면 그에 대한 보상은 성과급 지급과 연봉 인상에 머물러야 합니다.

즉, 성과는 연봉으로 보상하고 리더십은 승진으로 보상해야 합니다. 그런데 아직도 많은 기업들이 성과를 잘 냈다는 이유만으로 직원을 승진시킵니다. 일부 공공기관이나 공기업의 경우, 성과급이나 연봉만으로 성과를 보상하기 어렵기 때문에 승진을 성과보상에 활용하고 있습니다. 그러다 보니 조직 책임자들의 리더십 부족 때문에 조직운영 과정에서 많은 문제가 발생하고 있습니다.

글로벌 기업은 물론이고 한국의 주요 선발기업들도 이미 성과와 승진을 직접 연계하지 않고 있습니다. 성과는 승진의 필요조건일 뿐 충분조건이 아니라는 사실을 잘 알고 있기 때문입니다. 이들 기업에서는 간부를 육성하기 위해 유능한 직원을 핵심인재로 선발해 별도의 리더십 훈련을 시키고 있습니다. 군대에서 장교를 따로 뽑아 지휘관 교육훈련을 하는 것과 같습니다. 물론 이렇게 선발된 핵심인재들은 성과가 아니라 리더십으로 평가를 받습니다.

어렵게 모셔온 인재들이
회사를 떠나는 이유

·

인재유지

Q 저희 회사는 우수한 인재를 지속적으로 영입하고 있습니다. 그러나 어렵게 영입한 인재들이 오래 머물지 않고 회사를 떠납니다. 회사의 보상 수준은 경쟁회사들에 비해 결코 뒤지지 않고, 유능한 인재에게 파격적 연봉과 빠른 승진 기회도 제공하고 있습니다. 그런데도 직원들은 조직에 녹아들지 못한 채 겉돌다가 떠나곤 합니다. 그러니 채용 비용도 많이 들어갈 뿐 아니라 직원들의 사기저하, 조직 불안정 등 부작용도 많습니다. 이직이 잦으니 새로 들어온 직원은 '머지않아 떠날 사람'으로 비춰져 조직 적응이 더 어렵고요. 대체 뭐가 잘못된 것일까요?

A 인재영입 못지않게 중요한 것이 인재유지입니다. 혹시 애초에 사람을 잘못 뽑고 있는 것은 아닌지 채용 과정부터 다시 살핀 뒤, 인재들이 제 역량을 발휘할 수 있도록 도울 유능한 상사들이 있는지 점검하세요. 그 밖에 조직문화와 커리어 패스^{career path}도 인재유지에 큰 영향을 미치는 요소입니다.

'최고'를 뽑았는가, '최적'을 뽑았는가

—

기업이 유능한 인재로 조직을 꾸리려 한다면 인재영입보다 훨씬 더 많은 관심을 기울여야 할 것이 바로 인재유지입니다. 밑 빠진 독에 물 붓는 식의 인재 전략은 아무런 소용이 없으니까요.

그런데 많은 경영자들이 영입에만 급급해합니다. 인재의 중요성을 잘 알고 있다는 경영자들도 영입에 온갖 노력을 기울이지만 유지에는 크게 신경 쓰지 않습니다. 아마도 영입은 결과가 눈에 보이지만, 유지는 노력의 결과가 금방 나타나는 게 아니어서 그럴 겁니다.

그러나 영입한 인재들이 안착하지 못하고 겉돌다 떠나는 현상은 조직에 큰 부담을 줍니다. 특히 기술이나 고객 등과 관련된 핵심인재의 이직은 기업에 큰 타격을 입힙니다. 구성원들의 사기가 떨어지는 것은 물론이고 제품과 서비스의 생산이나 제공에도 문제가 생깁니다. 자칫하면 기업의 생명줄인 고객이 흔들릴 수 있습니다. 그래서 경영자는 늘 인재유지와 조직안정에 관심을 가져야 합니다.

당연한 말이지만 직원들이 회사를 떠나는 것은 회사나 직무가 자신과 맞지 않기 때문입니다. 근본적으로 기업문화나 직무에 적합하지 않다는 겁니다. 기업의 면접관들은 대개 직원들을 채용하기 전에 그들이 회사의 문화나 경영자의 철학에 맞는지, 직무와 적성이 일치하는지 등을 꼼꼼하게 점검하지 않습니다. 학력이나 경력 중심으로 후보자들을 평가하기 때문입니다. 입사자 역시 직장을 선택할 때 연봉이나 직급, 직책에만 집착해 기업문화나 직무적성을 간과하는 경우가 많습니다.

그러니 이직률을 낮추려면 가장 먼저 회사의 채용이 제대로 이뤄지고 있는지부터 살펴보는 게 좋습니다. '채용은 최고best people가 아니라 최적right people을 뽑는 것'이라는 말이 있지요. 아무리 유능한 인재라고 해도 회사의 문화에 맞지 않고 직무가 적성에 맞지 않는다면 성과를 내기 어렵습니다. 오히려 조직 적응에 실패해 결국 떠날 가능성이 높습니다. 따라서 최적의 인재를 찾는 데 더욱 집중하십시오. 기본적으로 인적성검사를 강화해 후보자의 태도와 가치관을 꼼꼼하게 살필 것을 권합니다. 다만 며칠이라도 실제 업무부서에 투입해 후보자의 조직 적응성과 직무 적합성을 점검한 뒤 채용을 결정한다면 이직률은 큰 폭으로 낮아질 것입니다.

유능한 인재를 감당할 유능한 상사가 있는가?

—

다음으로, 경력직원이나 간부들을 떠나게 만드는 가장 큰 요인은 상사와 갈등입니다. 자신이 일하는 조직의 책임자와 코드가 맞지 않으면 아무리 회사의 비전이 마음에 들어도 업무에 집중하기 어려운 법입니다. 특히 부서 책임자의 권위에 승복하지 못한다면 십중팔구 떠나게 됩니다.

회사가 특별히 유능하고 경험이 많은 인재들을 영입하고 있다면 그들이 속한 부서의 책임자보다 나이 또는 학력수준이 높거나 경험에서 앞서 있을 가능성도 있습니다. 이 경우 영입된 인재는 권위를 인정할 수 없는 상사의 지휘를 받는 상황에 놓이게 됩니다. 게다가 그 상사가 자신을 직급이나 직책으로 억누르려 한다면 남아 있을 사람은 많지 않습니다.

따라서 인재를 영입할 때 가능하면 부서의 책임자보다 나이가 많거나 경험과 지식에서 앞서 있는 직원들이 배치되지 않도록 주의를 기울여야 합니다. 또 아무리 유능한 인재라고 해도 그를 이끌 수 있는 부서의 책임자가 없다면 채용 자체를 재검토해야 합니다. '입사해서 근무하다 보면 서로 적응하겠지'라고 막연하게 생각해 일단 채용하면 문제가 터지는 것은 시간문제입니다. 상사보다 머리가 큰 부하 직원들이 포진해 있는 부서가 잘 운영되길 기대하는 것은 무리입니다. 그런 인재는 '최고'일 수는 있어도 '최적'은 아닙니다. 그런 직원은 '그림의 떡'일 가능성이 크기 때문에 아쉽지만 채용하지 않는 게 맞습니다.

그래도 탐이 난다면 그를 위해 특별한 자리를 만들어줘야 합니다. 그를 이끌 수 있는 부서장이 없다면 임원 직속으로, 경우에 따라서는 사장 직속으로 배치해서 직접 관리하는 것도 검토할 수 있습니다. 그러나 그럴 정도로 예외를 적용해 뽑아야 할 직원은 많지 않습니다. 뽑아도 조직에 순조롭게 안착할 가능성이 높지 않습니다. 기본적으로 조직 안에서 자연스럽게 어울려야 장기근속이 가능하고 역량을 발휘할 수 있는데, 처음부터 특별한 방식으로 배치돼 근무하게 되면 조직 안에 녹아들기가 어려워집니다. 차라리 조금 부족하더라도 부서장의 권위에 승복하고, 그래서 부서장과 부서원이 함께 호흡할 수 있는 직원을 뽑는 게 생산적입니다.

우수한 직원들로 조직을 채울 수 있는 더 근본적인 방법은 이들을 잘 이끌 수 있는 부서장을 배치하는 것입니다. 유능한 직원들이 조직에 적응하지 못하고 겉돌다 떠나는 것은 부서장이 그들을 품지 못하기 때문입니다. 부서장의 그릇이 그들을 담아내지 못하고, 부서장의 리더십이 그들을 이끌지 못한다는 뜻입니다. 그런 부서장 밑에 유능한 직원을 계속 배치해도 결과는 달라지지 않을 것입니다.

따라서 유능한 직원을 많이 조직에 담고 싶다면 먼저 그들을 담아낼 수 있는 부서장부터 발굴해야 합니다. 직원들을 지휘하는 부서장들을 꼼꼼히 재평가한 뒤 그릇이 작고 리더십이 부족한 부서장들을 재배치하십시오. 조직 구성원들이 권위에 승복할 수 있는 간부들로 하여금 부서를 운영하게 만들어야 한다는 겁니다.

조직문화와 '커리어 패스'에 문제는 없는가

—

공평하고 공정한 조직문화를 만드는 것도 직원들의 장기근속에 큰 영향을 미칩니다. 불공평은 기회를 균등하게 주지 않는 것이고, 불공정은 성과를 합리적으로 나누지 않는 것이지요. 만약 상사가 특정인에게만 기회를 준다거나 성과를 기여한 대로 나누지 않고 본인이 독식한다면 부하직원들은 업무의욕을 잃게 됩니다. 아무리 연봉 수준이 높고 복리후생이 잘 갖춰져 있어도 자신이 차별 대우를 받고 있다고 느끼는 순간 업무의욕은 식고 맙니다. 그리고 이런 상황이 지속되면 대부분 조직을 떠날 것입니다.

따라서 경영진들은 조직운영에서 공평과 공정이 확고하게 자리 잡을 수 있도록 각별히 노력해야 합니다. 귀하의 회사도 인재를 영입하는 과정에서 연봉이나 복리후생에서 불공평하거나 불공정한 요소는 없는지 살펴보시기 바랍니다. 영입한 직원 모두를 같은 잣대로 평가했고 현재도 평가하고 있는지를 점검해보십시오.

또한 새로운 직원을 영입하면서 같은 역량을 지닌 기존 직원보다 더 유리한 연봉이나 직급 등을 제공했다면 기존 직원들이 반발하는 것은 당연합니다. 종종 인재에 대한 욕심 때문에 무리한 약속을 하는 경영자들을 보게 됩니다. 이런 방식으로는 산토끼를 잡을 수 있을지는 몰라도 집토끼를 놓칠 가능성이 큽니다. 집토끼를 놓치지 않으려면 산토끼와 집토끼에 대한 잣대가 동일해야 합니다.

마지막으로 직원의 이직을 줄이려면 조직 내에 커리어 패스^{career path}를 체계적으로 정립할 필요가 있습니다. 입사한 지 몇 년이 지나면 대리, 과장이 되고 다시 몇 년이 지나면 차장, 부장으로 승진할 수 있는데, 승진하려면 어떤 역량을 길러야 된다는 설계도가 있어야 합니다. 그래서 임원이 되려면 몇 년이 걸리고, 어떤 경로를 거쳐야 하며, 이를 위해 준비해야 할 것은 이런저런 것이라는 점을 구성원 모두가 알고 있어야 합니다. 직원들은 자신이 더 이상 발전할 수 없다고 생각할 때 직장을 떠나기로 결심합니다. 더구나 갈 수 있는 곳이 많은 유능한 직원일수록 자신의 성장이 불가능한 곳에 남으려 하지 않을 것입니다. 따라서 직원들에게 자신이 갈 수 있는 길을 보여주고, 그곳에 가기 위해서는 어떤 노력을 해야 하는지, 어떤 자격을 갖춰야 하는지를 알려주어야 합니다.

자신의 미래가 열려 있다고 생각하면 직원들은 그곳으로 가기 위해 노력할 것입니다. 물론 그 길이 자신의 것이 아니라고 느끼는 직원들은 떠나겠지요. 그러나 조직이 그들까지 포용할 수는 없고 그럴 필요도 없을 겁니다. 모든 인재가 조직에 필요한 게 아니라, 우리 회사에서 성과를 내고 우리 회사를 성장시킬 '최적'의 인재가 필요한 것이니까요.

한 번 나간 사람,
다시 들여도 될까?

•

재입사

Q 현재 간부급 직원의 재입사를 검토하고 있습니다. 이 직원은 재직 중 업무성과가 좋았기에 상사와 동료들이 이직을 강하게 만류했지만, 자신의 경력관리를 위해 회사를 나갔습니다. 그런데 그가 다시 돌아오고 싶다고 합니다. 해당 부서 임원은 그가 복귀하면 업무에 큰 도움이 될 거라며 재입사를 강하게 원하고 있습니다. 그러나 인사임원은 그가 회사를 떠나고 돌아오는 이유를 납득할 수 없다며 반대합니다. 나간 직원을 그렇게 쉽게 받아들인다면 남아 있는 직원들은 뭐가 되느냐는 것입니다. 어떻게 해야 할까요?

A 재입사에 대한 귀사만의 기준을 세우는 것이 좋겠습니다. 기본적으로 그가 현재 회사에 꼭 필요한 사람인지, 그의 재입사가 다른 직원들의 자존감에 상처를 입히지는 않을지, 그리고 그가 다시 회사를 떠날 가능성은 없는지를 살펴야 합니다. 또 입사한 뒤에 그가 현재의 회사 상황에 맞게 업무 방향을 잡을 수 있도록 재교육시키는 것이 필수입니다.

지금 우리 회사에 꼭 필요한 사람인가?

—

퇴사한 직원의 재입사에 관해 사내의견이 엇갈려 고민 중이시군요. 이 문제에 대한 기업들의 입장은 다양합니다. 한번 나간 직원은 절대 다시 채용하지 않는 회사도 있고, 다른 지원자와 똑같은 조건에서 채용을 판단하는 회사도 있습니다. 조직을 떠날 때 특별한 문제가 없었고 떠난 이후 조직에 해를 끼치는 행동을 하지 않았다면 적극적으로 채용하는 회사들도 있습니다. 한번 근무했던 사람은 기업문화를 잘 알고 있어 조직 적응이 쉬울 뿐 아니라 업무역량도 검증됐다고 보는 것입니다. 일반적으로 실무자급의 경우 재입사자에 대한 기업들의 만족도는 높은 편입니다. 신입직원에 비해 업무성과가 좋기 때문입니다.

따라서 재입사에 대해 '절대 안 된다'거나 '조건만 맞으면 뽑는다'는 식의 절대적 원칙을 적용하기는 어렵습니다. 기업이 처한 상황과 조직문화에 따라 달라야 합니다. 귀하도 재입사와 관련해 귀하 회사만의 원칙을 만들어보세요.

재입사와 관련해 검토해야 할 가장 기본적인 사항은 그를 뽑아야 할 필요성입니다. 다시 말해 그의 업무능력과 성과가 현재 조직에 꼭 필요한지 따져봐야 합니다. 회사에 처음 입사했을 때 받았던 평가가 나중에까지 그대로 유지되는 직원은 많지 않습니다. 신입사원이든 경력사원이든 임원이든, 입사해서 시간이 지나면 그에 대한 평가는 달라지게 마련입니다. 입사동기와 비슷한 평가를 받던 직원들이 시간이 흐르면서 업무능력과 성과의 차이가 크게 벌어지는 경우는 비일비재합니다.

마찬가지로 귀하가 재입사를 검토하고 있는 사람도 회사를 떠나 있는 동안 업무능력이 많이 커졌을 수도 있고 반대로 퇴보했을 수도 있습니다. 이미 이전의 그가 아닐 가능성이 큽니다. 직장을 옮기는 과정에서 사람은 많이 변합니다. 기술과 기능이야 큰 변화가 없지만 가치관과 태도는 많이 달라집니다. 또한 회사도 이전과 꽤 달라져 있을 것입니다. 사업구조, 내부직원, 기업문화 등이 변했을 가능성이 큽니다.

따라서 재입사하려는 사람에 대해서는 냉정하게 평가해야 합니다. 그가 지금 조직이 필요한 업무능력을 갖추고 있는지, 그 업무능력이 실제로 잘 발휘돼 성과로 이어질 수 있을지 꼼꼼히 따져보세요. 과거에 같이 일할 때의 평가나 느낌으로 판단하지 말고 현 상황에서 뽑아야 할 이유가 충분한지 검토해야 한다는 뜻입니다. 그를 모르는 임직원들이 면접해도 그를 뽑을 것인가를 기준으로 삼아 판단해보세요.

직원들의 자존감을 손상시키지 않을 것인가?

—

다음으로 살펴봐야 할 것은 조직 구성원들이 재입사를 바라보는 시각입니다. 재입사는 기존 직원들의 직장에 대한 자부심을 높이는 쪽으로 작용할 수도 있고, 낮추는 쪽으로 영향을 미칠 수도 있습니다.

예를 들어 이런 반응이 나올 수 있습니다.

"그것 봐, 나가봐야 별것 없지? 우리 회사가 얼마나 좋은지 떠나봐야 안다니까?"

이렇게 '우리 회사는 나갔던 직원들이 돌아오는 회사'라는 인식을 만들어낸다면 재입사는 조직에 긍정적 기운을 불어넣게 됩니다. 특히 재입사자가 직원들이 선호하는 회사로 옮겼다가 그 회사에 실망해 돌아오는 경우라면 기존 직원들의 자부심을 키울 수 있습니다.

그런데 반대로 경쟁회사로 갔던 직원이 그 회사에 적응하지 못하고 되돌아오는 것이라면 재입사는 기존 직원들에게 부정적 영향을 미치게 됩니다. "우리 회사에서 능력 있고 일 잘한다는 사람이었는데, 그곳에서 견디지 못하고 돌아왔다"는 말이 나온다면, 직원들이 회사에 대해 갖고 있는 자부심은 꺾일 수밖에 없습니다.

또 누군가 재입사하려 할 때 "저 사람은 왜 오는 거야?"라고 의구심을 표하는 직원들이 많다면 재입사를 다시 생각해봐야 합니다. "저런 친구를 다시 뽑아야 돼? 우리가 저런 수준밖에 안 되는 거야? 우리 회사는 나갔다가 마음만 먹으면 언제든지 들어올 수 있는 곳이야?" 이런 반응이 나오는 재입사는 기존 직원들의 자존감을 훼손하기 쉽습니다. 따라서 재입사자가 왜 나갔고, 왜 다시 들어오는지가 명확해 직원들이 납득할 수 있어야 합니다. 직원들이 그 이유를 공감하지 못한다면 입사 결정을 다시 한 번 검토하십시오.

회사를 또 떠날 가능성은 없는가?

—

마지막으로 살펴야 할 것은 재입사자의 조직 적응입니다. 어떤 사람이 회사를 떠날 때는 그만한 사정이 있습니다. 옮긴 직장에서도 그것을 충족하지 못했다면 그의 마음 한구석에 여전히 그 동기가 남아 있을 가능성이 큽니다. 그 동기는 잘 지내던 직장을 버릴 만큼 강한 것이니 쉽게 사라지지 않을 것입니다. 다시 말하면 그가 다시 직장을 옮길 수도 있다는 뜻입니다.

직장인들은 대개 비슷한 이유로 이직합니다. 어떤 사람은 더 많은 연봉을 따라, 어떤 사람은 역할과 권한의 확대를 기대하면서, 어떤 사람은 자기계발을 위해 직장을 옮깁니다. 상사와 갈등으로 인해 직장을 옮기는 사람은 십중팔구 상사와 불편한 관계 때문에 다시 떠납니다. 기업들이 인터뷰 때 이직사유를 꼼꼼하게 확인하는 것도 이 때문입니다.

재입사자도 같은 이유로 다시 옮길 가능성이 큽니다. 경험이 많은 인사 담당자들은 특별한 사정이 없다면 한번 떠난 직원을 다시 뽑으려 하지 않는 경향이 있지요. 그를 이직하게 만든 동기가 단기간에 해소되기 어렵다는 것을 잘 알기 때문입니다. 일부 기업들은 아예 이직이 잦은 직원을 채용하려 들지 않습니다. 한국에서 내로라하는 몇몇 대기업은 이직 횟수가 세 번을 넘으면 아예 서류면접에서 탈락시켜 인터뷰 기회조차 주지 않습니다. 이직도 습관이어서 직장을 자주 옮기는 직원은 또 옮길 가능성이 크다고 판단하는 것입니다.

만약 재입사자가 다시 회사를 떠날 경우 직원들의 자존감이 상처를 입을 수 있고 사기도 떨어지게 됩니다. 특히 중요한 것은 재입사를 추진하고 결정한 경영진들의 리더십이 손상을 입을 가능성이 크다는 점입니다.

이 모든 사항을 고려했을 때 그가 복귀해도 무리가 없겠다는 판단이 선다면 재입사를 받아들이십시오. 단, 재입사를 결정할 경우, 꼭 그를 재교육해야 합니다. 앞서 말했듯 재입사자는 이직의 과정을 통해 많이 변했습니다. 귀하의 회사 역시 상황이 많이 달라졌을 겁니다. 이러한 상황을 다시 입사하려는 직원에게도 충분히 설명해주세요. 자신에 대한 기대와 우려가 무엇인지 정확하게 알려줘야 합니다. 그래야 그의 행동이 바뀝니다.

또한 재교육의 내용에 직무기술뿐 아니라 회사의 비전과 가치, 경영철학에 관한 것들도 담겨 있어야 합니다. '예전에 우리 회사에 근무했으니 잘 알고 있겠거니' 하고 지레짐작해 적당히 넘어가면 그는 이전의 시각으로 회사를 바라보고 업무에 임하게 됩니다. 그러면 당연히 회사가 그에게 기대하는 업무성과를 내기도 어렵습니다.

02

○

임원, 어렵게
뽑고도 귀하게
쓰지 않는 이유

'끝까지 갈 사람'을 승진시켜라

•

임원선발

Q 직원 1,000여 명의 식품 회사를 경영하고 있습니다. 임원인사를 앞두고 어떤 사람을 승진시켜야 할지 고민 중입니다. 사실 그동안 인사 때마다 되풀이해온 고민입니다. 이 사람은 지식과 경험은 많은데 추진력이 부족하고, 저 사람은 성과는 잘 내는데 충성심이 약하고, 또 다른 사람은 열심히는 하는데 리더십에 문제가 있는 것 같고…. 늘 이랬습니다. 이번에도 성과는 잘 내지만 충성심이 약한 사람과 충성심은 강하지만 성과는 조금 미흡한 후보를 놓고 고민하고 있습니다. 누구를 승진시켜야 할까요?

A 임원을 선발할 때 꼭 점검해보아야 할 점을 중심으로 우선순위를 매겨보세요. 후보자가 조직의 성과를 책임질 만한 리더십을 소유하고 있는가, 회사의 가치와 철학에 충분히 동의하는가, 위기상황에서 회사를 위해 헌신할 만큼 충성도가 있는가가 중요합니다.

임원의 성과는 실적이 아닌 리더십

—

임원평가 기준 가운데 가장 중요한 것은 성과입니다. 물론 이때 성과는 단순히 매출이나 영업이익만을 말하는 것이 아니지요. 마케팅은 시장조사나 상품기획, 인사는 우수한 인재발굴, R&D는 신기술개발 등 각 분야에서 달성해야 할 과제를 뜻합니다. 임원이 되면 대개 어떤 조직의 책임자가 됩니다. 그런데 모든 조직은 그 조직이 만들어내야 할 성과가 있습니다. 조직의 보스인 임원에게는 그 성과를 관리할 책임이 있습니다. 다른 누구에게도 미룰 수 없는 책임입니다. 따라서 어떤 간부를 임원으로 승진시키려 할 때 그가 조직의 성과 관리 책임을 감당할 수 있는지, 부여된 성과를 달성할 수 있는지를 살펴봐야 합니다.

보통 임원은 적으면 수십 명, 많게는 수백 명을 지휘하게 됩니다. 당연히 그가 책임져야 할 성과의 크기도 커집니다. 글로벌 기업에서 일반적으로 직급이 한 단계 오르면 그에게 요구되는 성과는 3~4배 늘어납니다. 이렇게 많은 성과를 만들어내는 데는 조직 구성원들의 참여가 절대적입니다. 그래야 원하는 성과를 거둘 수 있습니다. 차장이나 부장 때처럼 혼자 혹은 몇몇 직원들만 열심히 해서는 부여된 만큼의 성과를 만들어낼 수가 없습니다. 이때 중요한 것이 자발성입니다. 임원이 직급이나 직책으로 직원들이 참여하도록 압력을 가할 수는 있을 겁니다. 그러나 직원들이 강압적 지시에 의해 억지로 참여해서 원하는 수준의 결과에 도달하기는 어렵습니다. 이 때문에 임원들은 조직 구성원들에게 비전을 제시하고 자발적 동참을 이끌어내려 합니다. 조직의 보스가 헌신하고 희생하고 솔선수범하는 이유도 모두 직원들의 자발적 참여를 이끌어내기 위한 것입니다.

글로벌 기업들은 직원의 승진기준을 명확히 개인실적이 아닌 리더십에 두고 있습니다. 과장에게는 과장의 성과에 필요한 리더십이, 부장에게는 부장의 성과에 적합한 리더십이 있어야 합니다. 승진은 조직을 이끄는 데 필요한 리더십을 갖춘 사람에게 주어지는 보상이어야 합니다.

성과를 만들어내는 리더십은 마냥 지켜보고 격려하고 받아주기만 하는 게 아닙니다. 적지 않은 임원들이 성과를 관리하지 않고 부하직원을 관리하려고 합니다. 모든 직원들과 일대일 관계를 맺으면서 '착한 상사'로 남으려 합니다. 그런데 현실적으로 모든 직원들로부터 존경을 받는 것은 불가능합니다. 모든 직원들의 희망을 다 수용할 수는 없으니까요. 성과를 위해서는 때로 직원들에게 쓴소리를 할 수 있어야 하고, 냉정하게 그들의 요청을 거절할 수 있어야 합니다.

'착한 상사 콤플렉스'가 심한 임원들은 특히 악역을 맡기 싫어합니다. 임원이 악역을 맡지 않으면 그 역할은 고스란히 CEO의 몫이 되고 맙니다. 결국 성과관리 책임도 CEO가 질 수밖에 없습니다. 이런 임원들은 무늬만 임원일 뿐, 여전히 실무자입니다. 착한 경영자, 착한 임원은 존재할 수 없습니다. 그런 임원들은 앞서 말한 대로 성과보다 관계에 더 높은 가치를 두고 있기 때문에 조직의 성과관리 책임자로 적합하지 않습니다.

'끝까지 같이 갈 사람'인가?

—

임원선발과 관련해 살펴봐야 할 또 한 가지는 그가 회사의 가치와 철학을 존중하느냐 하는 점입니다. 기본적으로 성과는 두 가지 기준으로 나눌 수 있습니다. 계획해서 이룬 성과와 우연히 발생한 성과, 그리고 반복되고 지속되는 성과와 일시적이고 일회적인 성과로 대별됩니다. 만약 어떤 성과가 우연히 발생한 일시적인 것이라면 그 크기가 아무리 커도 의미를 두기 어렵습니다. 반면에 작더라도 그것이 계획된 것이고 지속적인 성과라면 가치가 있습니다.

그런데 지속적 성과는 모두 회사가 추구하는 가치와 철학과 부합할 때 나타납니다. 우리는 종종 이런 말을 듣습니다.

"성과가 부진한 임원은 봐줄 수 있어도 철학이 다른 임원은 같이할 수 없다."

많은 CEO들이 자신의 후계자를 선정할 때 가장 중요하게 보는 것 중 하나가 바로 이 점입니다. 아무리 유능해도 회사가 지향하는 가치를 부정하거나 창업자와 CEO의 경영철학을 폄하하는 직원에게 회사의 미래를 맡기는 경우는 거의 없습니다. 그런 직원이 내는 성과는 절대 지속적일 수 없고, 그가 이끄는 조직은 창업자나 CEO와 무관하기 때문입니다.

임원을 평가할 때 또 하나 간과하면 안 되는 것이 충성심입니다. 특히 한국 기업에서 오너나 CEO가 임원선발과 배치에서 마지막까지 들여다보는 것이 바로 충성심입니다. 한국 기업의 오너들은 대개 임원을 자기재산의 관리자라고 생각합니다. 그래서 '믿고 맡길 수 있느냐'를 핵심적 잣대로 삼습니다. 충성심은 평상시에 그리 중요해 보이지 않습니다. 그러나 조직이 위기상황에 처할 때 충성도에 따라 임원의 행동은 천양지차로 달라집니다. 회사의 진로는 위기가 변곡점입니다. 이때 어떻게 대처하느냐에 따라 회사의 모습이 크게 바뀌기 때문에 경험이 많은 오너나 CEO들은 임원들의 충성심을 매우 중시합니다.

충성심이 있는 간부들에겐 공통된 특징이 있습니다. 시쳇말로 '몸을 날린다'고 하지요. 자신의 네트워크를 조직에 통째로 집어넣고, 자신이 회사의 주인인 것처럼 자신의 모든 것을 쏟아 붓습니다. 부하직원들은 그가 어떻게 일하고 있는지 다 압니다. 당연한 이야기지만 성과도 그런 간부가 냅니다. 그래서 사업을 크게 일군 경영자들은 임원을 선발할 때 이 조건을 절대 양보하지 않습니다. 이들은 이 조건을 갖춘 간부라면 언젠가 꽃을 피울 것이라는 믿음을 갖고 있습니다. 당장은 부족하더라도 그가 성과를 내는 것은 시간문제라고 생각합니다.

임원선발과 관련해 한 가지 팁을 드린다면 믿을 수 있는 임원들에게 마음에 두고 있는 후보자의 평을 들어보세요. 오너나 CEO의 주변에 신뢰하는 임원들이 있게 마련입니다. 이들은 대부분 원로들로 회사 '이너 서클inner circle'의 멤버이기도 합니다. 많은 CEO들은 인사 때 이들의 이야기를 듣습니다.

임원은 기본적으로 CEO의 후계자가 될 사람들입니다. 귀하의 후계자라고 생각한다면 어떤 사람을 선발할 것인지가 좀 더 분명해질 것입니다.

후계자가 보여야
미래도 보인다

•

리더양성

Q 20년쯤 된 제조 회사 사장입니다. 회사가 빠르게 커져 직원 수나 매출액만 놓고
보면 중견기업을 넘어 대기업으로 향해 가고 있습니다. 그러나 인재확보가 원활
하지 못해 아직까지도 조직이 안정되지 못한 상태입니다. 간부급 직원이 이탈하면 업무
가 마비될 정도로 충격이 큽니다. 중간간부층이 약해 차기 리더십이 보이지 않는 것도 걱
정입니다. 조직의 안정성을 확보하려면 어떻게 해야 할까요? 이제부터라도 차기 리더십
을 키우려면 어떤 직원들을 발굴하는 것이 좋을까요?

A 조직 불안정을 해소하고 차기 리더십을 키우려면 두 가지 노력을 병행해야 합니
다. 임원을 독려해 중간간부층을 확보하는 노력과 주요 직책마다 승계 후보자들
을 두어 리더군을 양성하는 일입니다. 회사의 미래를 일군다는 생각으로, 최고경영자가
직접 이들의 발굴과 교육훈련을 주도하기 바랍니다.

중간간부 확보는 임원에게 달렸다

—

경영자가 회사를 설립해 키워나가다 보면 꼭 겪게 되는 어려움 중 하나가 조직 불안정입니다. 이 문제를 얼마나 잘 풀어내느냐에 따라 중견기업에 머물 것인가, 한 단계 도약해 대기업으로 성장할 것인가가 결정된다고 해도 크게 틀린 말이 아닙니다.

조직이 안정되려면 기본적으로 허리격인 중간간부들이 제대로 자리를 잡고 있어야 합니다. 중견기업의 경우 대개 단위조직의 책임자인 본부장급 임원들은 나름대로 잘 포진해 있습니다. CEO가 어떤 방식으로든 책임자급 임원들을 모았기 때문이지요. 만약 본부장급 임원마저 확보하지 못했다면 그 회사는 중견기업이라고 부르기 어려울 겁니다.

그러나 본부장을 뒷받침하는 부서장급 간부들은 CEO가 노력하고 관심을 쏟아도 쉽게 확보하기 어렵습니다. 내로라하는 대기업들도 항상 중간간부가 부족해 지속적으로 영입노력을 하고 있습니다. 헤드헌팅 회사에 들어오는 인재추천 요청도 중간간부가 가장 많습니다. 특히 벤처기업이 중견기업이나 대기업으로 성장하려면 반드시 중간간부들을 충분히 확보해야 합니다. 기업의 성장발전에 시동을 거는 것은 CEO와 임원들이지만, 현 단계의 성장을 완성하고 다음 단계 성장을 추진할 수 있는 능력을 갖추게 하는 것은 실무를 맡고 있는 중간간부들이기 때문입니다.

중간간부들을 확보하는 데 큰 영향을 미치는 변수는 바로 임원들입니다. 중간간부들은 신입사원과 달리 단순히 연봉이나 직책, 회사나 사장의 브랜드만 가지고 회사를 선택하지 않습니다. 그들은 오랫동안 직장생활을 해왔기 때문에 상사의 중요성을 잘 알고 있습니다. 따라서 입사를 결정하기 전에 자신에게 업무를 지시하고 자신의 업무결과를 평가할 직속상사가 누구인지 꼼꼼히 따집니다.

만약 중간간부들을 확보하기 위해 많은 노력을 해왔는데도 좋은 결과를 거두지 못하고 있다면 먼저 임원들을 점검해보십시오. 본부장을 맡고 있는 임원들이 유능한 중간간부들을 영입하지 못하고 있거나 기존간부들이 자꾸 떠난다면, 임원의 리더십에 문제가 있다고 봐야 합니다. 임원이 자신의 문제를 인지해 개선하지 못할 경우, 해당 임원의 교체도 심각하게 검토해야 합니다.

주요 직책마다 후계자를 키워라

—

조직안정과 관련해 또 관심을 가져야 할 것은 후계자 문제입니다. 글로벌 기업들은 주요 직책의 경우 후임자 후보들을 미리부터 정해놓습니다. 어떤 직원이 주요 직책에 임명되면 그는 몇 달 안에 인사부서와 협의해 자신의 후임자 후보를 3명 정도 선정해야 합니다. 그가 자리를 비우면 회사는 이 후보들 중 한 명이 그 자리를 승계하도록 합니다. 이렇게 하면 주요 직책의 업무공백이 생기는 경우가 거의 없습니다.

귀하의 회사도 주요직책에 미리 승계 후보자를 정해두는 제도를 운영해보십시오. 후보자는 적어도 2명 이상 필요합니다. 그래야 후보자들을 경쟁시켜가면서 검증할 수 있으니까요.

승계 후보자들은 회사의 상황에 따라 영입할 수도 있고, 육성할 수도 있습니다. 단지 육성하려면 일정한 시간이 필요하다는 점을 염두에 두어야 합니다. 따라서 시간이 촉박하다면 망설이지 말고 우선 승계 후보자를 영입하길 권합니다. 다소 부족한 후보자라도 있는 것과 없는 것은 하늘과 땅만큼 차이가 큽니다. 일단 승계 후보자를 확보한 뒤, 좀 더 나은 후보자를 찾거나 육성하십시오. 인재를 확보하는 일은 사다리를 밟고 오르는 것과 같아서 단번에 뛰어난 인재를 구하기가 어렵습니다. 따라서 조직안정을 목표로 현 상황에서 최상의 인재를 구하는 데 초점을 맞추는 게 좋습니다.

승계 후보자 육성은 여유를 갖고 추진해야 합니다. GE의 전 CEO 잭 웰치는 1994년 6월 최고경영자 승계 프로그램을 시작했습니다. 23명의 후보를 대상으로 이사회의 심층평가를 진행해 8명의 후보자를 추렸지요. 이들은 다시 몇 년 동안 교육훈련과 평가를 거쳐 3명으로 좁혀졌고, 잭 웰치는 마지막으로 그중 한 명을 뽑았습니다. 이렇게 무려 6년 5개월에 걸친 승계 프로그램을 통해 후계자로 결정된 사람이 현재 CEO를 맡고 있는 제프리 이멜트입니다. 이뿐 아니라 잭 웰치 본인도 전임 CEO가 1974년에 시작한 6년간의 승계 프로그램에서 체계적 교육훈련과 피 말리는 경쟁 끝에 선발된 인물입니다.

최근 들어 삼성, 엘지 등 한국의 대기업들도 CEO 육성 프로그램을 운영하고 있습니다. 한국 기업들도 이제 주요 직책의 승계 후보자가 없는 것, 특히 CEO 승계 후보자가 없는 것이 얼마나 위험한 일인지를 경험을 통해 잘 알게 됐기 때문입니다.

하지만 승계 후보자 프로그램은 꼭 최고경영자만을 대상으로 할 필요는 없습니다. CEO뿐 아니라 회사경영에 큰 영향을 미치는 주요직책을 대상으로 실시하면 됩니다. 승계 후보자들을 정한 뒤 일정기간 동안 교육훈련과 검증을 한다면 조직이 훨씬 안정될 뿐더러 회사가 한 단계 성장하는 계기가 될 것입니다.

결과에 책임질 줄 아는 리더를 발굴하라
—

승계 후보자들을 뽑을 때는 기본적으로 리더가 될 수 있는 자질을 검증해야 합니다.

리더는 첫째, 좋은 눈과 귀를 가지고 있어야 합니다. 남들이 보지 못하는 것을 보고, 남들이 흘려버리고 간과하는 것 안에 숨어 있는 중요한 것들을 포착할 수 있어야 합니다. 이러한 관찰력은 기본적으로 타고나는 것입니다. 의지만 갖고 있다고 해서 길러지는 게 아닙니다. 따라서 어떤 직무나 역할을 맡을 적임자를 찾아 교육훈련하려면 기본적으로 그가 그런 역량을 갖고 있는지부터 확인해야 합니다. 사안의 본질을 꿰뚫을 수 있고 사람의 마음을 읽을 수 있는 관찰력을 갖춘 사람은 그리 많지 않습니다.

둘째, 리더는 자신을 믿어야 합니다. 리더는 불확실한 상황에서 조직을 목적지로 이끄는 사람입니다. 이 과정에서 수많은 사람들이 목적지가 어딘지, 어떻게 갈 것인지를 두고 무수한 이야기를 쏟아냅니다. 이런 상황에서 리더가 믿을 것은 자신밖에 없습니다. 만약 자신을 믿지 않고 이 사람 저 사람 말에 끌려다니면 그가 이끄는 조직은 결국 사분오열하고 맙니다. 물론 자신을 너무 믿는 독불장군과 같은 리더 때문에 생기는 문제도 종종 보게 됩니다. 그러나 리더가 자신을 믿지 못하는 것은 이보다 더 위험합니다. 특히 자신을 믿지 못하는 사람은 남도 잘 믿지 못합니다. 그런 리더는 조직 구성원들 사이에 신뢰관계를 구축하기 어렵습니다. 따라서 누군가가 리더로 적합한지를 판단하려면 그가 자신을 얼마나 믿고 있는지, 건강한 자존감이 확고하게 자리 잡고 있는지 점검해보세요.

셋째, 리더는 스스로 판단하고 결정해야 합니다. 역사적으로 판단과 결정을 다른 사람에게 맡겼다가 국가와 조직을 엉망으로 만든 지도자들이 적지 않습니다. 기업경영에서도 마찬가지입니다. 기업의 성장과 몰락은 위기에 처했을 때 리더가 내리는 판단과 결정에 크게 좌우됩니다. 중요한 순간에 판단과 결정을 미루는 간부, 사소한 것도 결정하지 못해 상사의 판단에만 의지하려 하는 직원에게 리더의 자질은 없습니다.

마지막으로 리더는 결과에 책임을 져야 합니다. 기업에서 결과에 온전히 책임지는 리더는 많지 않습니다. 가능하면 책임을 다른 사람에게 넘기려 합니다. 이들은 책임을 지는 게 두렵기 때문에 판단하고 결정할 때부터 가급적이면 남에게 의지하려 합니다. 이런 리더가 이끄는 조직에서는 의사결정이 자꾸 늦어지고, 자연히 실행력도 떨어집니다. 성과를 못 내는 것은 너무도 당연한 일입니다.

위 네 가지 조건 가운데 가장 중요한 것 하나만 꼽으라면 결과에 책임지는 것이라고 할 수 있습니다. 결과에 책임지려면 나머지 세 가지를 갖춰야 하기 때문입니다.

리더의 중요성은 아무리 강조해도 지나침이 없습니다. 유능한 리더가 포진해 있지 않은 기업은 안정적 성장을 기대할 수 없습니다. 이 때 기업에서 리더를 키우는 것은 경영 책임자의 가장 중요한 책무입니다. 10년, 20년 뒤를 내다보고 회사의 지속성장을 담보해줄 리더들을 육성하십시오. 현재의 상황이 아니라 미래의 회사 비전에 적합한 리더에 주목하십시오. 회사의 리더를 키운다는 것은 회사의 미래비전을 설정하는 일과 맞물려 있습니다.

임원 채용,
또 실패하지 않으려면

•

평판조회

Q 신규사업을 추진하기 위해 부사장급 사업본부장을 영입하려고 합니다. 회사 안 팎에서 후보자를 추천받아 인터뷰를 진행하고 있습니다만, 이런 식으로 부사장 급 임원을 뽑아도 괜찮을지 모르겠습니다. 이력서 서류 몇 장과 짧은 인터뷰에서 얻는 정 보만으로 적임자를 찾기는 어렵겠다는 느낌이 듭니다. 그동안 같은 방식으로 여러 번 임 원들을 영입했지만 결과가 그리 만족스럽지 않았습니다. 임원을 제대로 검증할 수 있는 방법이 없을까요?

A 임원을 채용할 때는 특별히 공을 들여야 합니다. 먼저 서류나 인터뷰를 통해서 과거의 성과를 꼼꼼히 분석하세요. 그다음 평판조회를 통해 앞 단계에서 알기 어 려운 정보들을 확보하세요. 특히 업무와 무관하게 관계를 맺어온 사람을 별다른 검증 없 이 임원으로 채용하는 잘못을 범하지 않도록 주의하십시오.

임원은 가능성이 아니라 성과로 말한다

—

기업 인사에서 임원 영입만큼 중요한 문제도 없을 겁니다. 적임자가 많지도 않거니와, 그가 우리 회사와 얼마나 잘 맞을지 미리 알기가 무척 어렵지요. 사실 일반적으로 임원 채용의 성공률은 그리 높지 않습니다.

미국의 한 연구소가 글로벌 대기업 CEO들을 대상으로 조사한 결과, 절반 이상이 임원을 잘못 영입한 경험이 있다고 답했습니다. 글로벌 기업에서 임원 채용 실패로 인해 낭비하는 비용이 연봉 10만 달러 미만의 경우 기본 보수의 25배이고, 10~25만 달러일 때는 기본 보수의 40배에 이른다는 연구 결과도 있습니다.

일단 채용에 실패하면 임원에게 지급한 큰 액수의 보수뿐 아니라 그를 채용하는 과정에서 들어간 채용 비용, 채용을 유지하는 데 쓰인 유지 비용, 또 그를 내보내는 데 들어가는 퇴출비용까지 지불해야 합니다. 다음으로 그가 한 실수와 놓친 사업기회로 인한 혼란비용을 감안해야 합니다. 여기까지 모두 직접비에 속합니다. 조직원들의 사기, 고객과 관계 등 당장 액수로 산출하기는 어려우나 영향력은 더욱 큰 간접비는 빠져 있습니다. 만약 잘못 채용한 대상이 CEO라면 어떻게 될까요? 그 대가는 숫자로 계산하기조차 어려울 정도로 막대한 규모가 될 것입니다.

그런데도 대부분의 기업은 임원 후보자의 발굴과 검증에 큰 역량을 투입하지 않고 있습니다. 얼핏 봐선 경력사원이나 중간간부의 영입과 별반 다르지 않습니다. 이력서 서류 몇 장과 몇 번의 인터뷰만으로 후보자를 골라내니, 결과는 장담할 수 없지요. 능력이나 성과가 실제보다 과장된 경우가 허다합니다. 유능한 사람을 뽑았다 한들, 조직문화와 맞지 않아 결국 입사한 지 얼마 못 돼 떠나고 마는 경우도 많습니다.

이런 실수를 반복하지 않으려면 먼저 임원 채용은 여타의 채용과 완전히 다르다는 점을 알아야 합니다. 임원에게는 일반사원이나 중간간부와는 질적으로 다른 역할과 영향력이 주어지기 때문입니다. 임원은 입사하는 순간부터 조직을 이끌고 성과를 책임져야 합니다. 그러니 미래의 가능성과 잠재력을 보고 뽑을 것이 아니라 그동안의 리더십과 성과를 보고 뽑아야 합니다. 각 후보자들이 과거 직장에서 거둔 성과를 과정과 결과, 태도와 영향력 등을 아우르며 들여다보면 그가 우리 회사에서 어떻게 행동하고 어떤 결과를 만들어낼지 예측해볼 수 있습니다.

후보자 검증의 출발은 경력 기술서를 꼼꼼히 검토하는 데서 시작하세요. 이력서나 자기소개서만으로는 부족합니다. 본인이 그동안 맡았던 직책과 직무, 그리고 이룬 성과와 기간 등을 자세히 기술한 경력 기술서를 꼭 받아보아야 합니다. 후보자에게 성과는 최대한 계량화해서 서술할 것을 요구하십시오. 그래야 객관적 평가가 가능합니다. 이때 성과는 우연히 얻은 것인지, 아니면 계획해서 만든 것인지 따져보세요. 그리고 일시적인 성과였는지, 지속적인 성과였는지도 중요합니다. 아무리 큰 성과라도 우연히, 그것도 한 번에 그친 것이라면 제대로 된 성과로 보기 어렵지요.

해당 분야의 경험이 많은 면접관이라면 자세히 쓰인 경력기술서만 보고도 어느 정도 후보자에 대한 판단을 할 수 있습니다. 따라서 면접은 되도록 관련 분야의 경험을 갖고 있는 사람이 주도하는 것이 좋습니다.

평판조회로 구체적 코멘트를 확보하라

—

다음으로 후보자가 제출한 학력과 경력사항은 물론이고 그가 기술한 성과들이 사실인지를 확인하십시오. 보통 헤드헌팅 회사는 두 가지 방법으로 후보자를 검증합니다. 먼저 계량화가 가능한 것들을 확인하는 '백그라운 체크background check'에서 학력과 경력은 물론이고 범죄, 세금납부, 자격증, 해외여행 등 직무 수행에 영향을 미칠 수 있는 모든 항목들을 점검합니다. 그다음 '레퍼런스 체크reference check'을 통해 후보자의 과거 직장 상사나 동료들을 대상으로 후보자의 도덕성, 리더십, 커뮤니케이션 능력 등을 확인합니다. 이 과정을 '평판조회'라고 부르지요. 평판조회는 서류면접이나 인터뷰를 통해 확인하기 어려운, 그러나 후보자에 대해 꼭 알아야 할 정보들을 파악하는 데 매우 유용한 방법입니다. 글로벌 기업들은 임원이나 재무, 회계, 보안, 기술, 고객정보 등 주요한 직책의 담당자들을 뽑을 때 반드시 직접, 혹은 외부 전문가에게 의뢰해 평판조회를 실시합니다.

그런데 평판조회는 어느 정도의 지식과 경험이 필요합니다. 무턱대고 후보자의 과거 직장 상사에게 후보자를 평가해보라고 하면 문전박대를 당할지도 모릅니다. 아직 후보자가 그 회사에 재직 중이라면 더욱이 코멘트를 얻기가 쉽지 않을 겁니다. 코멘트를 받더라도 그 내용을 어떻게 받아들여야 할지 판단하기 어렵습니다. 자칫 왜곡된 정보를 얻을 가능성도 있으니까요. 이런 문제 때문에 많은 기업들이 헤드헌팅 회사를 활용하고 있습니다.

하지만 외부에 의뢰하기 어려운 여건이라고 해서 평판조회가 불가능한 것은 아닙니다. 몇 가지 주의사항을 염두에 두고 신중하게 접근한다면 만족할 만한 답변을 얻을 수 있을 것입니다. 간혹 기업의 인사 담당자 중에서 '평판조회를 해보았으나 역시 실패했'라고 푸념하는 경우가 있습니다. 이는 대부분 의미 없는 답변을 듣는 데서 그쳤기 때문입니다. 평판조회를 할 때는 최대한 구체적인 답변을 얻어내야 합니다. 그저 '좋은 사람'이라거나 '유능한 사람', '성실한 사람' 같은 막연한 코멘트는 별로 도움이 되지 않습니다. '절대 개인의 이익을 위해 조직을 버릴 사람은 아니다'라거나 '일을 앞장서서 주도하고 끝까지 책임지려 하는 사람', '작은 이익을 얻기 위해서 이름을 함부로 쓰지 않는 사람' 같은 좀 더 행동이나 처신과 관련된 구체적 코멘트를 이끌어내야 합니다. '관계는 잘 유지하지만 일에 대해 책임을 지지는 않는다', '어려운 상황에서 조용히 뒤로 빠지고 성과는 자신의 것으로 만든다'는 식의 코멘트는 채용을 결정할 때 큰 도움이 됩니다.

이런 답변을 얻으려면 평판조회의 대상이 반드시 일상적 관계가 아닌 업무상 밀접한 관계를 맺었던 사람이어야 합니다. 위기를 같이 경험했던 사람이라면 더욱 좋습니다. 그래서 대부분은 전 직장의 직속상사가 평판조회의 핵심대상이 되곤 하지요. 대상자에게 채용후보에 관해 검증하고자 하는 바가 무엇인지, 후보자가 입사하면 어떤 일을 맡기려 하는지 등을 충분히 설명한 뒤 솔직한 조언을 구해보세요. 질문이 진솔

●● 사장의 생각

하고 구체적이면 답변도 그에 상응해 돌아오기 마련입니다.

아는 사람일수록 까다롭게 검증하라

—

임원 영입과 관련해 꼭 한 가지 덧붙이고 싶은 점이 있습니다. 가끔 자신이 잘 아는 사람을 영입했다가 어려움을 겪는 CEO들을 보게 됩니다. 이들은 자신이 이미 후보자에 대해 속속들이 알고 있다고 여기므로 별다른 검증절차를 거치지 않습니다. 실무진은 CEO가 직접 나서서 하는 일이기에 따로 의견을 내기도 어렵지요. 이렇게 영입한 임원은 얼마 지나지 않아 CEO를 곤란에 빠뜨립니다. 위기가 닥치거나 내부갈등이 생길 때면 뜻밖의 의견을 내놓고 기대 밖의 행동을 하며 '저 사람이 진짜 내가 알던 그가 맞나' 싶게 만들기도 합니다. 이들은 대체로 CEO와 오랫동안 교류해온 사이지만 업무관계로 지냈던 적이 별로 없습니다. 취미생활을 같이하는 동호회 회원이거나 좋은 관계를 유지해온 지인일 뿐, 같이 일을 해본 적은 없지요. 무엇보다 이해관계가 맞물려 있었던 적이 없는 사이입니다. 결국 CEO는 그를 잘 알지 못하는데도 오래 만나왔다는 이유로 안다고 착각하고 있었던 셈입니다.

아무리 오랫동안 일상적 관계를 맺어온 사이더라도 업무적으로 그가 어떤 사람일지에 대해서 잘 알지 못하는 경우가 많습니다. 그러니 업무 외의 관계에서 좋은 평가를 내리게 된 사람을 쉽게 채용으로 연결하면 안 됩니다. 아는 사람일수록 더욱 철저히 검증해야만 한다는 점을 기억하시기 바랍니다.

직책과 직급보다
경험의 내용과 질을 보라

•

영입 후보 검증

Q 사업부문을 총괄할 책임자를 영입하려고 합니다. 일부 임원들은 관련 분야의 1등 대기업에서 사업을 지휘했던 사람이 들어오기를 기대하고 있습니다. 그런데 다른 의견을 갖고 있는 임원들도 적지 않습니다. 선발 대기업 출신이 와서 성과를 내려면 시스템이나 인력이 뒷받침돼야 하는데 회사의 상황이 그렇지 못하다는 겁니다. 그러니 선발 대기업이 아니라 우리 회사보다 한두 걸음 앞선 회사에서 실무를 충분히 경험한 사람을 뽑자고 합니다. 어느 쪽을 선택하는 게 옳을까요?

A 영입 후보자를 고르는 과정이 어느 회사에서 어떤 직급과 직책으로 일했는가에 크게 좌우되면 안 됩니다. 중요한 것은 그가 어디에서 어떻게 성공했는가, 그 성공을 입사 뒤에 재현할 수 있을 것인가 하는 점입니다. 이를 중심으로 후보자가 갖고 있는 경험의 내용과 질을 꼼꼼히 살피십시오.

1등 기업 출신이라면 믿어도 될까?

—

사업총괄 책임자를 영입한다면 신중할 필요가 있겠습니다. 시장 전체를 조망하고 사업의 방향성을 제시할 수 있으려면 뛰어난 안목과 식견을 갖춘 인재여야 하니까요.

외부에서 누군가를 영입하는 것은 조직적 과제를 해결할 적임자가 내부에 없기 때문입니다. 다시 말하면 영입 대상에게 그럴 만한 능력이 있어야 합니다. 이 능력은 막연한 느낌이 아니라 경험으로 입증돼야 합니다. 단순히 명문대학에서 박사학위를 받았고 자격증을 갖고 있다거나, 잘 알려진 기업에서 높은 직급으로 근무한 것만으로는 부족합니다. 현재 회사가 안고 있는 과제를 해결하는 데 필요한 경험을 실제로 했는지가 중요합니다.

즉, 영입 후보의 이전 직장이 어디인지를 따지기보다 그가 가진 경험의 내용과 질을 검토해야 합니다. 후보자의 관련 업무 경험이 얼마나 풍부한지, 그리고 그 경험이 회사의 현안을 해결하는 데 충분한 것인지를 봐야 합니다.

후보자의 경험에서 가장 중요한 것은 그 경험이 성공한 것이었는가 하는 점입니다. 사람은 대체로 자신의 '전성기 방식'으로 삽니다. 자신의 삶이 가장 성공적이었던 시기의 가치관을 유지하고 그 당시 어울렸던 사람들과 자주 만나며 그때의 음식과 문화를 즐깁니다.

경영자나 임원들도 마찬가지입니다. 자신이 가장 성공적이었던 시절의 방식대로 경영합니다. 예를 들어 어떤 임원이 A기업에서 재직할 때 성과를 잘 냈고 평가가 좋았다면 그는 계속해서 A기업의 조직운영 방식이나 고객관리 방식, 마케팅 방식을 고수할 것입니다. 다른 기업으로 직장을 옮겨도 그 방식을 적용하려 하겠죠.

그러나 그가 A기업에 재직했더라도 그때 경험이 실패로 남아 있다면 그는 자신이 가장 성공적이라고 느꼈던 B기업의 방식을 선호할 것입니다. B기업이 A기업보다 규모가 작고 시스템이 덜 갖춰졌다고 해도 그는 새로 옮긴 직장에서 B기업 방식을 적용하려 들 겁니다. 이 경우 그의 이력서에 있는 A기업의 재직경력은 의미가 크지 않습니다.

따라서 후보자가 어떤 기업에서 근무했다는 사실만으로 회사가 원하는 경험을 쌓았을 것이고 그 경험을 토대로 조직적 과제를 해결할 것이라고 기대하지 마십시오. 단지 그곳에서 일했을 뿐 회사가 원하는 경험을 갖고 있지 않는 후보자들이 적지 않습니다. 후보자를 검증할 때 따져봐야 할 것은 그가 가장 성공적 경험을 한 곳이 어디인가, 그리고 그 경험이 회사가 필요로 하는 것과 일치하는가 하는 문제입니다.

그의 성공 방정식, 우리 회사에서도 통할 것인가?

—

후보자의 성공경험을 살펴볼 때 빼놓으면 안 되는 것이 그가 성공할 때 여건이 어떠했는가 하는 점입니다. 한 사람이 성과를 거두려면 많은 조

　　　　　　　● ● 사장의 생각

건이 갖춰져야 합니다. 개인의 능력만으로는 한계가 있습니다. 조직 시스템이나 업무 프로세스, 상사와 부하직원, 회사의 브랜드와 상품기획력, 기술력과 자금력 등 여러 가지가 뒷받침돼야 합니다. 따라서 귀하의 회사에서도 그의 성공이 재현되려면 성공에 필요한 기본 여건이 제공돼야만 합니다. 만약 여건을 갖추기가 불가능하다면 그가 아무리 좋은 성공경험을 갖고 있고 이를 재현하려는 의지가 있어도 결과는 낙관하기 어렵습니다.

중견기업들이 글로벌 기업이나 대기업에서 탁월한 성과를 거둔 임원을 영입했지만 효과를 거두지 못하는 것도 이 때문입니다. 영입된 임원들이 시스템이 부족하고 인력수준이 떨어지는 기업의 상황을 감안하지 않고 글로벌 기업이나 대기업 방식으로 업무를 하다 보니 성과가 나지 않는 겁니다. 중견기업의 성공 방정식은 글로벌 기업이나 선발 대기업과 다르다는 점을 간과한 것이죠.

그래서 시스템이나 인력에서 차이가 많이 나는 중견기업이라면 선발 대기업 출신 임원에게 총괄업무를 맡기는 것은 적절하지 않습니다. 이런 대기업 출신들은 참모나 자문역으로 활용하는 게 효과적입니다.

만약 그의 성공 경험만 믿고 사업 책임을 맡길 경우 그는 실패한 책임자로 남을 가능성이 큽니다. 그는 입사 뒤 상당 기간 동안 시스템을 바꾸고 사람을 충원하고 직원을 교육훈련하느라 시간을 보낼 것입니다. 이전 직장의 성공조건을 똑같이 갖추기 위해 노력하는 것이지요. 그러나 빨리 성과를 보려는 중견기업 경영자들이 이 과정을 지켜보는 것은 고역입니다. 조바심이 난 경영자는 직간접적으로 그를 채근하게 됩니다. 그런데 업무환경은 쉽게 바꾸기 어렵습니다. 이 때문에 시간이 갈수록 인내심은 바닥을 드러내게 되고 갈등은 심해집니다. 그 결과 어렵게 영입한 인재지만 결국 떠나고 맙니다.

그의 경험에 '불순물'은 얼마나 될까?

—

또 한 가지, 그의 경험을 살펴볼 때 필요한 경험을 했는가만 보지 말고 다른 경험은 없었는지도 따져볼 필요가 있습니다. 회사가 원하는 능력이나 자격을 갖춘 사람을 찾는 것은 사실 그리 어렵지 않습니다. 특별한 경우가 아니면 엇비슷한 조건을 갖춘 이들은 많습니다. 그럼에도 인재영입이 어렵고 실패율이 높은 이유는 많은 이들이 직무 수행에 필요 없는 경험, 때로 하지 말았어야 할 경험을 했기 때문입니다.

몇 년 전 어떤 전자회사가 북미사업을 총괄하는 사업본부장을 영입할 때의 일입니다. 당시 유력한 후보자로 거론된 사람은 북미전자 시장의 특성을 잘 알고 있고 10조 규모의 사업조직을 이끈 경험이 있었습니다. 그는 일본계 전자 회사들이 반덤핑 문제로 홍역을 치를 때 그 업무를 담당했습니다. 마침 그 무렵 반덤핑 문제로 고민 중이던 회사에 큰 도움이 될 사람으로 보였지요. 이뿐 아니라 그는 미국 명문대에서 법학을 전공한 수재로 법률적 지식을 갖추고 있었고 미국의 정부 당국자들과 커뮤니케이션을 할 수 있는 네트워크도 갖고 있었습니다.

회사는 당연히 이 사람을 채용했고 경영진은 적임자를 찾았다고 흡족해했습니다. 그런데 결과는 전혀 딴판이었습니다. 그는 근무 초반부터 조직원들과 마찰을 빚더니 반년도 안 돼 미국계 경쟁회사로 떠나버렸습니다. 직원들은 좌절했고 사업은 큰 타격을 입었습니다. 그를 채용하는 데 관여했던 임직원들은 문책을 당했습니다.

알고 보니 그는 일본계 전자 회사에서 일할 때 조직 구성원들과 갈등이 적지 않았습니다. 그는 일본인들의 업무처리 방식이 연고주의와 정실주의에 사로잡혀 있다고 생각했습니다. 이 때문에 투명성이 부족하다고 보고 지나치게 법과 규칙을 따졌습니다. 당연히 상사나 조직 구성원들과 마찰이 생겼습니다. 그가 그 회사를 떠난 것도 이 문제와 연관이 있었습니다.

인재를 영입한다는 것은 그의 경험을 산다는 것입니다. 외부의 경험을 받아들이는 것이지요. 그런데 그 경험은 순도가 높지 않습니다. 불순물이 끼어 있을 수도 있죠. 그래서 경험이 어떻게 만들어진 것인지 그 과정을 꼼꼼히 살펴야 합니다.

왜 '나쁜 보스'가
'착한 보스'를 이길까?

•

성과지향형 리더

Q 저희 회사는 오랫동안 임원구성에 변화가 없었습니다. 덕분에 조직이 안정돼
있습니다만, 최근 들어 성과도 안 좋고 조직 전체가 매너리즘에 빠진 듯합니다.
변화를 주기 위해 성과가 뛰어난 젊은 간부들을 임원으로 발탁해볼까 생각 중입니다.
그런데 이들은 대체로 개인주의적 성향이 강하고 조직관리 경험도 부족합니다. 그래서
인지 직원들의 호감도도 높지 않습니다. 이들에게 주요 직책을 맡겼다가 자칫 조직불안
으로 이어져 오히려 성과에 부정적인 영향을 미칠까 걱정이 됩니다. 어떻게 하는 것이
좋을까요?

A 성과로 이어지지 못하는 조직안정은 아무 의미가 없습니다. 발탁 대상자들이 '나
쁜 보스'라 하더라도 성과지향형 리더십을 적극 중용할 때입니다. 이들이 장점을
십분 발휘할 수 있도록 돕되, 리더십 교육 등을 통해 단점을 보완해주십시오.

성과 없는 안정은 무의미하다

—

기업의 성장이 정체상태에 놓이면 경영자들은 혁신을 고민하게 됩니다. 혁신의 대상은 설비나 기술이기도 하고 사업 자체가 되기도 하지요. 그러나 혁신의 핵심 대상은 언제나 임직원과 조직이어야 합니다. 나머지 일들은 결국 모두 임직원이 하는 것이기 때문입니다.

이때 많은 경영자들이 귀하와 같은 고민을 합니다. 즉, 혁신을 하려면 인적 구성을 바꿔야 합니다. 그런데 인적 구성의 변화가 긍정적 효과를 거둘 것인지 자신할 수가 없습니다. 기존 임원들은 오랫동안 현 체제를 관리해온 이들이기에 조직원들을 무난히 이끕니다. 그러나 업무성과는 기대에 못 미칩니다. 이에 반해 새로 임원으로 발탁해볼까 싶은 후보자들은 성과는 뛰어나지만 조직관리 능력은 미지수입니다. 게다가 임원 발탁 대상자들이 개인주의적 성향까지 강하다면 경영자 입장에서 걱정을 안 할 수가 없습니다.

결론부터 이야기하자면 이왕 바꾸는 문제를 고민해왔으니 과감하게 실행에 옮기기를 권합니다. 귀하가 임원교체를 고민하는 핵심 이유는 성과부진입니다. 지금 상황에서 귀하의 일차적 관심은 조직안정이 아닙니다. 일반적으로 경영자들이 조직안정에 관심을 기울이는 것도 그래야 성과를 만들 수 있기 때문입니다. 따라서 조직안정이 성과향상으로 이어지지 않는다면 이는 의미가 없습니다. 아니, 그런 조직은 안정돼 있는 것이 아니라 잘못 운영되고 있다고 봐야 합니다. 조직안정과 성과창출의 연관성이 없으니까요.

따라서 귀사에서 성과지향형 리더들을 발탁해야 한다는 것은 재고의 여지가 없어 보입니다. 이제부터 귀하는 '새 리더십을 발탁할 것이냐, 말 것이냐'가 아니라 '새 리더십을 조직의 전면에 세웠을 때 생길 부작용을 어떻게 최소화할 것이냐'에 고민을 집중해야 할 것 같습니다.

귀하가 새로운 리더십을 발탁해서 조직의 전면에 세우면 직원들은 이른바 '나쁜 보스'가 승진한 것으로 받아들일 가능성이 큽니다. 기업에서 나쁜 보스가 승진하는 핵심 이유는 그들의 성과창출 능력이 뛰어나기 때문입니다. 그런데 이들 중 상당수는 동료나 부하직원들로부터 좋은 평가를 받지 못합니다. 성과를 잘 내긴 하지만 직원들에게 인기가 없거나 직원들이 불편해하는 간부들입니다.

대부분의 경영자들은 간부들이 어떤 성과를 얼마나 거뒀는지에 관심을 가질 뿐 그들이 부하직원들을 어떻게 관리해 성과를 냈는가는 별반 신경을 쓰지 않습니다. 이에 반해 직원들은 성과의 양보다 과정을 더 중요하게 여깁니다. 보스의 가까이에서 그의 성과창출 과정을 지켜봤기 때문입니다. 보스가 어떻게 일하고 있는지 잘 알고 있는 직원들은 성과가 다소 부족해도 직원관리를 잘하는 보스를 믿고 따릅니다. 반대로 성과만 중시하고 직원관리를 잘 못하는 보스는 나쁜 보스라고 생각합니다.

'나쁜 보스'의 장점을 중용하라

—

리더십 전문가 스티브 아네슨은 나쁜 보스를 네 유형으로 분류하고 있습니다. 부하 직원의 모든 것을 통제하려는 보스^{control freak boss}, 자부심이 너무 강한 보스^{ego driven boss}, 승진에만 관심을 쏟는 보스^{career focused boss}, 매사에 자신감이 없는 보스^{insecure boss}입니다. 이 중에서 임원후보에 오르는 경우는 대개 앞의 세 유형일 것입니다. 마지막 유형은 성과지향과 거리가 멀어 임원으로 발탁될 가능성이 크지 않습니다.

그런데 모든 보스는 이런 성향을 부분적으로 가지고 있습니다. 심지어 '좋은 보스'나 '탁월한 보스'라는 평을 듣는 간부들조차 이런 성향을 드러냅니다. 사실 보스에게 이런 성향은 나쁜 것만이 아닙니다. 오히려 필요한 성향일 수도 있습니다. 그럼에도 나쁜 보스로 꼽히는 이들은 이런 성향이 지나치기 때문입니다. 성향이 너무 극단적이어서 조직 구성원들의 업무와 직장생활에 부담을 주는 겁니다.

그러나 귀하가 성과지향형 리더십을 전면에 내세운다는 것은 새 리더십에 배어 있는 이런 '나쁜 보스' 성향을 인정하고 받아들이겠다는 뜻입니다.

사람의 성향은 잘 바뀌지 않습니다. 특히 임원급에 오를 정도로 많은 경험을 갖고 있는 사람들의 성향은 고정돼 있다고 보는 게 맞습니다. 이들은 오랫동안 그런 식으로 일해 성과를 만들어왔고, 조직으로부터 자신의 성과를 인정받아 오늘의 위치에 올랐습니다. 자신의 성향이나 업무 스타일이 잘못됐다고 여기기보다 오히려 상당한 자부심을 갖고 있을 가능성이 큽니다. 성향이 몸에 배어 있을 뿐 아니라 스스로의 강점이자 정체성이라고 믿고 있을 겁니다. 따라서 그들이 갖고 있는 문제점을 지적한다 해도 단기간에 개선될 가능성은 적습니다. 자칫하면 그들의 자신감을 잃게 만들고 장점마저 희석시킬 수도 있습니다.

귀하가 그들을 발탁하려는 것은 그들의 장점을 사려는 것입니다. 따라서 발탁하는 리더십의 성향이 직원들을 부담스럽고 불편하게 하더라도, 그로 인해 다소 소음이 들리더라도 감수해야 합니다. 이들을 발탁하는 것은 조직의 안정적 관리능력 때문이 아니라 탁월한 성과 때문이라는 점을 잊지 말아야 합니다.

물론 그 부작용이 지나치면 반발이 심해지고 조직 구성원들이 마음의 문을 닫게 됩니다. 이런 일을 막으려면 새로 발탁한 보스들을 대상으로 리더십 교육을 해야 합니다. 그러나 리더십 교육도 강점을 북돋우고 단점을 보완하는 것이지, 근본적으로 리더십 스타일을 바꾸려는 것은 아닙니다. 보스가 성과를 내는 핵심방법은 업무를 직접 맡아 처리하는 것이 아니라 직원들이 자발적으로 업무를 수행하도록 동기를 부여하는 것입니다. 리더십 교육은 보스들에게 이 일의 중요성을 일깨워주는 것입니다. 시야를 넓혀주어 본인이 보지 못했던 세상을 보게 만드는 것만으로도 단점은 많이 보완될 수 있습니다.

2인자를 외부에서
데려와도 될까?

•

핵심임원 영입

Q 회사에 경영총괄 임원을 두려고 합니다. 사업이 커지고 관계사가 늘어나면서 중
장기 사업전략을 짜고 회사 간 업무를 조율할 임원이 필요해졌습니다. 벌써부터
사내에서 후보자가 여럿 거론되고 있습니다만, 이들에게 믿고 맡기기 어려울 것 같아 외
부영입을 생각하고 있습니다. 그런데 사실상 회사의 2인자인 경영총괄 임원을 외부에서
영입하면 오랫동안 함께 일한 임원들 입장에서 실망이 클 것 같습니다. 부족하지만 기존
임원들에게 한 번은 기회를 줘야 할까요?

A 핵심임원 선정은 정이나 관계에 좌우되면 안 될 중대한 의사결정입니다. 적임자
가 어떤 사람인지 분명히 한 뒤에 내부에 그런 사람이 있는지를 검토한 다음, 없
으면 외부에서 어떻게 찾아낼지를 고민하는 것이 순서입니다.

먼저 적임자를 찾는 데 집중하라

—

회사의 2인자나 다름없는 핵심임원을 외부에서 영입해야 할 때, CEO
의 말 못할 고민은 커집니다. 그동안 함께 고생하며 회사를 키워온 임
원들을 실망시킬 수도 없고, 그렇다고 역량이 모자란 줄 뻔히 알면서도
그들 중 한 명을 발탁할 수도 없지요.

그러나 원칙적으로 회사는 모든 직무에 맞는 적임자를 찾아야 합니
다. 물론 적임자가 내부 인사여야 하는 것은 아닙니다. 내부 인사가 능
력이나 자질 면에서 부적합하다고 판단되면 당연히 외부로 눈을 돌려
야 합니다.

많은 기업들이 내부 인사들의 실망이나 반발을 염려해 영입을 망설
이다가 결국 역량이 달리고 경험과 지식이 부족한 이에게 중책을 맡깁
니다. 그런데 유감스럽게도 그 결과는 대개 예상을 빗나가지 않습니다.
CEO가 외부영입을 고민할 정도면, 그만큼 내부 인사들의 한계가 명확
하기 때문입니다.

특히 귀하의 회사처럼 사업이 커지고 조직이 확장되면 이미 사업논
리나 조직운영논리가 이전과 달라지고 있을 겁니다. 새로운 조직원들
이 들어오고 있고 비즈니스 논리도 변했는데 과거의 방식을 고수하는
것은 바람직하지 않습니다. 양적 확대는 질적 변화를 수반하기 마련입

니다. 당연히 그에 맞는 리더십의 확충도 필요합니다.

물론 외부영입을 선택할 경우 부작용도 있습니다. 때로 그 부작용이 생각보다 클 수도 있습니다. 일부 기업인들은 이런 부작용 때문에 핵심임원의 영입을 꺼립니다. 특히 한두 번 실패의 경험을 갖고 있는 CEO는 핵심임원의 외부영입을 아예 금기시하기도 합니다. 그러나 이런 부작용은 대부분 적임자가 아닌 사람을 배치해서 생기는 문제입니다. 적임자를 잘 찾는다면 상당 부분 해결할 수 있습니다. 더구나 업무를 훤히 꿰뚫고 있는 CEO가 영입임원을 지휘할 수 있는 상황이라면 문제는 크게 줄어들 것입니다.

그런 점에서 핵심보직에 기존 임원을 배치할 것이냐, 아니면 외부임원을 영입할 것이냐를 한꺼번에 고민하지 않는 게 좋습니다. 먼저 내부에 적임자가 있는지 충분히 검토하십시오. 내부에 적임자가 없다는 결론이 내려지면 다음에 어떻게 적임자를 발굴할 것인지를 연구하십시오.

절대 핵심임원으로 영입하면 안 될 사람들

—

핵심임원으로 어떤 사람이 적합한지에 관해서 각 회사의 상황에 따라 다양한 판단이 존재할 것입니다. 그러나 어떤 사람을 핵심임원으로 영입하면 안 되는지에 대해서는 많은 경험을 통해 입증된 공통된 의견이 있습니다.

핵심임원 영입에서 가장 경계해야 할 사람은 조직이 추구해온 가치와 비전을 송두리째 무시하는 사람입니다. 아무리 작은 기업이라도 창업주와 임직원들이 추구하는 가치가 있게 마련입니다. 영입된 임원이 기업이 추구해온 가치를 수정보완할 수는 있지만, 깡그리 무시한 채 완전히 다른 가치를 추구한다면 곤란합니다. 그런데 영입된 임원이 자신의 가치와 철학을 추구하는 경우가 종종 있습니다. 완전히 자기 회사를 운영하는 것처럼 회사의 설립취지를 외면하고 임직원들이 추구해온 목표를 무시합니다.

이런 임원에게 조직 구성원들이 반발하는 것은 당연한 일입니다. 이런 임원은 오래 있지 못하고 결국 조직을 떠나게 됩니다. 조직 구성원들을 존중하고 그들의 의견을 경청하면서 혁신해야 하는데, 조직과 유리된 채 자신의 생각만을 구현하려다 밀려나는 겁니다. 이런 일을 한두 번 경험하고 나면 조직은 매우 배타적 성향을 띠게 됩니다. 영입된 외부 인사들에게 좀처럼 틈을 주지 않게 되지요.

피해야 할 두 번째 유형은 조직의 일을 하지 않고 자기 일을 하는 임원입니다. 기업에서 장기근속한 사람들은 조직에 유무형의 자기지분이 있다고 생각합니다. 그러나 새로 들어온 임원, 특히 임기가 정해져 있는 임원은 그런 것이 없기 때문에 떠나는 것을 전제로 일하는 경우가 많습니다. 이들에게 '조직에 뼈를 묻는' 각오는 기대하기 어렵습니다. 이는 조직을 옮겨본 사람에게서 나타나는 자연스러운 감정으로, 상황에 따라 일정한 시간이 지나면 해소되기도 합니다. 그러나 이런 생각이 너무 강하면 문제가 됩니다.

이런 생각이 강한 임원은 떠날 것을 염두에 두면서 자기 브랜드를 지키려 합니다. 시쳇말로 손에 흙을 묻히려 하지 않습니다. 그보다 조직원들의 인기에 영합하는 일에 관심이 많습니다. 이런 사람들은 당장 성과가 나지 않지만 장기적 관점에서 꼭 필요한 일들을 뒷전으로 밀어둡니다. 이 상황이 지속되면 회사의 경쟁력은 약해지고 맙니다.

마지막으로 자기 세력을 구축하는 임원은 뽑지 말아야 합니다. 이런 성향 역시 직장을 옮기는 과정에서 굳어진 것입니다. 그들은 새로운 조직에서 자리를 잡으려면 자신의 지지세력이 필요하다고 여깁니다. 그래서 기존 직원보다 외부에서 들어온 직원들을 선호합니다. 또 기회가 닿을 때마다 기존 임직원들을 선별해 자기 사람을 만듭니다. 이 때문에 회사에 줄 서기와 편 가르기 현상이 나타날 수도 있습니다.

특히 2인자급 핵심임원을 영입할 경우 이런 유형은 절대로 피해야 합니다. 가끔 영입된 임원이 기존 임원들과 세력다툼을 벌이거나 경영진을 공격하는 일이 벌어집니다. 이 과정에서 조직이 내분에 휩싸이고 심하면 깨지기도 합니다.

핵심임원 영입은 기업에 있어서 매우 중요한 의사결정입니다. 기업들이 외적으로 드러난 학력과 경력, 성과만을 보고 핵심임원을 영입했다가 심각한 내상을 입는 경우는 뜻밖에 많습니다. 그 내상은 자칫하면 조직을 회복불능 상태로 이끌 수도 있습니다. 그런 점에서 외부영입은 조직의 성장과 발전을 위해 적극 검토해야 하지만, 그만큼 철저한 검증 작업을 거쳐야 한다는 점을 기억하세요.

임원연봉은
회사의 자존감

•

임원연봉

Q 신규사업을 위해 영입하는 두 임원의 연봉 문제로 고민하고 있습니다. 한 명은 대기업 재직자이고 한 명은 중소기업 출신입니다. 둘은 나이도 비슷하고 학력이나 업무능력에서도 큰 차이가 없습니다. 예정된 사내 위상이나 업무도 비슷하고요. 그런데 두 사람이 받았던 연봉은 무척 다릅니다. 이를 기준으로 하면 연봉 격차가 너무 날 것 같습니다. 그렇다고 비슷하게 책정하면 중소기업 출신 임원의 연봉이 너무 뛰게 됩니다. 대기업 출신 임원의 연봉을 낮추는 것은 현실적으로 불가능하니까요. 어떻게 할까요? 임원연봉은 어떻게 정해야 하나요?

A 두 사람이 이전 직장에서 받은 연봉은 각자 조직에 기여한 정도에 따라 다르다고 보아야 합니다. 연봉 격차를 일정하게 인정하되, 입사 뒤 성과에 따라 다시 한 번 조정하십시오. 일반적으로 조직의 성과를 관리하고 책임지는 임원의 연봉은 자존감을 유지하고 성취동기를 자극받을 수 있는 수준으로 책정해야 합니다.

이전 직장의 연봉 차이, 이유가 있다

—

모든 면에서 비슷한 두 임원이 이전에 근무했던 회사에서 전혀 다른 수준의 연봉을 받았다면 뭔가 불합리하게 느껴지는 것이 사실입니다. 게다가 입사 뒤에 맡을 업무와 조직적 위상마저 비슷한 경우라면 연봉 산정이 더욱 어렵겠지요.

그러나 기본적으로 두 사람의 연봉 격차를 인정하는 것이 좋습니다. 그렇지 않고 어느 한쪽을 다른 쪽에 맞춘다면 많은 부작용을 초래할 것입니다. 당장은 형평을 맞추어 문제를 해결한 것처럼 보일지 몰라도 나중에 더 심각한 문제로 비화될 가능성이 큽니다.

얼핏 보기에 두 사람의 역량이 비슷할 수 있습니다. 그러나 실제 업무를 맡으면 판단이 달라질 수 있다는 점을 염두에 두세요. 적정한 연봉은 조직 기여도에 비례하는 법입니다. 확인하기 어려운 일입니다만, 중소기업 출신과 대기업 출신 임원은 각자 자신이 받은 연봉만큼 회사에 기여했다고 보는 것이 맞습니다. 만약 어떤 회사가 특정인에게 그가 기여한 것과 다른 연봉을 주고 있었다면 그 사람이나 그 회사의 지속성에 문제가 생겼을 겁니다. 두 임원이 속했던 회사가 오랫동안 유지되고 발전해왔다면 그들이 받은 연봉에 근거가 있다고 봐야 합니다.

따라서 일단은 그들이 속했던 회사의 판단을 믿으십시오. 전 직장의 연봉에 근거해 연봉의 기본선을 결정하세요. 그다음 귀사의 임원연봉 테이블과 영입과정에서 감안해야 할 요소들을 반영해 두 사람의 연봉을 책정하세요. 둘 사이의 연봉 격차는 성과를 지켜본 뒤에 조정해도 늦지 않습니다. 늦어도 한두 해 안에 두 사람의 연봉을 어떻게 조정해야 옳은지 판단할 수 있을 겁니다.

그래도 중소기업 출신 임원의 연봉이 상대적으로 적다고 판단한다면 연말에 성과에 따라 성과급을 받을 수 있도록 시스템을 설계해보세요. 기본급으로 조정하는 것은 한계가 있기 때문에 성과에 따라 부족분을 보상하면 안타까움을 달랠 수 있습니다.

생계를 걱정하는 임원은 일에 몰두할 수 없다
—

임원의 연봉은 직원과 달리 책정하기가 쉽지 않습니다. 직원은 내부의 연봉체계가 있고 비교대상도 많아 상대적으로 쉽게 연봉을 결정할 수 있습니다. 그러나 임원은 수가 많지 않아서 회사 규모가 웬만큼 크지 않으면 제대로 된 연봉체계를 갖추기가 쉽지 않습니다. 또 임원에게는 정해진 임기가 있고 달성해야 할 성과책임이 분명하기 때문에 어떤 성과를 어떻게 평가하느냐에 따라 연봉이 들쭉날쭉하게 됩니다.

특히 외부에서 영입되는 CEO나 CFO 같은 고위 경영진에게는 내부의 연봉체계를 적용하기가 어렵습니다. 이들의 연봉은 대개 회사와 당사자 간의 협의를 통해 이뤄집니다. 그런데 회사에서 이들의 연봉을 어떻게 평가해야 할지 모를 때가 많습니다. 이 때문에 헤드헌팅 회사에 가끔 특정인의 연봉을 평가해달라는 요청이 들어오곤 합니다. 영입하려는 사람의 시장가치를 조사해달라는 뜻이지요. 헤드헌팅 회사는 다양한 방법으로 그 사람이 회사에 얼마나 기여할 수 있는지를 평가합니다. 그의 학력, 경력, 업무능력과 과거성과, 입사했을 때 예상성과 등 다양한 정보를 종합적으로 분석해 적정연봉을 산정합니다.

임원의 연봉을 책정할 때 기본적으로 고려해야 할 점을 몇 가지 알려드리겠습니다.

첫째, 임원을 생계비 고민에서 자유롭게 만들어야 합니다. 즉, 자신이 생활하는 데 필요한 최소수준의 보상이 보장돼야 한다는 뜻입니다. 연봉이 적어 임원이 생계문제에 신경을 쓰면 업무에 집중하기가 어렵습니다. 생계문제를 걱정하는 임원은 부족분을 메우기 위해 이곳저곳에 관심을 두게 됩니다. 더 좋은 조건을 제시하는 회사가 있다면 언제라도 옮길 수 있습니다. 임원의 불안정은 곧 조직의 불안정으로 이어집니다. 또 객관적이고 합리적인 의사결정을 내리기도 어려워집니다. 의사결정이 생계 문제 때문에 왜곡될 수 있다는 겁니다.

따라서 조직의 성과를 좌우하는 임원에게 생계문제를 걱정하지 않을 정도의 연봉은 기본적으로 보장돼야 합니다. 가끔 성과급까지 포함해 연봉 수준을 정하는 기업들이 있습니다. 그러나 성과급은 성과에 따른 보너스일 뿐입니다. 임원의 생계는 기본급으로 보장해야 마땅합니다.

자존감과 성취동기를 부여하라

—

둘째, 임원연봉은 자존감을 느낄 수 있는 수준으로 책정돼야 합니다. 연봉 수준은 임원들의 자존감과 직결돼 있습니다. 아무리 가치 있는 일을 하더라도 그것이 시장에서 평가받지 못하면 업무의욕을 갖기 어렵습니다. 시장이 어떤 사람을 평가하는 기준은 여러 가지가 있지만 현실에서 가장 중요한 것이 연봉입니다. 특히 기업에서 근무하는 사람들이라면 연봉으로 자신의 역할과 사회적 위상을 가늠해보게 됩니다.

만약 자신의 연봉이 비슷한 수준의 학력과 경력, 업무능력을 갖고 있는 다른 사람에 비해 적다고 느끼면 그는 자신의 직무와 직장에 대해 자존감을 갖기가 어려울 겁니다. 고객을 비롯한 대외관계에서 위축되기 쉽습니다. 이것은 업무 추진력과 성과에 그대로 영향을 미칩니다. 자신이 하는 일, 자신이 다니는 직장에 대한 자부심을 갖지 못하는 임원이 자신 있게 부하직원을 지휘할 리도 만무합니다.

마지막으로 연봉은 임원들의 성취동기를 자극할 수 있어야 합니다. 기본적으로 연봉은 성과에 대한 기여도에 따라 달라져야 합니다. 특히 임원들은 성과지향적으로 일하는 이들이기에 보상도 성과에 따라 달라진다고 생각합니다. 성과가 있는 곳에 보상도 있다는 것을 잘 알고 있습니다.

그런데도 적지 않은 기업들이 연봉을 성과와 연동하지 않고 있습니다. 그래서 성과와 무관하게 연봉을 지급합니다. 물론 이들도 성과를 중시한다고 말합니다. 그럼에도 연봉과 성과가 따로 노는 것은 임원들의 성과책임이 무엇인지가 분명하지 않기 때문입니다. 각각의 임원이

● ● 사장의 생각

책임지고 있는 성과가 무엇인지 불분명하기 때문에 성과를 평가하기도 어렵습니다.

따라서 연봉과 성과를 연계하려면 임원들의 성과책임을 분명하게, 구체적으로 제시해야 합니다. 임기 중 달성해야 할 성과와 연도별, 분기별 성과가 명확하면 평가도 쉽습니다. 당연히 보상도 쉬워지고 임원들도 보상에 따른 성취감을 만끽하게 될 겁니다.

03

○

사장이 우유부단하면
조직이 대가를
치른다

창업멤버, 아프지만
헤어져야 할 때

•

세대교체

Q 아버지의 뒤를 이어 얼마 전부터 400여 명 규모의 제조 회사를 경영하고 있습니다. 업무수행에 문제는 없습니다만, 임원들 때문에 고민입니다. 상당수의 임원들이 제가 무슨 말을 해도 가볍게 넘기고 맙니다. 이들은 창업 초기부터 아버지와 동고동락한 사이로 저를 어릴 때부터 보아온 분들입니다. 회사에 대한 애정이 강하고 지금도 대부분 주요 직책을 맡고 있습니다. 하지만 그동안 급성장해온 조직을 이끄는 데 리더십의 한계를 드러내는 분들이 많습니다. 이 때문에 조직운영에도 부담이 됩니다. 대책이 없을까요?

A 2세 경영자가 창업공신들을 권위 있게 지휘하기란 무척 어렵습니다. 이미 업무 역량에서 한계를 보이는 임원들을 단계적으로 교체해 사내에 새로운 리더십을 세우십시오. 최선을 다해 떠나는 이들의 섭섭함을 달래주되, 회사는 능력과 성과에 따라 일하고 보상받는 곳이라는 원칙을 견지하기 바랍니다.

아버지의 사람들과 빨리 헤어져라

—

나이 많은 부하직원과 일하는 것은 참 어려운 일입니다. 더구나 그 부하직원이 창업공신이자 현재 회사의 핵심임원인 데다가 자신이 어릴 적부터 알고 지내던 '아버지의 사람들'이라면, 그들을 중심에 놓고 회사를 경영하는 귀하가 얼마나 힘들지 이해가 됩니다.

결론부터 말하자면 그들과 빨리 헤어져야 합니다. 그들이 아버지와 함께 회사를 일군 핵심임원들이지만 최고경영자가 바뀐 이상 '새 술은 새 부대에' 담아야 합니다. 임원들 본인을 위해서도, 회사를 위해서도 자리를 바꿔주는 게 옳습니다. 그렇지 않으면 귀하가 리더십을 발휘하기가 쉽지 않습니다.

일반적으로 관계는 첫 만남이 결정하는 경우가 많습니다. 한번 맺어진 관계는 이후 상황이 변해도 잘 안 바뀝니다. 처음 어떻게 만났느냐가 평생 영향을 미칩니다. 아마도 연배가 많은 임원들의 눈엔 귀하가 회사의 최고경영자로 보이지 않을 겁니다. 그래서 보스의 리더십은 '누가 뽑았느냐'에 크게 영향을 받습니다. 내가 뽑거나 선택한 사람과 그렇지 않은 사람 사이는 큰 차이가 있습니다. 다른 사람에 비해 내가 선택한 사람은 상대적으로 내 권위를 더 인정합니다. 기본적으로 상사라는 점을 인정하고 있기 때문입니다. 조직의 수장이 바뀌면 주요 임원을 자기 사람으로 바꾸는 것도 이런 사정과 관련이 있습니다.

이뿐 아니라 핵심임원들이 조직의 성장을 따라오지 못하고 있다면 경영자에게 큰 부담이 됩니다. 조직을 책임지고 있는 핵심임원의 리더십이 취약할 경우 조직 전체에 미치는 부정적 영향은 심각할 수 있습니다. 특히 창업해서 회사가 급성장한 조직의 경우, 경영자가 초기에 합류한 인력의 처리 문제를 놓고 속앓이하는 것은 매우 일반적인 일입니다. 그러니 어렵더라도 가급적이면 새로운 임원을 뽑아 쓰십시오.

섭섭함을 달래주기 위해 최선을 다하라

—

물론 교체가 쉽지 않을 겁니다. 창업 초기부터 회사와 희로애락을 함께해온 임원들은 회사에 대한 강한 충성심과 자신들이 회사를 키웠다는 자부심도 갖고 있습니다. 당연히 이들의 보상심리 또한 무척 강합니다. 자신들이 고생한 덕분에 오늘날의 회사가 됐다고 생각하기 때문에 이에 걸맞은 대접을 받아야 한다고 생각합니다. 아마 그들은 쉽사리 자리를 비켜주려 하지 않을 것입니다.

회사 입장에서 보면, 그동안 임원으로까지 승진시키면서 오랫동안 일할 수 있도록 그들을 배려한 것일 수 있습니다. 그러나 떠나야 하는 상황에 처한 직원들은 그동안 회사에 쏟은 노력, 겪었던 어려움, 만들어낸 성과 같은 것들을 먼저 떠올리게 됩니다. 이 때문에 마음이 상한 일부 임원들은 회사 안팎에 회사와 CEO에 대한 부정적 소식을 전파하기도 합니다. 심지어 회사의 주요 정보나 기술을 유출하는 경우도 생깁니다. 이사로 퇴직하든 부사장으로 퇴직하든, 섭섭함은 크게 달라지지 않습니다. 오히려 직급이 높고 근무 기간이 길수록 섭섭함의 강도는 더 세집니다.

조직의 중심에 서왔고 조직문화를 주도하던 이들이 이렇게 불만을 강하게 표출하면 자칫 조직 전체의 활력이 떨어질 수도 있습니다. 심하면 조직불안으로 이어져 성과에 부정적 영향을 미칩니다. 또한 이들은 비즈니스에서 핵심적 역할을 맡고 있기 때문에 교체과정에서 업무의 인수인계가 잘 이뤄지지 않으면 조직운영에 혼선이 빚어질 수도 있을 겁니다.

이런 사정을 감안해 외국계 기업이나 국내 대기업들은 퇴직하는 주요 임원들에게 직급에 따라 1~3년간 고문이나 자문역을 맡기면서 상당히 예우합니다. 퇴직자 전직지원제도인 '아웃플레이스먼트'를 활용하는 기업도 많습니다. 이 프로그램은 퇴직에 따른 심리적 불안을 최소화하면서 필요한 정보를 제공해 퇴직자들이 새로운 일자리를 찾도록 도와주는 겁니다. 기업들이 이 제도를 채택하면 정부지원을 받을 수 있습니다.

그런데 기업들이 이 프로그램을 도입하는 핵심목적은 전직지원보다 퇴직자들이 받는 충격을 줄여주는 '퇴직자 충격 완화'나 섭섭함과 불만을 누그러뜨리는 '퇴직자 감정 완화'에 있습니다. 연배가 많은 임원들이 새로운 일자리를 찾는 것은 현실적으로 어려운 일입니다. 그럼에도 불구하고 기업들이 전직지원 프로그램을 운영하는 것은 그만큼 그들의 섭섭함을 달래는 데 많은 노력이 필요하다는 것을 잘 알고 있기 때문입니다.

섭섭함을 달래는 가장 좋은 방법은 예우를 갖춰 최선의 보상을 해주는 것입니다. 창업해서 회사를 일군 창업경영자들이 가장 힘들어하는 일이 창업공신을 정리하는 일입니다. 어떤 경영자는 이들을 정리하지 못해 조직이 오랫동안 성장정체 상태를 겪기도 합니다. 그런데 이 과정을 잘 마무리한 경영자들도 있습니다. 이들이 공통적으로 하는 말은 "회사가 할 수 있는 최선의 수준으로 보상해주었다"는 것입니다.

'착한 사장'으로 남고 싶은 유혹, 버려야 한다

—

창업 초기에 합류한 임직원의 처리는 이렇게 어려운 문제입니다. 그러나 어려운 문제일수록 원칙대로 처리해야 합니다. 그렇지 않으면 더 많은 문제를 야기할 수 있습니다. 이 원칙의 핵심은 '회사는 특정인을 위한 조직이 아니라 구성원 모두를 위한 조직'이라는 것입니다. 즉, 회사는 창업 초기 때부터 합류해 일한 임직원뿐 아니라 최근 입사한 신입사원을 포함한 모두의 회사여야 합니다. 창업공신이라 해도 리더십이 부족하고 CEO의 경영활동에 부담을 준다면 임원의 자리에서 내려와야 합니다.

만약 이런 원칙이 적용되지 않는다면 회사의 성장과 발전을 기대하기 어렵습니다. 자신의 역량과 성과에 따라 평가받지 못하고 출신이나 인맥에 따라 평가와 보상이 달라지는 회사라면 유능한 인재들이 남아 있지 않을 겁니다. 또 이런 내부상황이 밖으로 흘러나가면 유능한 인재들이 입사하지 않을 것입니다.

가끔 '착한 사장'으로 남고 싶어 하는 경영자들을 보게 됩니다. 업무 능력이 뒤지고 리더십이 부족한 것이 분명한데도 창업공신들의 직책과 직급을 바꾸려 하지 않고 새로 입사한 직원들에게 그들의 특수한 상황을 이해하라고 주문합니다. 고생한 임직원들을 차마 어쩌지 못한 채 다른 직원들의 배려에 기대려는 것입니다. 그러나 현실적으로 이런 착한 사장은 오래 존재할 수 없습니다. 착한 사장이란 회사의 손실을 감수하면서 직원들의 요구를 받아주는 사람입니다. 그런 사장이 경영하는 회사가 성장하고 발전할 수 있겠습니까? 다른 사람들이 모두 '착하고 좋은 사람'이라는 소리를 들어도 사장만큼은 '독하다'는 말을 들어야 합니다. 때로 '꼭 그렇게까지 해야 하나'라는 반문의 대상이 돼야 합니다. 경영자는 회사를 마지막까지 책임지고 지켜야 하는 사람이니까요.

창업 초기부터 고생해온 분들의 노고에 감사하고 그 땀과 눈물을 치하하십시오. 최대한 예의를 갖춰 떠나는 임원들의 마음이 상하지 않도록 노력하십시오. 그러나 정에 이끌리고 미련에 흔들리면 안 됩니다. 어려운 경영자의 길을 현명하게 시작하시기 바랍니다.

독불장군식 간부의 정리,
빠를수록 좋다

·

독선적 리더

Q 회사에 끊임없이 소음을 만들어내는 간부가 있습니다. 부하직원들은 불편해하
고 동료들은 같이 일하는 것을 부담스러워합니다. 가능하면 엮이지 않으려고 이
리저리 피해 다닙니다. 그러나 반대로 그와 함께 일해보지 않은 임직원들은 그의 뛰어난
업무능력과 성과를 높이 평가합니다. 이 간부는 현재 승진 대상자 명단에 올라 있습니다.
고위간부로 올라가는 시점이라 승진하면 상당히 많은 직원들을 지휘해야 하는데, 리더십
을 생각하면 선뜻 결정하기 어렵습니다. 어떻게 해야 할까요?

A 아직 회사의 규모가 작다면 일단 그를 써보십시오. 그러나 회사 규모가 어느 정
도 커지면 더 이상 그를 중용하면 안 됩니다. 조직 전체의 능력을 동원해 큰 성과
를 이루는 데 그의 독선적 업무 방식과 부족한 리더십이 장애가 될 것이기 때문입니다.

소음을 감수하고 유능한 개인을 적극 중용해야 할 때

—

업무능력이나 성과를 보면 승진시켜야 할 것 같고, 리더십이나 직원들과 관계를 생각하면 승진시키면 안 될 것 같은 간부. 이는 기업에서 자주 마주치지만 뚜렷한 해법을 찾기는 어려운 문제입니다. 많은 사람들이 고민해온 문제인데도 아직까지 정해진 해법이 없는 것은 어떤 관점에서 보느냐에 따라 해법이 달라지기 때문입니다. 즉, 조직이 처한 현실이나 경영자의 경영철학에 따라 대처하는 방법이 다를 수 있습니다.

회사의 규모가 작고 단기성과를 추구해야 하는 상황이라면 이 간부를 중용하는 것이 맞습니다. 특히 경영자가 그를 신뢰할 수 있고 큰 틀에서 지휘할 수 있다면 오히려 이 간부를 격려하고 역량을 발휘할 수 있도록 적극적으로 지원할 필요가 있습니다. 이 간부가 내는 소음은 최대한 그 피해를 줄이도록 노력하되, 불가피하다면 일정 부분 감수해야 합니다. 작은 조직에서 성과는 유능한 몇몇 개인에 따라 크게 달라지기 때문입니다.

그러나 조직이 일정한 규모 이상으로 커져서 구성원 모두가 참여해야 조직의 성과를 낼 수 있는 상황이 되면 이야기가 달라집니다. 만약 귀하의 회사가 이 경우에 속한다면 앞서 말한 간부의 승진은 신중히 결정해야 합니다. 그가 내는 성과는 개인의 능력에 따른 것이지, 조직 구

●● 사장의 생각

성원 전체의 능력을 토대로 한 것이 아니기 때문입니다. 조직 전체의 능력을 동원하려면 구성원들의 자발적 참여를 이끌어내야 하는데, 이 간부는 그런 면에서 크나큰 약점을 갖고 있습니다.

이 간부를 중용해서 거두는 성과는 적을 겁니다. 그는 자신이 인정을 받고 승진했기 때문에 자기 능력의 150퍼센트를 발휘할지도 모릅니다. 그러나 그를 불편해하고 부담스러워하는 조직 구성원들은 매우 수동적으로 움직일 가능성이 큽니다. 이럴 경우 조직 구성원들의 전체 역량 가운데 60~70퍼센트 정도만 가동되겠지요. 두 손과 두 발을 다 써야 원하는 결과를 얻을 수 있는 상황에서 한 손밖에 쓸 수 없다면 어떨까요? 그 일은 굳이 해보지 않아도 결과를 예상할 수 있습니다.

조직적 성과를 위해 유능한 개인을 버려야 할 때

—

가끔 조직 전체를 가동하기 위해서 유능한 개인의 활동은 묶어둬야 할 때가 있습니다. 바둑에서 내부의 바둑돌을 죽이면서 외벽을 구축해서 전체 모양을 정비하는 전술을 '사석(捨石) 작전'이라고 하지요. 작은 것을 버리고 큰 것을 얻기 위한 전술입니다. 기업에서도 마찬가지입니다. 당사자는 부당하다고 느낄 수 있습니다. 하지만 경영자는 때로 조직 전체의 성과목표를 달성하기 위해 그런 결정을 해야 합니다.

그런데 이게 말처럼 쉽지 않습니다. 현실적으로 이런 간부를 포기하기가 참 어렵습니다. 그의 역량과 성과를 감안하면 그럴 수밖에요. 이 간부를 포기하면 잃는 게 명확하지만 얻는 것은 가능성뿐입니다. 불확실한 가능성만 보고 손에 쥐고 있는 것을 버려야 하니, 경영자 입장에서는 선택하기가 쉽지 않습니다.

이 때문에 많은 경영자들이 고민을 거듭하다 결국 가능성을 포기하고 확실한 것을 움켜쥐게 됩니다. 그러나 유감스럽게도 그 결과는 뻔합니다. 조직은 더 이상 성장하지 못하고 성과는 더 이상 커지지 않습니다. 커지지 않는 조직에 훌륭한 인재들이 남아 있을 리 없고, 인재가 들어올 가능성은 더더구나 없습니다. 명백한 패착이죠. 경영자가 이런 결정을 몇 번 하면 조직과 사업은 치명상을 입게 됩니다.

혼자서 내는 성과는 한계가 뚜렷하다

—

성공은 언제나 한 사람이 만드는 것이 아닙니다. 2013년 7월 박인비 선수가 LPGA USA 오픈에서 우승하자, 기자들이 그 비결을 물었습니다. 박인비 선수의 대답은 "어머니가 끓여준 감자국"이었습니다. 사람들은 그가 겸손한 대답을 했다고 여길 겁니다. 그러나 저는 그 말이 진정이라고 생각합니다. 그는 혼자서 우승을 이룬 게 아니었습니다. 감자국을 끓여준 어머니, 캐디를 맡았던 아버지, 그가 침체에 빠졌을 때 자기 일을 포기하고 그를 챙겼던 지금의 남편 남기협 프로, 아무도 그를 맡지 않으려 할 때 기꺼이 캐디를 자처해 헌신했던 프레드, 이 많은 사람들이 뒤에서 도왔기에 박인비의 우승이 가능했던 것입니다.

혼자서 이루는 성과는 작습니다. 큰 성과일수록 더 많은 사람들의 도움이 필요합니다. 에디슨은 발명왕으로 잘 알려져 있습니다. 사람들은 그가 어두운 실험실에서 혼자 연구해 많은 것을 발명했다고 생각합니다. 전구를 발명하기 위해 1,000번이나 실패했다는 실험도 당연히 혼자서 했을 거라고 추측합니다. 그러나 에디슨의 전구는 14명의 합작품입니다.

에디슨은 1876년 미국 뉴저지 주에 멘로파크라는 공장을 세웠습니다. 이곳에서 6년 동안 400여 개의 특허를 출원했지요. 그런데 이 발명품들은 엔지니어와 물리학자 등 다양한 전문가들이 함께 만들어낸 것들이었습니다. 연구개발비가 필요했던 그들은 투자자들이 '고독한 천재'를 선호한다는 점을 간파하고 에디슨을 간판주자로 내세운 거였습니다.

창조도 이렇게 혼자 하는 게 아닌데 하물며 일반적 성과는 어떻겠습니까. 기업에서 성과는 사유의 결과물이 아니라 토론과 실행의 산물입니다. 따라서 아무리 능력이 뛰어난 사람이라도 독불장군식으로 일한다면 그의 성과는 한계가 있습니다.

그런 점에서 앞서 말한 간부는 지금은 괜찮을지 몰라도 중장기적으로는 중용하면 안 되는 사람입니다. 어쩌면 지금 당장 중심에서 빼야 할지도 모릅니다. 그가 팀워크를 해치고 조직 구성원들의 자발적 참여를 막고 있다면, 동료와 부하직원들이 그의 독선적 스타일 때문에 업무 의욕을 잃어가고 있다면, 그를 당장 포기해야 합니다.

조직을 마비시키는
'부정 바이러스'

•

동기부여

Q 최근 몇몇 임원들이 "직원들에게 동기를 부여하기가 어렵다"고 하소연하고 있습니다. 성과급이 많을 때는 분위기가 좋았는데, 지난해 회사실적이 부진해 성과급을 지급하지 못하게 되자 분위기가 많이 가라앉았다는 겁니다. 임원들에게 "그럴수록 직원들의 업무의욕을 끌어올려야 한다"고 강조하고 있지만 쉽지 않은 것 같습니다. 임원들은 "직원들에게 동기를 부여하려면 특별한 뭔가가 필요할 것 같다"고 이야기합니다. 직원들의 업무의욕을 어떻게 끌어올려야 할까요?

A 먼저 조직을 이끄는 임원들 자신의 동기부여에 문제가 없는지 점검하십시오. 문제가 있는 임원은 모든 것을 부정적으로 보는 '부정 바이러스'에 감염돼 있을 가능성이 많습니다. 따라서 이 부정 바이러스가 더 이상 퍼지지 않도록 조직에서 분리해야 합니다. 또한 회사의 비전에 동의하지 못해 업무의욕을 갖지 못하는 직원이 있다면 과감히 떠나보내세요.

업무의욕, 임원부터 점검하라

—

동기부여는 '내가 왜 이 일을 해야 하는지'에 대해 의미를 부여하는 것이지요. 스스로 일에 대한 동기가 강하면 구성원들은 업무에 적극적으로 임합니다. 동기부여가 잘돼 있는 직원들은 가끔씩 놀라운 헌신성과 집중력을 발휘해 예상을 뛰어넘는 결과를 만들어내기도 합니다. 자신이 꼭 해야 할 일이고 하고 싶은 일이니 여건을 따지지 않고 밤샘 궁리 끝에 답을 찾아내는 것입니다.

그런 점에서 회사의 임원들이 직원들에게 동기부여를 잘 못하겠다고 어려움을 호소하는 것은 심각하게 받아들여야 합니다. 직원들의 자발적 참여를 기대하기 어렵기 때문입니다. 직원들이 마지못해 일하는 상태가 계속된다면 성과 역시 경영진이 원하는 수준을 밑돌게 됩니다.

아마 귀하 회사의 임원들도 성과를 개선하기 위해 많은 노력을 했을 겁니다. 그런데 직원들의 업무의욕이 바닥에 떨어졌기 때문에 노력만큼 효과를 거두기 어려웠겠지요. 업무의욕이 없는 직원들을 데리고 일하는 것만큼 힘들고 짜증스러운 일도 없습니다. 시키는 것만 하고 주어진 일만 하는 직원들을 데리고 결과를 만들어내기란 보통 어려운 일이 아닙니다. 그래서 임원들은 직원들에게 동기를 부여할 수 있는 뭔가가 필요하다고 이야기하고 있을 겁니다. 그들은 어떻게 해서든 다시 성과급을 지급하는 게 좋겠다고 생각할지도 모릅니다. 단지 회사 사정이 안 좋기 때문에 적극적으로 말하지 못하고 있을 뿐입니다.

정확한 해법을 찾으려면 상황을 꼼꼼하게 점검할 필요가 있습니다. 임원들의 말처럼 조직 구성원들이 실제로 업무의욕을 잃고 있는지 살펴보십시오. 그런데 이때 제일 먼저 눈여겨볼 대상은 바로 임원들입니다. "직원들에게 어떻게 동기부여를 해야 할지 모르겠다"거나 "직원들의 업무의욕이 꺾였다"는 말은 어쩌면 임원들의 자기고백일 수도 있습니다. 즉, 부하 직원이 아니라 자신이 동기부여가 안 되고 있고, 업무의욕이 안 난다고 하소연하고 있는 것입니다.

보스가 '부정 바이러스'에 걸리면 온 조직이 마비된다

—

보스가 업무의욕이 없는 상태에서 조직 구성원들의 업무의욕을 기대하는 것은 어불성설입니다. 자기 스스로 '왜 일해야 하는지'에 관해 회의를 품고 있는 상태에서 부하직원들에게 동기를 부여해 자발적 참여를 이끌어낼 수 있을까요?

보스가 자기업무에 대한 강한 자부심과 성공확신이 있다면 조직원들은 자연스럽게 보스를 따라가게 돼 있습니다. 부하직원들은 늘 보스를 지켜보고 있습니다. 조직에서 구성원들의 가장 강력한 동기부여는 보스 그 자체입니다. 대개 보스의 비전이 고스란히 직원의 비전이 됩니다. 보스의 만족이 직원의 만족에 절대적 영향을 미칩니다. 보스가 회사의 비전과 발전 가능성을 확신하면서 업무에 매진하고 있다면 그의

●● 사장의 생각

일거수일투족은 조직 전체에 건강한 긴장감을 불어넣을 겁니다.

경험 많은 출판인들은 베스트셀러의 저자는 글을 잘 쓰는 사람이 아니라고 이야기합니다. 해당 분야의 경험과 지식이 많은 사람도 아니라고 얘기합니다. 그들이 말하는 베스트셀러의 저자는 많은 경험을 통해 자기 확신을 갖게 된 사람입니다. 이런 사람은 에너지가 넘칩니다. 누가 시킨 것도 아닌데 자발적으로 주변 사람들에게 끊임없이 문제를 제기하고 해법을 제시합니다. 그가 던지는 한마디 한마디는 공감을 이끌어내는 힘을 갖고 있습니다. 거창한 담론이 아닌 사소한 주제를 가지고도 쉽게 독자의 감동을 이끌어냅니다.

마찬가지로 보스의 부정적 생각은 순식간에 조직 전체에 퍼져나갑니다. 부정의 바이러스는 긍정의 바이러스보다 전파속도가 훨씬 빠르고 감염력도 몇 배나 강합니다. 부정적 보스 한 명이 조직 전체에 미치는 영향은 상상을 초월합니다. 평범한 직원도 아니고 회사의 핵심간부이자 자신들을 이끌고 있는 보스가 부정적 생각을 쏟아내고 있다고 생각해보세요. 보스가 스스로 가능성이 없다고 생각하는 일을 직원들에게 시키고 있다면 그 일이 잘될 턱이 없습니다. 조직 구성원들은 어쩌면 '멘붕'에 빠져 있을지도 모릅니다.

따라서 조직 분위기가 가라앉아 있고 조직원들이 매너리즘에 빠져 있다면 먼저 임원부터 점검해볼 필요가 있습니다. 십중팔구는 그 조직의 보스가 어떤 병에 걸려 있을 가능성이 큽니다. 만약 병을 앓고 있는 것이 확인되면 그 병부터 치료해야 합니다. 치료가 어렵다면 당장 그를 조직에서 분리해야 합니다. 최소한 그의 부정적 바이러스가 조직을 마비시키지 않도록 조처를 취해야 합니다.

갈 길이 다른 직원은 빨리 떠나보내라

—

또 한 가지 관심을 가져야 할 것은 직원들이 업무의욕을 잃게 만든 원인입니다. 업무의욕은 일시적으로 꺾일 수 있습니다. 귀하의 회사처럼 성과급이 지급되지 않아 실질급여가 줄었거나 회사의 경영환경이 나빠져 전망이 불투명해지면, 직원들의 업무의욕이 떨어지는 것은 자연스러운 일입니다.

만약 업무의욕 저하가 이런 일시적 요인 때문이라면 문제해결은 쉽습니다. 그 원인만 해결하면 되니까요. 보스가 문제라면 보스를 바꾸면 되고, 급여가 준 것이 원인이라면 급여 인상 방안을 찾으면 됩니다. 당장 조처를 취하기 어렵더라도 최소한 상황이 악화되는 것은 막을 수 있습니다. 그런데 그 원인이 회사의 비전이나 CEO의 경영철학과 맞지 않기 때문이라면 문제를 해결하기가 어려워집니다.

기본적으로 업무동기는 스스로 부여하고 찾아야 합니다. 다른 사람이나 상황이 제공한 동기는 일시적일 뿐 그 효과가 지속되기 어렵습니다. 직원들이 회사의 비전과 CEO의 경영철학에 동의하고 있는지, 회사의 발전계획을 믿고 있는지가 중요한 것도 이 때문입니다.

만약 어떤 직원이 회사 안에서 자기비전을 갖고 있다면 그는 스스로 커리어 패스를 설정하고 자기계발을 하고 있을 것입니다. 그러나 그가 비전을 갖고 있지 않다면 그에게 가장 중요한 업무동기는 보상일 것입니다. 따라서 보상이 줄어들거나 만족스럽지 못하면 업무의욕을 확연히 잃게 됩니다. 보상이 일시적으로 동기부여 효과를 거둘 수 있지만 지속적 효과를 기대할 수 없다는 것도 이런 사정 때문입니다.

비전과 철학에 동의하지 않는 직원들이 알아서 업무의욕을 갖길 기대하는 것은 어불성설입니다. 직원들이 조직을 떠나는 가장 큰 이유는 '이 조직에서는 더 이상 성장할 수 없다'는 판단이 들 때입니다. 따라서 계속해서 비전과 가치를 공유하고 회사의 발전계획을 설명했는데도 여전히 동의하지 않는다면, 그 사람이 귀사에 어울리지 않는다고 판단하십시오. 그리고 그가 서둘러 자기 길을 찾도록 도와주세요. 찾지 않아서 그렇지, 같이 일할 직원은 많습니다.

때로 직원을 바꾸려고 노력하는 것보다 적합한 직원을 찾는 편이 더 쉽고 효과적일 수 있습니다. 특히 나이가 많고 경력이 있는 직원을 바꾸려는 노력은 헛수고로 끝날 가능성이 큽니다. 오랜 삶을 통해 얻은 경험과 지식, 가치관과 인생관을 통째로 바꾸라고 요구하는 것이기 때문입니다. 차라리 그가 자신의 인생관에 맞는 직장이나 직업을 찾도록 도와주는 게 그를 돕는 길이고, 회사를 위한 길입니다.

임원의 워밍업,
언제까지 기다려줘야 하나
•
스페셜리스트

Q 지난해 초 임원을 두 명 영입했습니다. 모두 학력과 경력이 뛰어나고 전문성을 인정받는 분들입니다. 그런데 입사해 업무를 맡은 지 1년 반 가까이 지났지만 이렇다 할 결과물을 내놓지 못하고 있습니다. 눈에 띄는 성과를 기대하기엔 시간이 짧았습니다만, 두 분 다 회사 업무에 몰입하고 있다는 느낌이 들지 않아 앞으로도 조직이 원하는 결과를 기대하기 어려워 보입니다. 더 기다려야 할까요? 아니면 두 분에게 문제의 심각성을 이야기해볼까요? 혹시 이쯤에서 헤어져야 하나요?

A 1년 반이란 임원에게 짧은 시간이 아닙니다. 아무리 뛰어난 인재라도 조직의 중심에서 조직과 함께 성장하려는 생각이 없으면 임원의 역할을 잘해낼 수 없습니다. 특히 그들이 개인의 능력과 전문성을 기반으로 스페셜리스트에 머물고자 한다면 어서 헤어지십시오.

문제는 시간이 아니라 태도다

—

'기대가 크면 실망도 크다'는 말이 있지요. 회사의 발전에 큰 기여를 해 줄 것을 기대하고 영입한 임원들이 결과물을 보여주지 않으니 실망도 그만큼 클 것 같습니다.

결론부터 이야기하면 두 임원과는 헤어지는 게 좋겠습니다. '너무 빠른 것 아니냐'고 반문할지도 모르겠습니다. 그러나 직원도 아닌 임원, 그것도 이전 직장에서 풍부한 경험을 갖고 있고 회사의 주요 직책을 맡은 임원들이라면 이미 능력을 발휘하고 성과를 만들어내기에 충분한 시간이 주어졌다고 봐야 합니다.

신입사원과 경력사원은 판단기준이 다릅니다. 신입사원은 잠재력을 중시하고 가능성을 평가합니다. 그에 반해 경력사원은 그동안의 경험과 성과를 보고 평가합니다. 곧바로 업무현장에 투입돼 기존 직원들처럼 업무를 맡아야 하니까요. 경력사원은 업무지식과 기술을 갖고 있고 경험이 있기 때문에 성과를 만들어내기까지 오랜 시간이 걸리지 않습니다. 당연히 평가도 신입사원에 비해 빠를 수밖에 없습니다.

경력사원이 그런데 하물며 임원은 어떻겠습니까. 임원은 조직원들을 이끌고 조직에 부여된 성과를 만들어내야 합니다. 따라서 경험이 많은 경영자들은 절대 검증되지 않은 사람에게 임원을 맡기지 않습니다.

전투경험도, 지식도, 부하를 지휘해본 적도 없는 사람에게는 부대 지휘를 맡기지 않는 것과 같습니다. 자칫하면 잘못된 전략전술을 구사해 전투에서 패하는 것은 물론이고 부하들을 사지에 몰아넣을 수도 있으니까요.

그런 점에서 두 임원은 귀하의 회사가 기대했던 적임자가 아닌 듯합니다. 사람의 일이라 알 수 없는 일입니다만, 경험적으로 보건대 두 임원이 태도를 바꿔 의욕적으로 일하며 성과를 만들어낼 가능성은 거의 없습니다. 그러니 더 이상 미련을 갖지 않는 게 좋겠습니다.

회사에서 성과를 내고 회사의 성장발전에 기여하는 임직원은 기본적으로 몰입합니다. 자기가 관심을 갖는 것에 자신의 모든 것을 투입하는 사람은 시간이 걸릴지 몰라도 결국 성과를 만들어냅니다. 물론 그도 모르는 것이 있을 것이고 난관에 부닥칠 수도 있습니다. 이 과정에서 일정이 지체될 수도 있을 겁니다. 하지만 이들은 문제를 다 해결하고 목표를 달성합니다. 특히 이들에게 일은 과제가 아니라 즐거움입니다. 이들은 어려운 업무일수록 자신의 한계를 돌파하고 새로운 가능성을 발견하려 합니다. 그래서 이런 사람들은 대개 다른 사람 눈에 '일중독자'처럼 보입니다.

'자기 일'을 하는가, '회사 일'을 하는가?

—

이때 중요한 것은 그 사람이 관심을 쏟는 것이 '자기 일'이 아니라 '회사 일'이어야 한다는 점입니다. 가끔 일을 열심히 하지만 가까이 살펴보면 그가 관심을 쏟고 있는 것이 회사 일이 아니라 자신의 개인적 관심사인 경우를 봅니다. 회사 업무에 집중하고 있더라도 그 일을 바라보는 관점은 개인적 차원에 머물러 있다는 뜻입니다.

제가 아는 중견기업에 마케팅 담당 부장이 있었습니다. 그는 마케팅 업무에 매우 열심이었습니다. 마케팅 분야의 지식을 쌓기 위해 포럼에 참석하고 인터넷 강의도 들었습니다. 마케팅 담당자들의 모임에도 적극 참여해 최신 트렌드를 연구하면서 네트워크도 확대했습니다. 임직원들은 그가 일을 열심히 하고 있다고 믿었습니다. 그런데 어느 날 인사부장으로 발령이 나자 그의 태도는 돌변했습니다. 이 회사 사장은 그를 임원으로 키우기 위해 다양한 업무를 경험하도록 배려한 것이었습니다. 하지만 그는 매우 불만스러워하면서 업무의욕을 잃었습니다. 반년도 지나지 않아 결국 회사를 떠났습니다.

나중에 알게 됐지만 그가 관심을 쏟은 것은 회사 일이 아니었습니다. 그는 마케팅 전문가가 되고 싶어 했습니다. 그래서 마케팅 경험과 지식을 쌓는 데 주력했습니다. 다른 이들 눈에 그가 회사업무에 매진한 것처럼 보였지만, 그는 실상 자신을 위해 일했을 뿐입니다.

직원들도 그렇지만 특히 핵심간부나 임원들은 회사 일을 해야 합니다. 회사 일과 개인 관심사가 다르면 안 됩니다. 경영자들은 조직에 필요한 일, 조직이 부여한 일을 우선하는 임직원을 우대하고 존중하는 문화를 만들어야 합니다. 이들을 발탁하고 승진시키고 주요 자리에 배치해야 합니다. 모든 관심을 조직에 맞추고 조직적 관점에서 업무를 처리하는 임직원들이 조직의 중심에 서게 만들어야 합니다.

이런 임직원들은 기본적으로 조직 안에서 성장하고 발전하는 데 관심을 갖고 있습니다. 승진해서 권한과 역할이 더 큰 보직을 맡으려 합니다. 임원과 사장이 되는 꿈을 꾸기도 합니다. 조직의 중심에 서고 싶기 때문입니다. 물론 이에 따른 책임은 당연한 것으로 받아들입니다.

임원은 스페셜리스트에 머물러선 안 된다

—

이와 달리 자신의 일에 관심을 쏟는 사람들은 권한이나 역할보다 이에 따른 책임이나 보상에 더 민감합니다. 이들은 책임지는 것을 부담스러워합니다. 조직 안에서 조직과 함께 성장하는 것보다 자신의 성장발전에 더 큰 관심을 갖습니다. 그래서 자신에게 도움이 되지 않는 직무나 업무는 소홀히 대합니다. 앞서 이야기한 중견기업의 부장도 마찬가지입니다. 어느 기업에서나 인사부장은 매우 중요한 자리이고 역할과 권한이 큰 직책입니다. 이른바 요직이지요. 그런데도 그에게 인사부장 자리는 매력적이지 않았습니다. 그의 꿈은 마케팅 전문가였지, 회사와 함께 성장하고 회사에서 자신의 꿈을 펼치는 게 아니었던 겁니다.

이렇게 스페셜리스트를 지향하는 사람에게서 회사가 원하는 주인의식을 발견하기란 쉽지 않습니다. 이들의 관심은 오로지 전문가로 성장하는 것이기 때문에 조직 안에서 전문가로 크기 어렵다고 판단하면 회사를 옮기게 됩니다. 스페셜리스트 지향자들의 이력서가 상대적으로 긴 것도 이 때문입니다. 직무발전에 도움이 되는 쪽으로 직장을 계속 옮긴 것입니다. 조직 내 성장을 꿈꾸는 직원들 입장에서 보면 이들은 '나그네'나 '뜨내기'입니다.

귀하가 영입한 두 임원은 학력이며 경력, 전문성이 뛰어난 이들이지만, 귀하의 회사에서 자신의 미래를 도모하려는 이들은 아닌 것 같습니다. 스페셜리스트 성향을 간직한 채 개인적 관점에서 조직과 업무를 대하는 이들일 가능성이 큽니다. 아마 기다리거나 설득해서는 큰 효과를 거두기 어려울 것입니다. 이런 태도는 쉽게 바뀌지 않기 때문입니다.

　큰 기대를 갖고 어렵게 영입한 임원들과 헤어지는 게 쉽지 않을 겁니다. 남아 있는 임직원들에게 설명하기가 부담스러울 수도 있습니다. 그렇지만 회사 안에서 조직 구성원들과 함께 꿈을 이루려는 생각이 없는 게 확인됐다면 빨리 헤어지는 게 좋습니다. 그런 다음 새로운 적임자를 찾아보세요. 자신이 원하는 것을 하려는 사람이 아니라, 회사가 필요한 일, 회사에 도움이 되는 일을 하려는 임원을 발굴하세요.

혁신을 원한다면
'내 사람'부터 버려라

●

인적쇄신

Q 전임 사장의 유고로 갑작스럽게 사장 자리를 이어받은 지 1년이 됐습니다. 이전
부터 회사에 변화가 필요하다는 생각을 갖고 있었습니다만, 1년 간 경영해보니
이대로 미래를 기대하기가 어렵다는 결론이 분명해졌습니다. 그런데 막상 혁신하겠다고
마음을 굳히고 나니, 무엇을 어떻게 할지 막막합니다. 임원들에게 아이디어를 구했지만
별다른 것을 얻지 못했습니다. 섣부르게 바꾸려다 어렵사리 안정시켜놓은 조직과 사업만
흔들어놓는 게 아닌가 걱정도 되고요. 어디서부터 어떻게 시작해야 할까요?

A 혁신하려면 무엇보다 과거의 시각에서 벗어나야 합니다. 먼저 현재 핵심 경영진
인 귀하의 측근들을 멀리 보내고 혁신의 주체를 새로 세우십시오. 그리고 그들이
임무를 완수할 수 있도록 가능한 한 모든 지원을 하십시오. 조직 전체가 새로운 환경 위에
안착할 때까지 고삐를 놓으면 안 됩니다.

사람을 바꿔야 다른 시각으로 볼 수 있다

—

기업이 혁신한다는 것은 익숙한 것과 결별한다는 것입니다. 혁신은 임직원들을 불편하게 만들기 때문에 반발을 사게 됩니다. 또 낯선 것에 적응할 때까지 많은 비용과 시간이 들어가게 됩니다. 이 때문에 경험이 많은 경영자들조차 당황할 때가 있습니다. 게다가 잘못하면 귀하가 걱정하는 대로 조직과 사업만 흔들어놓을 수도 있습니다. 그러다 간혹 조직 전체가 위험에 빠지기도 합니다. 그러므로 혁신에 철저한 사전준비가 필요합니다.

익숙한 것과 결별하는 첫 대상은 사람, 특히 '귀하의 사람'입니다. 혁신하려면 먼저 귀하의 최측근부터 바꿔야 합니다. 그동안 귀하는 주로 코드가 맞는 사람들과 일을 해왔을 겁니다. 귀하의 생각을 익히 알고 있고, 귀하의 말을 잘 따르고, 귀하가 듣기 좋아하는 말을 잘하는 임직원들이 귀하를 둘러싸고 있을 겁니다. 따라서 혁신하려면 먼저 이들부터 바꿔야 합니다. 이른바 '가신'이라고 불리는 임직원들을 다른 곳으로 보내십시오. 그렇지 않으면 혁신의 성과를 만들어내기가 어렵습니다.

일반적으로 최고경영자의 가신 그룹은 조직에서 가장 영향력이 크고 권한도 셉니다. 이들은 최고경영자와 비슷하게 생각하고 행동하는 경향이 있습니다. 유유상종이라는 말처럼 사람은 비슷한 사람들끼리

어울리니까요.

귀하의 측근들도 마찬가지일 겁니다. 애초에 비슷한 사람들이 모였을 뿐 아니라 오랫동안 같이 일하면서 생각을 나눠왔기 때문에 시각이 대체로 비슷할 겁니다. 이들은 여러 명이 있어도 한 사람이 있는 것과 큰 차이가 없습니다. 따라서 추진력은 강할지 모르지만 사안을 보는 시각은 비슷합니다. 그동안 회사 경영은 주로 이들의 시각에 영향을 받았습니다. 따라서 다른 시각으로 바라보려면 먼저 귀하의 측근부터 바꿀 필요가 있습니다.

혁신을 이끌 최적의 인재를 구하라
—

귀하와 가까운 사람들을 다른 곳으로 보내면서 동시에 할 일은 새로운 인물들을 불러들이는 일입니다. 혁신의 성공은 이 인물들이 누구냐에 달려 있습니다. 그런데 혁신을 주도할 인물을 불러들이는 것은 가신을 멀리하는 것만큼이나 어려운 결정입니다. 따라서 혁신에 착수하기 전에 최소한 누구를 중심에 두고 추진할 것인지부터 정해야 합니다.

다행히도 그 사람이 회사 안에 있다면 혁신은 쉽고 빨리 진행될 수 있습니다. 내부 임직원은 경영자의 생각뿐 아니라 조직문화를 잘 이해하고 있기 때문입니다. 혁신을 성공적으로 이루려면 조직원들의 공감대를 형성하는 게 매우 중요합니다. 내부직원은 외부 인사에 비해 이런 공감대 형성에 유리합니다.

그러나 안타깝게도 회사 안에 이런 사람이 없다면 혁신에 필요한 시간이 더 길어질 것입니다. 외부 인사가 들어와서 혁신을 추진하면 속도가 느려지고 강도도 약해질 가능성이 큽니다. 따라서 이런 문제까지 감안해 적임자를 찾아내야 합니다.

최고가 아닌 최적의 인재를 찾는 것은 언제나 어려운 일입니다. 뛰어난 인재일수록 대부분 이미 어떤 일에 매진하고 있을 가능성이 높습니다. 따라서 귀하가 그런 사람을 찾기도 어렵겠지만, 찾았다고 해서 쉽게 곁에 둘 수 있는 것이 아닙니다. 아마도 몇 번씩 만나서 비전을 제시하고 가능성을 보여줘야 할 겁니다. 그로 하여금 귀하의 진정성을 느낄 수 있도록 만들어야 합니다.

이런 과정은 귀하의 자존심을 상당히 상하게 만들지도 모릅니다. '굳이 이렇게까지 해서 데리고 와야 하나'라는 생각이 들 수도 있습니다. 그러다가 '세상에 사람은 많으니 다른 사람을 찾아보자'는 쪽으로 생각이 바뀔 수도 있습니다. 그러나 새로 찾은 사람의 적합도가 그 사람에 비해 떨어진다면 자존심이 상하더라도 다시 그를 찾아가야 합니다. 그렇게 끝까지 최적의 인재를 구해야 합니다. 어떤 사람이 맡느냐에 따라 혁신의 결과는 너무나 다를 것이기 때문입니다.

귀하의 주변에 유능한 인재가 모이고 다른 시각으로 볼 수 있는 환경이 조성됐다면 혁신은 새로운 모습을 띠기 시작할 겁니다. 새로운 구성원들이 새로운 시각으로 바라보기 시작하면 무엇이 문제이고 어떻게 해결해야 할지 아는 것은 시간문제입니다.

고지에 올라설 때까지 확신을 놓치지 말라

—

이때부터 귀하가 해야 할 일은 혁신의 주체들이 역량을 발휘할 수 있도록 업무여건을 조성해주는 겁니다. 이들의 새로운 시각은 조직 구성원들의 기존 시각과 충돌할 가능성이 큽니다. 특히 혁신이 실행에 옮겨져 임직원들에게 익숙한 것과 결별을 요구하기 시작하면 회사 내에서 불만이 터져나오게 됩니다. 일부 임직원들은 태업을 할 수도 있고, 귀하를 찾아와 직접 불만을 토로할 수도 있습니다. 아예 회사를 떠날 가능성도 있습니다.

이럴 때 귀하가 혁신에 대해 자그마한 의구심이라도 표시하면 혁신의 배는 순식간에 격랑에 휩싸이게 됩니다. 특히 귀하의 신임을 받다가 한순간 밀려난 과거의 가신그룹이 불만세력의 중심에 설 가능성도 있습니다. 귀하가 혁신에서 성공하려면 이러한 내부반발에 슬기롭게 대처해야 합니다. 혁신에 대한 반발은 불가피한 면이 있지만, 어떻게 하느냐에 따라서 반발의 강도와 기간이 많이 달라집니다.

이를 위해 가장 좋은 방법은 소통입니다. 왜 바꾸고, 무엇을 어떻게 바꾸려고 하는지를 임직원들에게 지속적으로 알리고 그들의 의견을 수렴하십시오. 그런 과정을 자주, 그리고 깊고 폭넓게 거칠수록 직원들의 반발은 줄어들고 동참자는 늘어날 겁니다.

혁신은 조직 전체가 목적지에 도달하는 것이지, 일부만 고지에 오르는 게 아닙니다. 일부만 목적지에 도달하면 혁신의 기본 목적인 성과개선을 이뤄낼 수 없습니다. 모든 부대원이 적을 몰아내고 고지를 점령해야 그 고지를 온전히 아군의 것으로 만들 수 있습니다.

특히 고지를 빼앗았더라도 적이 다시 공격할 가능성이 큽니다. 따라서 유능한 장수는 고지를 점령하면 곧바로 진지를 튼튼하게 재구축하는 작업에 들어갑니다. 병사들을 독려해가며 무너지고 부서진 참호와 진지를 다시 세우고 고칩니다. 방심이 어떤 결과를 가져오는지 잘 알고 있기 때문입니다.

혁신의 마지막 과정도 이와 같습니다. 새로운 제도와 시스템이 효율적으로 가동될 수 있도록 끊임없이 수정하고 보완해야 합니다. 임직원들이 새로운 것에 익숙해지기까지는 오랜 시간이 걸립니다. 그동안 임직원들은 끊임없이 과거 회귀의 유혹과 마주치게 됩니다. CEO는 임직원들이 이 어려움을 이겨낼 수 있도록 도와야 합니다. 임직원들에게 혁신의 필요성과 성공에 대한 확신을 심어주어야 합니다. 자신들이 선택한 것이 옳다는 믿음, 성공할 수 있다는 믿음을 갖게 만드십시오. 부디 혁신에 성공하길 바랍니다.

PART 03

100년 가는 기업, 사장에게 달려 있다

신뢰는 모든 관계의 출발입니다.
많은 임직원들이 경영자나 상사가 보내주는 신뢰 때문에
어려움을 감수하면서 열심히 맡은 일을 해냅니다.
특별히 많은 보상을 받는 것이 아닌데도
자신에 대한 보스의 신뢰와 회사의 기대에 힘을 얻어
난관을 돌파하고 성과를 만들어냅니다.
이들을 일하게 만드는 에너지는 보스의 신뢰입니다.
보스가 이들에게 신뢰를 보내는 것은 에너지를 불어넣는 일입니다.
반대로 이들에게 신뢰 표현을 하지 않는 것은
에너지 공급을 중단하는 것과 같습니다.

01

◎

일방적 메시지는
소통이 아니다

내용은 구체적으로,
소통은 필사적으로

●

직원과 소통

Q 금융 회사 CEO입니다. 지난해에 취임한 뒤 아직까지도 직원들과 소통에 어려움
을 느끼고 있습니다. 임원회의나 사보, 인터넷 게시판 등을 통해 지속적으로 경
영방침을 설명하고 있지만, 직원들은 여전히 제 뜻대로 움직이지 않습니다. 제가 언급한
내용들을 잘 모르거나 다르게 해석하는 직원들도 많습니다. 어떤 때는 임직원 모두가 제
각각 움직인다는 느낌마저 듭니다. 직원들은 왜 제 뜻을 모르는 걸까요? 제 생각을 제대
로 이해시킬 수 있는 방법은 없을까요?

A 직원들 개개인이 자신과 직접 연관된 이야기라고 느낄 수 있도록 그들의 입장에
서 최대한 구체적으로 이야기하십시오. 뜻이 제대로 전달될 때까지 몇 번이고 반
복해야 합니다. 또한 소통의 기본 전제는 신뢰이니, 경영자에 대한 직원들의 신뢰가 충분
한지도 살피시기 바랍니다.

허공으로 흩어져버리는 CEO의 말

—

많은 CEO들이 직원들과 소통에 어려움을 겪고 있습니다. 경영자 모임에 가면 '불통'에 따른 어려움을 호소하면서 소통의 기법을 배우고 싶어 하는 CEO들을 자주 접하게 됩니다. 그런데 답답한 것은 CEO뿐만이 아닙니다. 직원들도 마찬가지입니다. 어떤 직원은 이렇게 하소연하기도 합니다.

"일을 하는 것은 어렵지 않습니다. 야근이나 휴일근무도 할 수 있습니다. 그러나 보스와 대화하고, 보스의 생각을 읽는 게 너무 어렵습니다. 종종 보스의 생각이 무엇인지 잘 몰라 추측해서 업무를 처리하곤 하는데, 그럴 때마다 혹시 잘못 판단한 것은 아닐까 불안합니다. 왜 저런 이야기를 하는지 도무지 이해할 수 없는 경우도 있는데, 이럴 때는 그냥 시키는 대로 하고 맙니다. 이해도, 동의도 안 되지만 지시니까 의무감으로 하는 겁니다."

CEO와 직원 사이에 소통이 안 되는 가장 큰 이유는 직원들이 CEO의 이야기를 자신과 관련이 없다고 느끼기 때문입니다. 사람들은 자신과 관련이 있는 것만 들으려 하는 경향이 있습니다. 직원들은 CEO의 말을 몇 마디 듣다가 자신과 관련이 없다고 판단하면 이내 귀를 닫아버립니다. 한번 그런 판단을 내리고 나면 다음에 같은 이야기가 나올 경우 똑같은 행태를 보입니다. 몇 번씩 이야기해도 못 알아듣는 것도 이 때문입니다.

따라서 직원들에게 CEO의 생각이 전달되려면 CEO가 하는 말이 자신에게 직접적으로 영향을 미치는 것이라고 느끼게 해야 합니다. 기업의 비전이나 경영철학 같은 원대하고 추상적인 이야기를 할 때는 더욱 그렇습니다. 비전과 경영철학이 추상적인 이야기가 아니라 직원들의 업무나 삶과 직간접적으로 연결돼 있다는 것을 알게 해야 합니다.

흔히 경영자들은 조직운영의 원리나 원칙을 설명하면 직원들이 알아들을 것이라고 생각하는데, 이는 대부분 착각입니다. 그것만으로는 부족합니다. 그 원리나 원칙이 직원 개개인과 이런저런 식으로 연관돼 있기 때문에 이렇게 저렇게 행동해야 한다는 식으로 자세히 설명해줘야 합니다.

이때 중요한 것은 직원들의 입장에서 설명하는 것입니다. 경영자나 임원은 종종 "내가 분명히, 그리고 여러 번 이야기했는데 직원들은 듣지 못했다고 한다"며 답답해합니다. 하지만 이는 경영자들의 이야기가 직원들에게 관심을 끌지 못하고 있거나, 마음에 와 닿지 않기 때문입니다. 이야기했다는 사실 자체가 중요한 게 아니라 상대방이 이해하고 실천하는 게 중요한 것 아닙니까?

상대방이 귀와 마음을 열 때까지, 죽기 살기로!

—

GE의 전 회장이었던 잭 웰치는 "열 번 이야기하지 않았다면 이야기하지 않은 것과 다를 게 없다"고 말했습니다. 그는 "회사의 비전을 800번 이야기했더니 그제야 직원들이 알아듣더라"며 비전의 공유가 얼마나 어려운 일인지를 토로하기도 했습니다.

만약 직원들이 경영자의 말을 이해하지 못했다고 판단된다면 이해할 때까지 계속해서 말해야 합니다. '필사적 소통'이라는 말이 있습니다. 중요하다면 죽기 살기로 전력을 다해 대화하고 이해시켜야 한다는 뜻입니다. 보통 정보는 한 사람을 거칠 때마다 전달되는 양이 2분의 1로 줄어든다고 합니다. CEO가 임원에게, 임원이 중간간부에게, 중간간부가 직원에게 전달하는 시스템이라면, CEO의 이야기는 직원에게 8분의 1 정도밖에 전달되지 않는 셈이죠.

그러니 말 한 번 했다고, 이메일 한 번 보냈다고, 또는 전화통화 한 번 했다고 해서 소통이 이루어졌다고 여겨서는 안 됩니다. 소통은 상대방과 진심으로, 그리고 지속적으로 이야기하는 겁니다. 그래서 아무리 많이 해도 늘 부족합니다. 상대방이 내 뜻대로 움직이지 않거나 조직의 규율을 지키지 않고 있다면 십중팔구는 내 뜻을 모르고 있는 것이고 규율을 제대로 알지 못하는 겁니다. 상대방이 나를 무시해서 내 말을 안 따르는 경우는 많지 않습니다. 그러니 자신이 이야기했는데도 행동에 변화가 없다면 다시 구체적으로 이야기해주셔야 합니다.

그리고 가능하면 여러 명이 모인 자리에서 선언하는 것처럼 말하지 말고 개별적으로 만나 멘토처럼 이야기해보세요. 훨씬 더 효과가 있을 겁니다. 단둘이 만나면 경영자가 이야기하는 내용의 대부분이 자신과 관련돼 있음을 느낄 수 있기 때문에 직원이 경청하게 됩니다.

•• 사장의 생각

믿음을 주지 못하면 영원한 '불통' 사장

—

CEO와 직원의 소통이 잘 안 되는 이유가 또 한 가지 있습니다. 직원들이 CEO의 말을 믿지 않는 것입니다. CEO가 한 말이 현실적이지 않고 실현가능성이 높지 않으면 직원들은 그 말의 의미를 평가절하합니다. 특히 사람 자체에 대한 신뢰가 부족한 경우라면 더 말할 것도 없습니다. 보스를 믿지 못하면 보스가 무슨 말을 하더라도 믿지 않게 됩니다.

테레사 수녀의 말이 감동을 불러일으키는 것은 그 말의 내용이 아니라 그의 삶 자체 때문입니다. 그래서 사람들은 테레사 수녀가 무슨 말을 해도 이미 받아들일 준비가 돼 있습니다. 그의 말이 평범한데도 영향력이 대단한 것은 많은 이들이 그의 말 한마디를 가지고도 자신을 돌아보고 그의 삶을 따르고 싶을 만큼 테레사 수녀를 존경하기 때문입니다.

어떤 조직을 움직이고 혁신을 이뤄내려면 명분과 확신이 필요합니다. 왜 조직이 혁신을 해야 하는지, 왜 그쪽으로 가야 하는지, 왜 기존의 것을 버리고 새것을 취해야 하는지 이유가 분명해야 하고 조직 구성원들 사이에 동의가 이뤄져 있어야 합니다. 이순신 장군이 23전 23승이라는 전무후무한 전사를 쓴 것도 부하들뿐 아니라 조선의 민중들이 그를 믿고 따랐기 때문입니다.

이순신 장군은 먼저 전투에 대한 확실한 명분을 제시했습니다. '우리는 국가를 살리고 민생을 보살피기 위해 싸운다'는 점을 분명히 했습니다. 그다음엔 '선승구전(先勝求戰)' 전략을 구사했습니다. 이길 수 있는 전략을 짠 다음 수많은 '워 게임war game'을 통해 승리를 확인한 겁니다. 이 과정을 함께한 부하들은 어떤 상황에서도 이길 수 있다는 확신을 갖게 됐습니다. 이순신 장군은 이런 방식으로 자신에 대한 신뢰를 만들어냈습니다. 그를 믿게 된 병사들은 그의 말을 따르지 않을 이유가 없겠지요. 이렇게 장군과 병사가 혼연일체가 된 군대는 적은 병사, 전함과 함포 등 부실한 전투장비의 한계를 극복해낼 수 있었습니다.

직원들과 소통을 하려면 먼저 직원들의 신뢰를 만들어내야 합니다. CEO의 말이 실제 행동과 다르거나 일관성이 없다면 직원들은 순식간에 그에 대한 신뢰를 거두고 맙니다. 신뢰를 주지 못하는 CEO의 말에 선뜻 움직이는 직원은 많지 않습니다. 대부분 흘려듣거나 마지못해 수동적으로 따를 뿐입니다. 아니길 바랍니다만, 귀하도 혹시 직원들과 소통에 어려움을 겪는 이유가 신뢰에 있는 것은 아닌지 점검해보기 바랍니다. 신뢰는 모든 관계의 출발이니까요.

신뢰는 표현할 때
힘이 생긴다

•

신뢰관계 유지

Q 최근 핵심간부 둘이 회사를 떠났습니다. 저와 오래 함께 일하면서 회사의 비전을 공유해온 이들입니다. 믿는 만큼 주요 업무를 맡기며 자율성을 보장해줬고, 두 사람은 기대 이상의 성과를 만들어내곤 했습니다. 그런데 최근 그들은 회사의 핵심논의 구조에서 약간 빠져 있었습니다. 그들이 현재 맡은 업무가 독립적이어서 함께 논의할 것이 많지 않았기 때문입니다. 그런데 이들의 퇴사 이유가 "회사에서 미래를 보기 어렵고, 사장이 신뢰하지 않아서"라고 합니다. 제 마음을 누구보다 잘 아는 이들이라고 여겼는데 당혹스럽습니다. 제가 무엇을 놓친 걸까요?

A 경영자들은 자신이 신뢰하는 임직원일수록 '이심전심'으로 통하려니 생각하고 말을 아끼곤 합니다. 하지만 임직원들은 자신의 업무나 입지가 바뀌었을 때 경영자와 똑같은 입장에서 자신의 변화를 해석하기 어렵습니다. 임직원과 신뢰관계를 유지하려면 항상 적극적으로 신뢰를 표현해야 함을 기억하십시오.

"이렇게 믿고 있는데, 섭섭해서 떠난다고?"

—

경영자들에게 믿었던 직원이 다른 길을 갈 때만큼 낭패감이 들 때도 없을 겁니다. 종종 신뢰했던 임직원이 회사를 떠나거나 경쟁회사로 옮겨가면서 낙담하고 실의에 빠지는 경영자들을 접하게 됩니다. 이들 중 일부는 심한 배신감 때문에 한동안 잠을 못 이루기도 합니다. 심지어 경영의욕을 잃고 업무에서 손을 놓는 경영자들도 있습니다. 그만큼 마음을 줬던 임직원의 이탈은 경영자들에게 충격으로 다가옵니다.

핵심간부의 이탈로 힘들어하는 경영자들을 만나보면 대개 비슷한 상황에 처해 있습니다. 상처를 남기고 떠난 임직원들은 오랫동안 함께 일하면서 회사의 비전은 물론 핵심현안을 공유해왔습니다. 능력이 뛰어나고 성과도 좋았습니다. 그래서 경영자는 이들을 주요 보직에 배치해 핵심업무를 맡겨왔습니다. 또 이들의 노고를 인정하는 만큼 승진과 보상에서도 배려를 잊지 않았습니다.

그런데 언제부터, 무엇 때문에 문제가 생긴 것일까요? 그 역시 대부분 똑같았습니다. 그들이 한직에 배치되면서 자연스럽게 핵심논의구조에서 빠졌기 때문입니다. 물론 경영자가 일부러 그런 것은 아닙니다. 경영의 흐름상 어쩔 수 없이 그렇게 된 겁니다. 경영자들은 이들이 오랫동안 함께 일해왔으니 누구보다 자신과 회사의 사정을 잘 알고 있을 거라고 생각했습니다. 그래서 이런 변화를 이해할 것으로 믿고 그들에게 특별한 설명을 하지 않았습니다. 그런데 갑자기 이들은 떠나버립니다. 자신에 대한 경영자의 태도를 섭섭하게 여긴 나머지 새 길을 찾아야겠다고 결심한 거지요.

경영자로서 이해하기 어려운 일입니다. 그들에 대한 믿음을 거둔 적도 없고 경영상 필요 때문에 일시적으로 취한 조처일 뿐이었지요. 물론 여건이 조성되면 그들에게 다시 주요 보직과 업무를 맡길 생각이었고요. 그런데 믿었던 그들이 떠난다니, '그렇게 오랫동안 함께했는데 나를 그렇게도 모르나'라는 생각이 듭니다.

'이심전심'을 기대하지 말라

—

하지만 이는 경영자의 입장일 뿐입니다. 해당 간부의 입장에서 보면 사정은 전혀 달라집니다.

그는 잘나가고 있었는데 하루아침에 한직으로 밀려났습니다. 경영진과 늘 머리를 맞대고 회사의 미래를 논의하고 현안을 처리해왔는데 어느 순간 특정업무만 담당하도록 역할이 한정됐습니다. 지금껏 회사의 중심에 서서 주인의식을 갖고 일했는데 한순간에 변방으로 밀려난 것입니다. 소외감을 심하게 느낄 수밖에 없습니다. 그런데 믿었던 경영자는 아무런 말도 없습니다. 주연에서 갑자기 조연으로 역할과 위치가 바뀌었는데, 언제, 어떻게 다시 주연으로 돌아갈지 알 수 없는 상태입니다.

물론 그가 상황을 이해할 수도 있을 겁니다. 그러나 쉽게 동의하기 어려울 것입니다. 그들은 경영자가 자신을 불러 상황을 설명해줄 것을 기대합니다. 그런데 기다리고 또 기다려도 아무런 말이 없자 결국 경영진의 생각이 바뀐 것이라고 결론을 내리게 됩니다. 설령 경영자의 생각이 바뀌지 않았더라도 회사의 경영 흐름상 자신이 핵심에서 빠진 상황이 쉽게 변하지 않을 것 같다고 판단할 수도 있습니다. 다시 중심에 복귀할 때를 기다리면서 이곳에 남아 있느니 자신을 더 높이 평가해주는 곳으로 옮기는 게 좋겠다고 판단하는 것입니다. 만약 그들이 큰 뜻을 품고 있다면 더욱 그랬을 가능성이 큽니다.

많은 CEO와 경영진들이 착각을 합니다. 오랫동안 같이 일했고 신뢰관계를 맺어온 동료나 부하직원은 굳이 설명하지 않아도 자신의 심정을 다 이해해줄 것이라고 여기는 것입니다. 그래서 다른 사람에게는 자세히 설명하고 동의를 구하면서도, 이들에게는 간단히 이야기하고 그치거나 아예 생략해버립니다. 같은 생각에서 이들을 한직에 보내기도 하고, 핵심논의구조에서 빼기도 하고, 심지어 승진에서 누락시키기도 합니다. 다른 직원을 위해 양보를 요구하는 것이죠.

보스의 신뢰표현이 에너지를 불어넣는다

—

그러나 사람은 작은 성공으로 살아갑니다. 몇 년 만에 한 번 이루는 큰 성과만을 바라보면서 사는 사람은 그리 많지 않습니다. 자주 이뤄내는 사소한 성공경험이 삶의 에너지가 되는 것이지, 몇 년, 몇 십 년에 한 번씩 만들어내는 거대한 성과가 삶의 원동력이 되는 것은 아닙니다.

신뢰도 마찬가지입니다. 가끔 한 번씩 표현되는 신뢰로 부하직원과 깊은 관계를 유지할 수 있다고 생각하지 마십시오. 신뢰관계는 이심전심으로 유지되는 것이 아닙니다. 상사와 부하 사이의 신뢰도 연인들의 애정처럼 수시로 확인하지 않으면 열기가 식고 맙니다. '오랫동안 함께 일했으니 회사의 사정과 내 심정을 잘 알 것'이라고 생각해 부하에 대한 신뢰를 표시하지 않으면 관계에 금이 가는 것은 시간문제입니다.

믿는 부하 직원일수록 '내가 당신을 믿고 있다'는 신호를 더 자주, 더 강하게 보내야 합니다. 물론 혼자 보내기만 하면 되는 것이 아니니, 상대방이 그 신뢰의 표현을 꼭 알아채고 느낄 수 있도록 해야 합니다.

방법은 다양할 것입니다. 가장 좋은 방법은 자주 만나서 이야기하는 겁니다. 부하직원의 상황을 묻고 이야기를 들어주고 고충을 해결해주는 것입니다. 시간이 부족하다면 전화로, 이메일로 신뢰를 표현하십시오. 그것도 어렵다면 잠깐 마주칠 때 눈길로라도 마음을 전하십시오. 상대방이 신뢰를 느낄 수만 있다면 시간과 장소, 방법은 큰 문제가 안 됩니다.

많은 임직원들이 경영자나 상사가 보내주는 신뢰 때문에 어려움을 감수하면서 열심히 맡은 일을 해냅니다. 특별히 많은 보상을 받는 것이 아닌데도 자신에 대한 보스의 신뢰와 회사의 기대에 힘을 얻어 난관을 돌파하고 성과를 만들어냅니다. 이들을 일하게 만드는 에너지는 보스의 신뢰입니다. 보스가 이들에게 신뢰를 보내는 것은 에너지를 불어넣는 일입니다. 반대로 이들에게 신뢰 표현을 하지 않는 것은 에너지 공급을 중단하는 것과 같습니다.

시스템 개선이 효과를
못 거두는 이유

•

직원교육

Q 글로벌 기업으로 도약하기 위해 회사의 조직과 업무 시스템을 전환했습니다. 이를 토대로 대규모 인사도 실행했습니다. 그런데 시행한 지 반 년이 지났지만 새롭게 꾸려진 조직과 업무 시스템은 잘 작동되지 않고 있습니다. 직원들의 상당수는 여전히 이전 방식대로 업무를 처리합니다. 이번 개편은 유능한 직원들로 구성된 TFT가 많은 연구조사를 토대로 추진한 것입니다. 임원회의에서도 충분히 논의했고 직원들을 모아놓고 설명도 했습니다. 그런데도 직원이 바뀌지 않는 이유가 무엇일까요?

A 왜 조직과 시스템을 바꿨는지, 직원들은 어떻게 해야 하는지를 중심으로 새로운 시스템에 대해 직원교육을 실시하십시오. 집중도를 높이려면 CEO나 경영진이 직접 나서는 것이 좋습니다. 부서별로 혹은 직급이나 직무별로 대상자를 세분해서 구체적이고 꼼꼼한 교육훈련을 지속한다면 머지않아 새로운 시스템이 작동하기 시작할 것입니다.

사내공고와 설명회로는 충분치 않다

—

회사의 미래를 걸고 일대 전환을 시도했는데 직원들이 꿈쩍도 하지 않는다면 그런 낭패가 또 없겠지요. 간혹 경영진이 야심차게 시작한 시스템 개선 작업이 별다른 이유도 없이 성과를 거두지 못하고 흐지부지되는 경우를 보게 됩니다. 왜 직원들은 전보다 더 합리적이고 효율적인 업무시스템을 따르지 않는 것일까요?

새로운 업무 시스템에 치명적인 결함이 없는 한, 이는 대부분 교육이 부족해서 생기는 문제입니다. 조직과 업무시스템의 갑작스러운 변화는 직원들을 혼란스럽게 합니다. 익숙한 것을 버리고 새것을 받아들이는 일은 생각보다 어렵습니다. 그러니 직원들을 새로운 시스템에 적응하게 만들려면 왜 조직과 시스템을 바꿔야 하는지, 그렇게 해서 얻으려고 하는 것은 무엇인지, 본인과 다른 직원들의 역할은 어떻게 달라지는지, 그리고 본인은 어떻게 움직여야 하는지를 자세히 알려줘야 합니다.

이를 위해서는 체계적 교육이 필요합니다. 구체적이고도 반복적인 교육훈련이 이뤄져야 합니다. 바뀐 것을 단순히 설명한다고 해서 직원들의 업무방식이 뚝딱 바뀌지는 않습니다. 이전의 시스템에 익숙한 직원들은 새로운 업무방식에 따라 일하다가도 조금만 문제가 생기면 쉽게 과거의 방식으로 돌아가곤 합니다. 그래서 새로운 시스템에 완전히 익숙해질 때까지 지속적 교육과 반복적 훈련을 해야 합니다.

그런데도 많은 경영자들이 이 과정의 중요성을 간과합니다. 경영진이 모여 논의하고 TFT를 가동하고 직원들에게 공식적으로 발표하는 것으로 충분하다고 생각합니다. 그 정도면 직원들이 이해했을 것이라고 여깁니다. 그러나 이는 경영자들의 생각일 뿐입니다. 종종 경영진은 자신들끼리 논의한 것을 회사 직원들이 모두 함께 논의한 것으로 착각하곤 하지요. 경영진이 모여 아무리 많은 이야기를 나누었어도 그것은 그 자리에 모인 사람들만 아는 이야기일 뿐입니다. 직원들이 모두 그 자리에 있었던 것은 아니니까요. 또 부서장이나 간부에게 어떤 일에 대해 설명하면 그 내용이 모든 직원들에게 전달될 것이라고 생각하는 경향이 있는데 이 역시 명백한 착각입니다.

귀하의 회사에서도 조직과 시스템 개편 뒤 꼭 해야 할 직원교육을 빠뜨린 것 같군요. 직원들은 십중팔구 아직까지도 상황을 온전히 이해하지 못하고 있을 겁니다. 왜 회사가 시스템을 바꿨고, 무엇을 얻으려고 하는지 잘 알지 못한 채 바뀐 상황에 끌려가는 직원들이 적지 않을 겁니다. 상당수 직원들이 어떻게 행동해야 하는지 몰라 당황하고 있을지도 모릅니다.

꼼꼼한 직원교육이 시스템을 안착시킨다

—

따라서 지금이라도 업무와 관련해 '과거에 저렇게 했다면 이제는 이렇게 해야 한다'고 구체적으로 가르쳐줘야 합니다. 이미 공지된 내용들이라 해도, 필요하다면 별도의 업무 매뉴얼을 만들어 알아보기 쉽게 정리해주세요. 바뀐 조직과 제도는 직원들에게 새로운 텔레비전과 같은 느낌으로 다가옵니다. 새 텔레비전의 조작방법을 스스로 파악하려면 많은 시간이 걸립니다. 하지만 매뉴얼이 있거나 조작 방법을 잘 아는 누군가가 설명해준다면 훨씬 수월할 것입니다.

이러한 직원교육이 효과를 거두려면 몇 가지 염두에 둬야 할 것이 있습니다.

첫째, 직원들의 직무가 바뀔 때마다 반드시 교육을 하십시오. 아무리 사소한 직무의 변화라 하더라도 교육훈련을 받은 직원과 그렇지 못한 직원은 업무 적응도에서 큰 차이가 납니다. 새로 맡은 직무의 특성, 본인의 역할에 대한 조직의 기대를 아는 직원은 그렇지 않은 직원과 전혀 다르게 처신합니다. 특히 직무변화의 정도가 크면 교육시간도 늘어나야 하고 강도도 세져야 합니다. 새로 입사하는 직원과 옆 부서로 옮겨가는 직원, 같은 부서에서 직무가 달라진 직원을 동일한 시간과 강도로 교육하면 안 됩니다.

둘째, 교육은 빠를수록 좋습니다. 늦어도 직무가 변경된 뒤 3개월 안에 해야 효과를 거둘 수 있습니다. 이때가 직원들이 새로운 업무환경과 역할을 이해하고 적응하는 시기이기 때문입니다. 사람은 일정한 시간이 지나면 업무를 처리하는 방식을 익히면서 습관이 생깁니다. 한번 잘못된 습관이 붙으면 고치는 데 많은 시간과 비용이 들지요. 따라서 가능하면 새로운 습관이 형성되기 전에 교육해야 합니다.

셋째, 교육은 가능하면 조직의 핵심인사들이 맡아야 합니다. 내용을 가장 잘 알고 있는 사람이 맡되, 사안이 중요할수록 고위인사가 나서야 합니다. 할 수 있다면 경영진이 맡으세요. CEO가 직접 나서는 것이 가장 좋습니다. 전달하려는 메시지에 힘이 실리면서 교육 대상자들의 집중도가 높아집니다. 일반적으로 정보는 한 사람을 거칠 때마다 절반씩 전달량이 줄어듭니다. 글로벌 기업의 CEO들이 새로운 사안이 있을 때마다 이메일이나 동영상을 통해서라도 직접 직원들에게 설명하는 것은 이 때문입니다. 경영자들이 직접 직원들을 만나 자신의 생각을 전달한다면 정보부족과 왜곡을 큰 폭으로 줄일 수 있습니다. 게다가 이런 교육의 자리는 경영진이 직원들의 의견을 들을 수 있는 좋은 소통의 기회가 되기도 합니다.

넷째, 교육은 대상자의 동질성이 강할수록 효과가 있습니다. 직원들은 각자 처한 상황이 다릅니다. 연령이나 성별, 직급과 직책에 따라 사안을 바라보는 시각도 달라지게 마련입니다. 그런 만큼 교육 대상자의 폭이 넓으면 교육내용도 포괄적일 수밖에 없습니다. 개론교육에 그칠 가능성이 크다는 겁니다. 따라서 교육 대상자의 폭을 최대한 좁혀야 합니다. 경험과 지식이 비슷하고 고민이 같은 이들끼리 모아 그들의 시각에 맞게끔 접근하면 공감대를 형성하기도 쉽고 교육효과도 큽니다.

마지막으로 한 가지 덧붙이고 싶은 것은 교육훈련은 복리후생이 아니라는 점입니다. 일부 경영자들은 교육훈련을 직원들에 대한 배려라고 생각합니다. 그러나 교육훈련은 직원에게 혜택을 주기 위해 하는 일이 아닙니다. 기본적으로 기업이 성과를 만들기 위해, 더 좋은 성과를 거두기 위해 실행하는 경영활동입니다. 조직에 변화가 생길 때, 직무가

●● 사장의 생각

바뀔 때, 직원들이 얼마나 빠르고 올바르게 적응하는가에 따라 조직의 성과가 달라집니다. 성과를 끌어올리려면 변화한 환경과 새로운 직무에 적응하도록 세심하게 배려하는 것이 당연합니다.

문제직원을 내보내면
문제가 사라질까?

●

문제직원 면담

Q 직원 300명 정도의 문구류 회사 사장입니다. 얼마 전 조직을 개편해 해외시장에
역량을 집중하고 있습니다만, 몇몇 직원이 분위기를 흐려 걱정입니다. 그들은 매
사에 부정적인 자세를 보이며 만나는 사람마다 회사 상황을 매우 나쁘게 말합니다. 부서
장들이 주의를 줘도 아랑곳하지 않습니다. 그들 때문에 업무에 몰입하기 어렵다고 하소
연하는 직원들도 나오고 있습니다. 제 발로 회사를 나가주면 좋겠는데 그럴 것 같지 않습
니다. 업무능력이 영 떨어지는 것도 아니어서 내보내려 해도 명분이 부족합니다. 이들을
어떻게 처리해야 할까요?

A 문제직원이 생겨나는 이유는 대개 소통의 왜곡과 단절에 있습니다. 부서 책임자
가 해당 직원과 정식 면담을 통해 소통을 재개하도록 하십시오. 면담은 기본적으
로 직원에 대한 이해와 배려 속에 진행해야 합니다. 두루뭉술한 격려나 회유가 아닌, 구체
적이고 체계적인 면담을 최소 세 번은 하십시오.

'내보낼 수도 없고, 그냥 놔둘 수도 없고!'

—

문제직원을 어떻게 처리할 것인가. 참 고민스러운 주제입니다. 연륜이 쌓인 CEO에게도 이는 간단한 문제가 아닙니다. 영업하고 기술개발 하는 일과 달리 사람을 다루는 문제이기에 그럴 수밖에 없습니다. 일부 기업은 노무사 등과 계약을 맺어 이 문제만 전담 컨설팅을 받고 있을 정도입니다.

혹시 수백수천 명이 일하는 회사에서 직원 몇 명이 뭐 그리 큰 문제냐고 반문하는 분이 있을지 모르겠습니다. 제 발로 나가게 하든가, 해고를 하든가, 어떻게든 내보낼 방법을 찾으면 그만 아니냐는 것이지요. 물론 문제를 일으킨 직원을 내보내는 게 불가능한 것은 아닙니다. 번거롭고 불편하긴 하지만 문제를 일으켰기 때문에 내보낼 수 있습니다. 그러나 이렇게 밀어낸 직원은 결국 회사의 '골치 아픈 적'으로 남게 되고 두고두고 회사의 부담이 됩니다. 한국의 독특한 법체계와 사회문화에서 더욱 그렇습니다. 그래서 직원을 내보내는 과정이 폭력적인 회사치고 회사의 브랜드가 좋은 기업이 없습니다.

그럼 그대로 놔둔 채 지켜보는 것은 어떨까요? 조직이 방향을 잘 잡아 제 갈 길을 가면 구성원들은 저절로 따라오게 될까요? 그렇지 않습니다. 중국 고전《한비자》에 이런 말이 있습니다.

"천 길 높이의 둑이 무너지는 것은 개미나 땅강아지의 조그마한 구멍 때문이며, 백 척 높이의 으리으리한 집도 아궁이의 작은 불씨 하나로 인해 잿더미가 된다."

단 한두 명의 문제직원이라도 방치하면 조직에 혼란을 불러오고 끝내 심각한 폐해를 낳게 됩니다. 따라서 문제직원이 생겨나지 않도록 하는 것이 가장 좋지만, 누군가가 문제직원으로 떠올랐다면 가능한 한 빨리, 최선을 다해 해법을 찾아야 합니다.

그들은 왜 골칫덩이가 되었나
—

해법을 찾으려면 일단 문제직원이 생겨나는 이유를 알아야 합니다. 조직에서 문제직원이 발생하는 경로는 다양합니다. 그러나 원인을 찾아보면 대개 소통의 왜곡과 단절이 문제를 만들어낸 것을 알 수 있습니다. 사람들은 스스로 자기 자신에 대해 안다고 여기지만 실제로 그렇지 못한 경우가 대부분입니다. 자신에 대해서는 객관적인 눈으로 바라보기 어렵기 때문이지요. 그래서 사람들은 대체로 자신의 행동을 긍정합니다. 다른 이들 눈에 문제가 있어도 본인은 느끼지 못하는 것입니다. 이때 필요한 것은 객관적이고 냉정한 평가입니다. 상당수의 문제직원들은 다른 사람으로부터 "당신의 행동은 옳지 않으며, 조직에서 많은 문제를 야기하고 있다"는 이야기를 듣는 것만으로도 자신의 언행을 고칩니다. 그제야 스스로의 행동이 옳지 않았음을 깨닫는 겁니다.

이때 중요한 것은 직원이 문제제기를 이해하고 개선방안에 동의하도록 하는 것입니다. 기업에서 문제직원으로 부각된 이들은 대부분 자존감이 매우 강합니다. 입사 초기에 스마트하고 적극적이어서 선배나 동료들로부터 주목받던 직원들입니다. 그대로 잘 성장했더라면 조직의 중심에 서 있을 가능성이 큰 사람들이지요. 그런데 어떤 일을 계기로 생각이 바뀌게 됐고, 시간이 흐를수록 조직적 관점에서 멀어져 결국은 부담스러운 존재로, 조직의 '골칫덩이'로 낙인찍히고 만 것입니다. 주류에서 밀려난 이들은 자신의 행동을 정당화하는 논리구조를 갖추게 됩니다. 또 비슷한 상황에 놓인 직원들끼리 모여 불만세력을 형성하게 됩니다. 따라서 이들의 문제를 해결하려면 조직 차원에서의 소통재개가 급선무입니다.

막힌 소통의 통로를 뚫으려면
—

문제직원과 소통을 정상화하려면 먼저 회사의 비전과 최고경영자의 경영철학을 비롯해 회사의 현 상황과 경영전략, 조직운영 원칙 등에 관한 충분한 정보를 제공해야 합니다. 아울러 본인의 행동이 조직에 어떤 영향을 미치고 있고 조직 구성원들에게 어떻게 비춰지고 있는지, 또 어떻게 바꿨으면 좋겠고 바꾸지 않을 경우 어떤 조처가 따를 것인지를 분명하게 이야기해줘야 합니다.

이것은 해당부서의 책임자가 직접 담당해야 합니다. 또한 정식 면담을 통해 직접 소통을 시도하는 게 좋습니다. 그런데 조직의 책임자들은 종종 문제직원과 면담을 피합니다. 부하 직원을 통해 간접적으로 전달하거나, 술자리나 회의 자리에서 두루뭉술하게 이야기하고 넘어가려 합니다. 그만큼 불편하고 부담스럽기 때문이겠지요. 그러나 이런 식의 소통으로는 그동안의 단절과 왜곡을 치유하기 어렵습니다. '나는 이야기했지만 상대방은 들은 적이 없는' 이상한 소통이 계속될 뿐입니다. 이런 식의 하나마나한 소통이 되지 않으려면 조직의 책임자가 직접 나서서 분명하게 이야기하고 단호한 의지를 보여줘야만 합니다.

또 한 가지 중요한 점은 문제직원이 면담 상대에게 호감을 느낄 수 있어야 한다는 것입니다. 우리는 어떤 사람의 말이 자신을 아끼고 배려하기 위함인지, 아니면 탓하고 밀어내기 위함인지 금방 알 수 있습니다. 문제직원의 경우도 상사가 진심으로 자신을 위해서 하는 말이라고 느낀다면 마음의 문을 열고 지적과 충고를 받아들일 가능성이 높습니다.

문제는 면담에 임하는 상사들이 대부분 이런 직원에 대해 호의적 감정을 갖고 있지 않다는 데 있습니다. 억지로 웃음을 띠고 그들을 배려하는 제스처를 취해본들, 자신을 부정적으로 바라보는 상사의 눈빛을 보는 순간 부하직원의 마음은 닫혀버립니다. 이런 상황에서 상사가 무슨 말을 하든 그에겐 '쇠귀에 경 읽기'가 되고 맙니다. 그러니 상사부터 면담의 목적을 제대로 이해하고 자신의 태도를 추슬러야 합니다. 먼저 마음을 열고 그의 입장을 헤아려주어야 합니다. 문제직원과 면담은 결코 원망하고 문책하기 위한 것이 아니라, 그와 소통하고 문제를 개선하기 위한 것임을 잊지 마십시오.

끝을 볼 때까지 소통을 멈추지 마라

—

그렇다면 면담은 몇 번이나 해야 할까요? 결론부터 말하면 끝을 볼 때까지, 즉 문제가 완전히 해결될 때까지 계속해야 합니다. 글로벌 기업 인사담당자의 말을 들어보면 일반적으로 세 번 정도 면담이 진행되면 문제 직원의 80~90퍼센트가 상사의 뜻대로 태도를 바꾸거나 회사를 떠난다고 합니다. 따라서 적어도 세 번은 진지하고 솔직한 면담을 진행해야 합니다.

물론 세 번으로 문제가 해결되지 않을 수 있습니다. 일부 직원들은 자신에 대한 조직의 판단에 동의하지 않고, 도리어 조직에 문제가 있다고 말합니다. "변해야 할 것은 내가 아니라 조직"이라고 역설합니다. 이럴 경우 해법을 찾기가 참 어렵습니다. 그러나 아무리 어렵더라도 대화를 이어나가십시오. 이야기하고 또 이야기해서 작은 공감대라도 만들어나가야 합니다.

면담은 매우 구체적이고 체계적이어야 합니다. 먼저 보스의 문제제기에 대한 직원의 동의를 이끌어내야 합니다. 그리고 동의가 이뤄지면 개선방안에 대한 계획을 세운 뒤 이를 문서화하는 것이 좋습니다. 이때 직원 스스로 문서를 작성하도록 하세요. 그리고 일정 기간 뒤 계획이 잘 시행되고 있는지 점검해보세요. 이런 식으로 면담이 진행되면 그는 점차 조직이 원하는 쪽으로 자세를 바꾸게 될 겁니다. 만약 본인이 계획을 세웠는데도 이를 지키지 않았다면 그 이유를 확인하고 다시 계획을 수립하세요. 계속해서 약속을 지키지 않고 계획을 이행하지 않는다면, 면담 때 알려줬던 조처를 단계적으로 취해나가십시오.

문제직원과 소통은 힘들고 어려운 일입니다. 그러나 이를 피해 갈 수 있는 방법은 없습니다. 소통중단 상태가 장기화되면 조직의 부담은 감당할 수 없을 만큼 커집니다. 그러니 더 늦기 전에 진지하고 호의적인 면담을 시작하십시오.

창업 오너는 스승이자
동료이자 친구다

•

오너와 관계

Q 창업 대주주가 회장으로 있는 중견기업에서 사장으로 일하기 시작했습니다. 입
사 전에 만나본 회장은 까다롭긴 하지만 의욕적이고 안목이 있는 분이었습니다.
그런데 입사를 결정할 무렵 제 가까운 지인들 사이에서 우려의 목소리가 많았습니다. 시
스템이 잘 갖춰진 선발 대기업에서 임원으로 근무한 제가 중견기업의 오너 밑에서, 그것
도 제대로 된 경영경험도 없이 경영책임을 맡으면 실패할 가능성이 크다는 것이었습니
다. 좋은 경험이 될 것 같아서 제안을 받아들였지만 내심 걱정은 되는군요. 조언을 부탁드
립니다.

A 창업 오너와 함께 일하기란 쉬운 일만은 아닙니다. 그러나 그의 입장과 관점을
이해하고 적극적으로 그의 눈높이에 맞추려 노력한다면 다른 어느 곳에서도 받
을 수 없는 훌륭한 경영수업을 받을 수 있습니다. 먼저 그의 신뢰를 얻고, 다음은 그의 친
구가 되십시오.

오너는 쉽게 만족하지 않는다

—

회사를 창업해 일정한 수준까지 일군 창업 오너와 함께 일한다는 것은 기회이기도 하고 위기이기도 합니다. 창업 오너들은 풍부한 경영경험을 갖고 있는 훌륭한 스승입니다. 이런 스승 밑에서 경영책임자로 일하는 것은 창업 오너로부터 경영과외를 받는 것과 같습니다. 현장실습을 통해서 창업 오너의 노하우를 접할 수 있는 기회는 아무에게나 주어지는 게 아니지요. 이런 면에서 귀하는 행운이라고 볼 수도 있습니다.

창업 오너들은 맨손으로 온갖 역경을 겪어가면서 사업을 일구고 회사를 키운 백전노장들입니다. 그래서 자신의 사업과 조직운영 방식에 대해 강한 확신을 갖고 있습니다. 자신의 판단력을 철저히 믿는 높은 자존감의 소유자들입니다.

이런 확신이나 자존감은 경영자에게 꼭 필요한 요소입니다. 그러나 일부 창업 오너들은 자존감이 지나쳐서 자신만의 성에 갇히는 바람에 시야가 좁고 독선적 성향을 보이기도 합니다. 전문경영인들이 종종 창업 오너와 관계설정에 실패해 일도 해보지 못하고 파국을 맞는 것은 창업 오너들의 이런 성향을 간과했기 때문입니다. 따라서 전문경영인이 성과를 거두려면 먼저 창업 오너의 성향이나 특성을 잘 파악해야 합니다.

전문경영인과 창업 오너의 관계가 소원해지는 주요 요인 중 하나는 창업 오너의 눈에 전문경영인의 주인의식이 부족해 보이는 것 때문입니다. 창업 오너들은 대부분 워커홀릭 성향을 보입니다. 그들에겐 일이 취미이고 회사에 출근하는 게 쉬는 겁니다. 창업 오너 중 따로 휴가를 떠나지 않는 이들이 많은 것도 이 때문입니다. 그들로서는 회사와 사업에 자신의 모든 것을 쏟아 붓는 것이 너무도 당연합니다. 그렇게 함으로써 그동안 치열한 경쟁에서 살아남았기 때문입니다.

이에 반해 전문경영인들은 상대적으로 일과 삶을 구분하려 합니다. 일이 삶의 전부가 아닌 데다 자기 회사나 자기 사업도 아니어서 일정하게 일과 삶의 균형을 유지하고 싶어 합니다. 게다가 전문경영인을 영입할 정도의 회사라면 사업과 조직이 어느 정도 안정돼 있습니다. 전문경영인이 죽기 살기로 매달리지 않아도 회사는 굴러간다는 뜻이지요.

그러나 창업 오너의 눈에 이런 전문경영인의 모습은 불만스럽고 불안하기만 합니다. 창업오너들은 대개 회사의 현재 상황에 만족하지 않습니다. 이들은 눈높이가 상당히 높고, 사업을 키우고 회사를 성장시키려는 열망이 가슴속에 가득합니다. 전문경영인을 영입한 것도 쉬고 싶거나 성장속도를 늦추기 위해서가 아니라 오히려 그 반대입니다. 성취에 대한 '욕구 불만'이 가득한 창업 오너에게 전문경영인의 일하는 모습은 자칫하면 자기 회사가 아니기 때문에 전력을 다하지 않는 것으로 보일 수 있습니다.

따라서 전문경영인은 창업 오너의 눈높이를 파악해둘 필요가 있습니다. 그가 현재의 상황에 만족하는지, 단기성과를 얼마나 기대하고 있는지, 중장기적 방향은 무엇이고 어떤 계획을 갖고 있는지를 알아야 합니다. 그래야 자신과 조직에 대한 창업 오너의 평가를 가늠할 수 있습니다.

신뢰를 얻을 때까지는 2인자임을 기억하라

창업 오너와 전문경영인의 두 번째 갈등 원인은 신뢰부족입니다. 전문경영인은 자신을 믿기 때문에 경영책임을 맡긴 것이라고 판단해 처음부터 독자적으로 의사결정을 하려고 합니다. 창업 오너도 겉으로는 "회사를 책임지고 경영하라"고 말합니다.

그러나 이 말을 액면 그대로 믿으면 문제가 됩니다. 창업 오너는 전문경영인이 가진 능력과 자질에서 가능성을 본 것이지, 아직 아무것도 확인하지 못했기 때문에 완전히 믿지 않고 있습니다. 경영을 맡기긴 했지만, 회사를 잘 이끌 수 있을지 계속 지켜보고 있는 것입니다. 가능성이 신뢰로 이어지려면 상당한 시간이 필요합니다.

그러니 창업 오너의 "소신껏 하라"는 말은 덕담으로 들으십시오. 신뢰가 구축되기 전까지 주요한 의사결정은 사전에 그와 협의하는 것이 좋습니다. 사실상 공동경영의 관점에서 창업 오너와 자주 의견을 나누세요. 이때 중요한 것이 정보공유입니다. 신뢰는 정보공유에서 시작됩니다. 만약 전문경영인이 창업 오너와 정보공유를 소홀히 하면 창업 오너는 금방 의구심을 갖게 될 겁니다.

쉽게 말해 전문경영인은 창업 오너를 '모시고' 일하고 있으며, 자신은 '2인자'라고 생각하는 게 좋습니다. 어느 조직이나 2인자는 참 어려운 자리입니다. 권한이 있지만 없고, 책임이 없지만 있는 게 2인자입니다. 창업 오너가 회사를 믿고 맡길 수 있는 '내 사람'으로 여길 때까지 전문경영인은 그와 코드를 맞추는 노력을 계속해야 합니다.

그의 짐을 나누어 질 친구가 되라
—

마지막으로 전문경영인은 창업 오너와 동료가 되고 친구가 돼야 합니다. 경영자들이 대개 그렇지만 특히 창업 오너들은 외롭습니다. 일과 회사만 생각하고 살아왔기 때문에 업무상 관계를 맺고 있는 사람들 외에 친구가 많지 않습니다. 그들에겐 일이 죽마고우이고 임원이나 간부들이 친한 친구들입니다.

이에 반해 임직원들은 창업 오너를 절대 친구라고 생각하지 않습니다. 그도 그럴 것이, 창업 오너는 매우 친근하게 다가오다가도 어느 순간 냉정해지는 두 얼굴의 소유자니까요. 자리의 특성상 어쩔 수 없다는 것은 알지만 그런 존재와 마음을 터놓고 이야기하기란 쉽지 않습니다.

전문경영인 역시 사정이 다르지 않습니다. 창업 오너와 아무리 신뢰 관계가 형성돼 있다 하더라도 업무상 만난 관계여서 가깝게 다가가기 어렵습니다. 그래서 "중요한 것은 성과이니, 가깝게 지내지 않아도 성과만 잘 내면 되는 것 아니냐"고 말하는 전문경영인도 있습니다. 내 방식대로 해서 성과가 좋으면 창업 오너도 인정할 것이라는 얘깁니다. 이 것은 창업 오너를 마치 경영을 같이하는 '전략적 투자자'가 아니라 자금만 대고 성과를 나누는 '재무적 투자자'인 것처럼 대하는 것입니다.

이렇게 생각하는 전문경영인들은 회사를 독립적으로 경영하면서 창업 오너와 일정한 거리를 두고 싶어 합니다.

그러나 창업 오너는 전문경영인에게 단순히 성과만을 기대하지 않습니다. 성과는 기본이고 나아가 경영 전반은 물론 인간과 세상에 관한 모든 생각을 나누고 싶어 합니다. 창업 오너가 회사에 전문경영인을 두는 것은 짐을 나눠 지고 싶기 때문인데, 그 짐은 성과만이 아닙니다.

따라서 전문경영인은 창업 오너가 마음을 터놓을 수 있는 친구가 되도록 노력할 필요가 있습니다. 많은 창업 오너들이 전문경영인과 시간을 함께 보내길 원합니다. 외롭기 때문이지요. 이런 창업 오너의 말벗이 될 수 있다면 전문경영인의 사내 입지는 한층 탄탄해질 겁니다.

이야기해놓고 보니 창업 오너 밑에서 전문경영인으로 일한다는 것은 참 어려워 보입니다. 그래서 귀하의 지인들도 귀하가 창업 오너가 있는 중견기업에서 경영 책임을 맡는 것에 대해 걱정했을 겁니다. 그러나 앞서 이야기한 것처럼 귀하가 인내심을 갖고 지혜롭게 대처하면 이는 뛰어난 경영자로 성장하는 데 매우 좋은 기회가 될 것입니다.

●● 사장의 생각

02

조직은

성과로 말한다

문화를 바꾸려면
사람부터 바꿔라

•

조직문화 혁신

Q 저희 회사는 공기업의 자회사였다가 10여 년 전 사기업에 매각됐습니다. 그런데 아직도 사내에 상하관계를 심하게 따지거나 시키는 일만 적당히 하는 관료주의 문화가 팽배합니다. 그동안 사내문화를 바꾸기 위해 교육훈련과 캠페인 등 다양한 노력을 기울여왔지만 아무 소용이 없었습니다. 시장경쟁이 치열한데 임직원들의 생각은 여전히 공기업 시절에 머물러 있으니 회사의 미래가 걱정됩니다. 어떻게 해야 관료주의적 문화를 뿌리 뽑을 수 있을까요?

A 가장 효과적인 방법은 기존 문화를 고수하려는 핵심간부들을 교체하고 회사가 지향하는 기업문화에 적합한 이들을 투입하는 것입니다. 핵심간부들을 바꾼 뒤 그동안의 잘못된 관행과 관습을 털어내는 작업과 평가보상 시스템을 통해 새로운 문화를 안착시키는 작업을 일관성 있게 추진하십시오.

변화는 사람에서 시작된다

—

기업이 자신의 비전을 실현해나가려면 반드시 그에 걸맞은 기업문화를 갖추어야 합니다. 기업문화가 뒷받침되지 않으면 단기성장은 가능할지 몰라도 지속적 성장과 발전은 어렵습니다. IBM의 전 CEO였던 루거스너는 자신의 회고록에서 이렇게 말한 바 있습니다.

"10년 가까이 IBM에 있으면서 나는 문화가 승부를 결정짓는 하나의 요소가 아니라 문화 그 자체가 승부라는 것을 깨닫게 됐다. 문화적 요소들이 그 DNA의 일부가 되지 않고서는 장기적 성장을 거둘 수 없다."

이를 모르지 않기에 기업들은 저마다 자신만의 독특한 기업문화를 정착시키기 위해 애쓰고 있습니다. 큰돈을 들여 컨설팅을 받기도 하고, 끊임없이 운영 시스템과 업무 프로세스를 개선하고 직원들에 대한 교육 프로그램을 가동합니다. 그러나 문화를 바꾼다는 것이 생각만큼 쉬운 일이 아니지요. 아무리 제도를 바꾸고 교육훈련해도 조직에 깊이 뿌리 내린 문화나 관행, 관습은 좀처럼 사라지지 않습니다. 만약 기존의 문화가 건강한 기업문화와 거리가 먼 관료주의적이고 타성에 젖은 것이라면 문제는 더욱 심각합니다. 관료주의 문화는 아무리 유능한 신입사원을 뽑아놓아도 곧 견디지 못하고 회사를 떠나게 만듭니다. 그대로 가다간 기업에 미래가 없습니다.

문화를 바꾸는 가장 빠르고 효과적인 방법은 조직 구성원을 바꾸는 것입니다. '조직을 바꾸려거든 사람부터 바꾸라'는 말이 있지요. 문화는 특히나 사람들이 만들어내고 이어가는 것이기에 더욱 그렇습니다. 과거의 문화에 익숙한 직원을 내보내고 새로운 직원을 투입하면 문화는 빠르게 변합니다. 특히 서비스 회사처럼 사람에게 경험과 지식이 쌓여 있는 기업에서는 제도나 프로세스 개선만으로 문화를 바꾸기가 무척 어렵습니다. 조직문화를 바꾸려고 시도했던 많은 경영자들이 "사람이 바뀌고 나서야 제도개선의 효과가 나타나기 시작했다"고 술회하고 있습니다.

기존 문화의 수호자, 보스부터 바꿔라

—

그렇다면 사람, 그중에서도 어떤 사람을 바꿔야 할까요? 가장 먼저 바꿔야 할 이들은 임원과 간부, 즉 사내의 핵심보스들입니다. 이들이 조직문화에 미치는 영향력은 일반직원들에 비할 바가 아닙니다. 조직에서 보스가 차지하는 비중은 거의 절대적이기 때문에 이들만 바꾸어도 조직문화가 순식간에 달라집니다.

글로벌 컨설팅 회사들의 경우, 평균 재직연수가 3.5년밖에 안 될 정도로 직원들의 이직이 잦습니다. 그런데도 조직문화가 흔들림 없이 유지되는 데는 이유가 있습니다. 직원들은 자주 바뀌어도 핵심보스들은 계속 회사에 남아 있기 때문입니다. 업무지식, 고객관계, 조직문화 등을 가장 많이 알고 있는 보스가 남아 있는 한 아무리 부하직원들이 바뀌어도 조직과 비즈니스 유지에 큰 문제가 없습니다.

그런데 이 이야기는 반대로, 보스가 떠나지 않는 한 조직문화를 바꾸기가 쉽지 않다는 뜻이기도 합니다. 기업에서 문화는 물이 위에서 밑으로 흐르는 것처럼 전형적인 '톱-다운top-down' 방식으로 전파되고 정착됩니다. 우리 주변에 창업자의 생각이 고스란히 조직문화로 정착돼 있는 회사들이 많습니다. 회사의 핵심보스들은 기존의 조직문화에 가장 잘 적응한 사람들인 동시에, 이 문화의 상당 부분을 직접 만들어온 이들이기도 합니다. 그만큼 기존 문화의 가장 큰 수혜자요, 강한 애착을 갖고 있는 이들입니다. 결국 기존 문화를 고수하는 가장 막강한 세력인 셈이지요. 따라서 조직문화를 바꾸고 싶다면 기존 문화의 기득권자인 보스들부터 바꿔야 합니다. 힘든 일이지만, 이들을 그대로 놔둔 채 조직문화를 바꾼다는 것은 거의 불가능한 일입니다.

물론 모든 보스를 내보낼 수야 없는 일, 먼저 조직문화에 영향력이 가장 큰 핵심보직의 보스를 바꾸십시오. 그 자리에 경영진이 지향하는 새로운 기업문화를 잘 이해하고 있고, 이에 익숙한 보스를 앉혀야 합니다. 당연한 말이지만 이들이 많이 바뀔수록 조직문화의 변화 폭도 커지고, 속도도 빨라집니다.

잘못된 관행과 관습의 뿌리를 찾아라

—

핵심보스를 바꾼 뒤에 새로운 조직 책임자들이 기존의 조직문화를 바꿔낼 수 있도록 적극적으로 도와야 합니다. 특히 그동안 지속돼온 관행과 관습은 직원들의 의식에 깊게 뿌리내려 있을 뿐 아니라, 조직 내 역학관계나 이해관계와 맞물려 있습니다. 이 때문에 외부에서 영입된 보스가 임기 내내 관행이나 관습과 싸우느라 다른 일은 손도 못 대는 경우도 있습니다.

잘못된 관행과 관습을 바꾸려면 무엇보다 그런 관행과 관습이 왜 생겼는지부터 살펴봐야 합니다. 모든 관행과 관습에 다 뿌리가 있습니다. 프랑스 작가 베르나르 베르베르는《상상력 사전》에서 침팬지 실험을 통해 잘못된 관행과 관습이 만들어지는 과정을 보여주고 있습니다.

침팬지 다섯 마리를 천장에 바나나가 매달린 방에 넣습니다. 침팬지가 바나나를 따기 위해 사다리를 타고 오르면 센서가 작동돼 천장에서 찬물이 쏟아집니다. 이 과정을 몇 번 반복하면서 침팬지들은 사다리를 타고 오르면 방에서 모두가 물벼락을 맞는다는 것을 알게 됩니다.

다섯 마리 침팬지 중 한 마리가 나가고 새 침팬지가 들어옵니다. 신참 침팬지는 천장에 매달린 바나나를 따기 위해 사다리를 타고 올라가려 합니다. 물벼락을 맞게 될 것을 아는 네 마리의 침팬지는 신참 침팬지를 끌어내립니다. 신참 침팬지는 이를 이해할 수가 없습니다. 그래서 기존 침팬지들과 다투게 되고, 이 과정에서 뭇매를 맞습니다.

물벼락을 경험한 한 마리를 더 내보내고 또 신참을 들입니다. 그러자 첫 번째 신참이 두 번째 신참을 때립니다. 첫 번째 신참은 자신이 맞은 것을 '신참에 대한 신고식'이라고 해석한 것입니다. 그 뒤 또 물벼락을 경험한 한 마리를 내보내고 새로 한 마리를 들입니다. 세 번째 신참 역시 첫 번째와 두 번째 신참에게 매를 맞습니다. 이렇게 해서 이들 사이에서는 바나나 물벼락과 관계없이 신고식만 관행으로 자리 잡게 됩니다. 봉변을 당한 침팬지들은 이제 자신이 당한 만큼 갚고 싶어서 신참 침팬지가 들어오길 눈이 빠지게 기다립니다.

이 실험에서 신참에 대한 신고식은 본래 물벼락을 피하기 위한 예방적 조처에서 시작된 것입니다. 만약 나중에 방에 들어온 침팬지들이 관습의 출발을 제대로 알았다면 신참에게 뭇매를 가하는 어처구니없는 신고식을 이어가지 않았을 것입니다.

따라서 잘못된 관행과 관습을 바꾸고 싶다면 직원들에게 왜 그런 관행이나 관습이 생겼고, 관행과 관습이 무슨 문제를 안고 있는지 자세히 설명해줘야 합니다. 그래야 구성원들이 잘못된 관행과 관습의 개선 필요성을 느끼게 되고 새로운 제도와 방식을 수용하게 됩니다. 그런 과정 없이 새로운 제도와 방식만 강조하면 직원들은 마음의 문을 열지 않습니다. '새로 왔다고 기존 것을 다 뜯어고치는구나'라고 생각할 수 있습니다.

특히 이른바 많이 배우고 '똑똑한' 직원일수록 충분히 설명해줘야 합니다. 이들은 자기주도 성향이 강해 누구의 지시보다 자기판단에 따라 행동하는 경향이 강합니다. 이 때문에 보스의 지시를 수용하는 다른 직원들에 비해 상대적으로 시행착오를 많이 겪습니다. 이들의 시행착오를 줄이려면 이들이 상황을 이해하고 자발적으로 개선에 나서도록 지속적으로 설명해주는 노력이 필요합니다. 또한 새로운 체제의 효용성을 분명하게 인식시켜, 직원들이 그저 '회사가 하라니까 한다'는 식으로 수동적으로 받아들이지 않도록 주의해야 합니다.

단호한 평가보상 시스템, 그리고 일관성

—

다음으로 보스 못지않게 조직문화에 영향력이 큰 사람이 있습니다. 조직에 오래 몸담은 시니어들입니다. 이들 역시 기존 문화의 기득권 세력에 속하기에 변화에 부정적일 수밖에 없습니다. 새로 입사한 사람들은 아무리 직급이 높고 권한이 커도 일단은 기존의 조직문화를 존중하게 됩니다. 어떤 일을 처리할 때 대부분 '과거에 어떻게 했는지' 확인하곤 합니다. 이때 답을 해주는 사람이 바로 시니어들입니다. 이들은 "우리 조직에선 이렇게 저렇게 해왔다"라거나 "우리 직원들은 이렇게 저렇게 하는 것을 좋아한다"며 자연스럽게 기존 문화를 전파하고 주입하려 합니다. 이런 상황에서 입사한 지 얼마 안 되는 임직원이 그런 말을 듣고도 자신의 방식으로, 새로운 방식으로 일을 처리하기란 쉽지가 않습니다.

따라서 조직문화를 바꾸고 싶다면 시니어들의 생각도 꼭 변화시켜야 합니다. 경우에 따라 시니어들 역시 조직 밖으로 내보내야 할지 모릅니다. 이들이 끝까지 새 체제에 합류하기를 거부한다면 포기할 수밖에 없습니다. 만약 사람을 바꿔야 한다면 통째로 바꾸십시오. 한 명씩 차례로 바꾸는 게 쉬워 보이지만 이 과정에서는 많은 것을 잃게 됩니다. 따라서 위험한 것처럼 보여도 한꺼번에 바꾸는 게 가장 효율적입니다.

하지만 이는 마지막 방법입니다. 우선은 이들의 생각을 변화시키는 데 주력하고, 생각을 바꾸는 데 시간이 걸린다면 일단 이들의 영향력을 최소화하는 방안을 찾으세요. 조직 안에서, 업무 처리과정에서 이들의 발언권과 영향력을 약하게 만드는 것입니다. 또한 핵심보스와 달리 시니어들에게는 좀 더 변화의 가능성이 열려 있다는 사실을 인지하십시오. 그중 하나가 평가와 보상입니다. 회사가 지향하는 문화를 얼마나 숙지하고 있고 얼마나 잘 구현하는지를 평가하고, 그에 따라 보상하는 것입니다.

먼저 회사가 추구하는 가치와 그 가치의 실현방안들을 구체적으로 제시한 뒤, 이에 따라 사내 모든 영역을 재검토하십시오. 업무평가 기준도 새로운 조직문화와 맞물리도록 개정하고, 이에 따라 직원들을 적극적으로 평가하고 보상하십시오. 분명 직원들의 대다수는 회사가 원하는 방향으로 움직이게 될 겁니다.

그리고 마지막으로, 이 과정에서 잊지 말아야 점이 있습니다. 한 문화가 자리를 잡으려면 오랫동안 일관성을 유지해야만 한다는 것입니다. 이를 위해서는 최고경영자가 확고한 입장을 견지해야 합니다. 조직문화를 바꾸려는 CEO의 뜻이 확고하다는 것을 체감하면 직원들은 생각과 행동을 빠르게 바꿔나갑니다. 조직문화는 제도와 달라서 직원들의 마음과 연결돼 있습니다. CEO의 뜻이 직원들의 마음에 가 닿는 순간, 절반은 성공한 것입니다.

'관계' 중심 문화가
파벌을 만든다

·

사내 모임과 파벌

Q 저희 회사의 업무 분위기는 자유롭고 개방적입니다. 창업자의 경영철학이 수평적 기업문화로 정착돼 있어 임원과 직원들 사이에 커뮤니케이션이 활발합니다. 부서를 넘나들면서 진행되는 업무가 많아 부서 의식도 강하지 않습니다. 그런데 몇 년 전부터 '끼리끼리 문화'가 만들어지기 시작하더니 시간이 갈수록 점점 더 확산되고 있습니다. 그동안 사내소통을 장려하기 위해 어떤 모임도 제한하지 않았는데, 이제 '사내 모임을 제한해야 하는 것 아니냐'는 말이 나오기 시작합니다. 어떻게 하는 것이 좋을까요?

A 사내 모임의 부작용을 최소화하고 조직 내에 파벌이 생기는 일을 막으려면 최고 경영자와 경영진부터 학연과 지연에 따라 사람을 곁에 두는 일이 없어야 합니다. 또한 채용 매뉴얼에서부터 조직 구성원의 다양성을 담보하고, 모든 일처리가 관계중심이 아니라 성과중심으로 진행되도록 바꾸십시오.

소통을 위한 사내 모임, 자칫하면 조직을 깬다

—

세상에 좋은 면만 갖고 있는 제도는 없습니다. 어떤 제도든 정도의 차이만 있을 뿐 부작용이 뒤따르게 됩니다. 따라서 미리미리 부작용을 예상해 최소화하는 방안을 찾아야겠지요.

사내 모임에 대한 입장은 기업마다 다릅니다. 어떤 기업은 동호회를 비롯해 각종 모임을 장려합니다. 공식적으로 동호회 모임 활동비를 지원하는 회사도 많습니다. 귀하의 회사처럼 소통을 장려하기 위해서죠. 특히 요즘은 갈수록 소통의 어려움을 호소하는 경영자들이 많습니다. 그런 점에서 귀하의 회사는 조금은 소란스럽고 끼리끼리 모이는 부작용이 있기는 하지만 기본적으로 소통의 문제는 없어 보입니다. 소통이 안 되는 회사, 권위적 분위기에 정적만 흐르는 회사에서 일하는 직원들 입장에서 귀사의 문화는 부러운 존재입니다. 저 역시 개인적으로 소통을 장려하는 기업문화가 더 필요하다고 생각하는 쪽입니다.

그러나 반대로 사적 모임을 완전히 금지하는 곳도 있습니다. 그로 인한 부작용이 결코 만만치 않기 때문입니다. 업무에 방해가 될 뿐 아니라 심해지면 파벌을 만들어 조직화합을 깨트릴 수 있습니다. 경우에 따라 이른바 '줄서기 문화'가 자리 잡으면서 능력과 성과가 아니라 연고나 친분에 따라 직원들을 평가하고 조직을 운영하는 상황이 벌어질 수도 있습니다.

특히 심각한 것은 사적 모임이 조직 부적응 직원들의 도피처로 변질되는 것입니다. 종종 성과가 부진하고 불성실해 승진에서 누락되거나 경쟁에서 뒤처진 사람들이 사적 모임을 결성하기도 합니다. 이들은 처음에 자신들의 어려움을 나누려고 동병상련의 모임을 만듭니다. 그런데 시간이 지나고 구성원들이 늘면서 이들의 생각이 바뀝니다. 이들은 자신들에 대한 부정적 평가가 자신들의 무능력이나 불성실 때문이 아니라 회사의 제도나 정책 때문이라는 쪽으로 자기 합리화를 합니다. 점차 비슷한 처지에 있는 동료를 모으고 방어논리를 만들어내면서 조직 안에서 보이지 않는 세력으로 커나갑니다. 급기야 자신들의 이익을 위해 집단의 힘을 이용하려 들면서 조직에 파열음이 들리기 시작합니다.

뒤늦게 이런 모임을 발견한 경영진들은 당황합니다. 서둘러 모임을 해체하려 하지만 이미 덩치를 키워 세력화한 구성원들을 흩어놓기가 쉽지 않습니다. 이들을 해체하는 과정에서 경영자들이 상처를 입기도 합니다. 유능한 임직원들이 그들과 직접 갈등을 겪다가, 혹은 갈등 상황에 부담을 느껴 조직을 떠나기도 합니다.

파벌의 씨앗은 경영진이 뿌린다
—

끼리끼리 문화를 막으려면 먼저 이런 문화가 배태되지 않도록 예방하는 것이 중요합니다. 기업에서 문화의 씨는 기본적으로 경영진이나 고위간부들이 뿌립니다. 어떤 기업에 가면 모두 경상도 사람만 눈에 띕니다. 또 어떤 기업에서는 전라도 사투리만 들립니다. 그만큼 지역문화가 강하게 자리 잡고 있다는 뜻인데, 그 원인을 파악해보면 대부분 창업주나 오너가 지역주의 색채를 강하게 띠고 있기 때문입니다. 창업주나 오너가 지연으로 임직원을 뽑고 가까이에 두니 자연스럽게 회사 임직원의 대부분이 특정지역 출신으로 채워지는 것입니다.

이뿐이 아닙니다. 오너나 최고경영자에 따라 특정대학 출신들이 모여들기도 하고, 오너의 성격에 맞는 직원들이 합류하면서 조직의 업무처리 방식이 오너 스타일로 바뀌어갑니다. 창업주가 떠난 뒤 오랜 시간이 흘러도 그의 가치관과 경영철학이 좀처럼 바뀌지 않고 남아 있는 것은 그가 뽑고 키운 구성원들이 곳곳에 포진해 있기 때문입니다.

따라서 조직에 끼리끼리 문화와 파벌이 자리 잡는 것을 막으려면 경영진부터 철저히 그런 문화나 습관을 배제해야 합니다. 아무리 편하고 마음이 통하더라도 학연이나 지연에 얽매여 임직원을 선발하고 배치하면 안 됩니다. 능력과 태도에 따라, 조직이 거두려는 성과에 적합한 인재를 모으고 활용해야 합니다. 경영진이 끼리끼리 문화에 관대하거나, 더 나아가 그런 문화를 용인하고 장려하는 인상을 주면 머지않아 조직은 파벌의 싸움터로 변할 것입니다.

'똑같은 사람'을 뽑지 마라

—

또한 끼리끼리 문화를 없애려면 CEO가 앞장서서 다양성을 추구해야 합니다. 다양성은 경영자가 직접 나서서 그 중요성을 강조하고 실행을 위해 노력하지 않으면 뿌리를 내리기 어렵습니다. 일단 조직의 균형이 깨지면 한쪽으로 기우는 것은 시간문제이기 때문에 경영자는 항상 균형을 잡기 위해 애를 써야 합니다.

조직 안에 다양한 시각이나 의견이 존재하게 만드는 가장 좋은 방법은 구성원의 다양성을 확보하는 것입니다. 남녀노소 그리고 출신지역이나 학교 등이 서로 다른 다양한 구성원들이 조직 안에 있으면, 같은 사안을 다양한 시각으로 보면서 다양한 의견을 내게 됩니다. 이를 위해 채용할 때부터 조직 구성원들의 다양한 분포를 염두에 두는 것이 좋습니다.

글로벌 기업의 채용 담당자들은 가능하면 똑같은 사람을 뽑지 않으려고 합니다. 예를 들어 어떤 회사가 두 사람을 뽑는다면 아무리 뛰어나더라도 두 사람 모두 하버드 법대 출신을 뽑지는 않습니다. 하버드 법대 출신을 한 명 뽑았다면 나머지 한 명은 예일대 법대나 스탠퍼드대 법대 출신을 뽑습니다. 할 수 있다면 도쿄대 경영대 출신을 뽑거나 베이징대 공대 출신을 선택할 겁니다. 어쩔 수 없이 하버드 출신을 뽑아야 한다면 법대가 아니라 경영대 등 다른 전공자를 뽑기 위해 애를 씁니다. 이것도 어렵다면 한 명은 남자, 한 명은 여자로, 혹은 한 명은 미국계 백인, 다른 한 명은 아프리카계 흑인으로 뽑으려 할 겁니다. 이렇게 글로벌 기업의 인사담당자들에게 다양성은 매우 중요한 인사 원칙의 하나입니다.

따라서 다양성을 위한 채용원칙은 단순한 희망사항이 아니라 구체적 지침으로, 매뉴얼로 만들어야 합니다. 남녀 성비가 얼마 이상을 넘어서면 안 되고, 특정대학이나 지역 출신이 몇 퍼센트 이상 차지하면 안 된다는 식으로 규정하는 거죠. 그래야 최소한의 다양성을 확보할 수 있고 심각한 획일성을 피할 수 있습니다. 이렇게 다양성이 확보되면 조직의 합리성과 개방성도 더불어 커지게 됩니다.

'관계' 중심 문화를 '성과' 중심 문화로 바꿔라

—

마지막으로 조직 안에 성과주의 문화가 자리 잡도록 노력하십시오. 우리가 끼리끼리 문화를 걱정하는 것이나 다양성을 확보하려고 노력하는 것은 모두 성과 때문입니다. 끼리끼리 문화가 성과창출을 방해하고 다양성이 성과에 긍정적 영향을 미친다는 것은 많은 실험을 통해 입증됐고, 우리도 경험을 통해 알고 있습니다.

그런데 끼리끼리 문화는 성과보다 관계를 중시하면서 생겨나고 확산됩니다. 모든 것을 관계 중심으로 판단하는 조직에서 성과는 뒷전일 뿐입니다. '우리가 남이가'라는 분위기가 팽배한 조직에서 실패의 원인을 파악하고 개선점을 찾기란 참 어려운 일입니다. 반대로 조직에 철저한 성과주의 문화가 자리 잡고 있다면 관계는 부차적인 것이 되고 끼리끼리 문화는 끼어들 틈이 없을 것입니다.

따라서 모든 것을 성과에 기반해 판단하려고 노력해야 합니다. 구성원들이 관계 때문에 성과를 희생하는 것을 용납하지 마십시오. 관계 때문에 잘못이 덮어지고 실패가 용서되지 않도록 하십시오. 조직 구성원들이 '성과가 모든 것에 우선한다'는 점을 인지한다면 조직 분위기는 완전히 바뀔 것입니다. 최고경영자가, 조직의 최고책임자가 이런 원칙을 철저히 지켜나간다면 자연스럽게 끼리끼리 문화는 사라질 것입니다.

보스의 눈높이만큼
생산성이 올라간다

•

목표 공유

Q 중견 IT기업의 총괄 부사장입니다. 오랫동안 글로벌 기업에서 근무하다 이곳으로 옮긴 지 2년이 지났습니다만, 아직도 저를 답답하게 만드는 것이 있습니다. 바로 낮은 생산성입니다. 저희 회사의 생산성은 글로벌 기업은 물론 국내 대기업들에 비해서도 현저하게 낮습니다. 그런데 직원들은 물론이고 일부 임원들마저 이를 큰 문제라고 생각지 않습니다. 회사가 발전하려면 생산성을 끌어올려야 하는데 어디서부터 시작해야 할지 막막합니다. 생산성을 높이기 위해 가장 중요한 일이 무엇일까요?

A 생산성은 근본적으로 조직의 눈높이와 연결돼 있습니다. 경영진이 일방적으로 목표를 높이고 직원들을 압박하면 일시적 성과밖에 얻을 수 없습니다. 먼저 임원들의 눈높이부터 확실히 끌어올리세요. 그리고 이를 조직 구성원 전체가 공유하고 동의할 수 있도록 하십시오.

설비를 바꾸고 마케팅을 강화해도 생산성은 제자리?

—

기업이 생산성을 높이기 위해 사용하는 방법에 여러 가지가 있습니다. 설비를 바꾸기도 하고, 공정을 개선하기도 합니다. 마케팅을 통해 회사나 제품의 브랜드를 끌어올리기도 하고, 제품이나 서비스의 질을 높여 수익성을 강화하기도 합니다. 그러나 생산성은 금방 높아지지 않습니다. 그 이유는 생산성의 상당 부분이 기업문화와 관련돼 있기 때문입니다. 다시 말해 임직원들의 생각이 바뀌지 않으면 생산성 향상도 이루기 어렵습니다.

이건희 삼성그룹 회장은 1993년 '신경영'을 선언하면서 "마누라와 자식만 빼놓고 다 바꾸자"고 역설했습니다. 그는 200여 명의 삼성전자 핵심임원들을 프랑크푸르트로 불러놓고 직접 몇 시간씩 혁신의 필요성에 대해 열변을 토했습니다. 당시 호텔에 투숙한 임원들은 낮에 현장견학과 시장조사를 하기 위해 발품을 팔았고, 밤에 한데 모여 활동결과를 토대로 평가와 반성을 거듭했습니다.

이 회장이 이렇게 그룹을 뒤흔든 것은 임직원들의 의식구조를 바꾸려 했기 때문입니다. 임직원들의 생각을 바꾸지 않으면 아무리 조직과 제도를 바꾸고 공정을 개선해도 제품과 서비스의 품질을 개선하기 어렵다는 것을 알고 있었던 것입니다. 당시 이 회장이 일차적으로 개선하려 한 것은 품질이었습니다. 그러나 한 걸음 더 들어가면 신경영은 근본적으로 생산성에 관한 것이었습니다. 낮은 생산성 체제에서 탈피해 글로벌 기업 수준의 높은 생산성 체제로 전환하자는 것이지요. 그런 점에서 당시 이 회장의 고민은 귀하의 고민과 기본적으로 궤를 같이하는 것이었습니다.

생산성을 끌어올리기 위해 가장 중요한 과제, 가장 어려운 과제는 바로 조직 구성원들의 눈높이를 바꾸는 일입니다. 직원들은 자신의 눈높이만큼 움직입니다. 직원들이 100을 기본으로 생각하면 100에 맞게 움직입니다. 150이 좋긴 하지만 이것을 이루기 위해 땀을 흘려야 한다고 생각하는 직원은 많지 않습니다. 이런 상황에서 회사가 150을 요구하면 직원들은 불만스러워합니다. 이런 불만을 무릅쓰고 150을 향해 나아가려면 강제와 압박을 동원하는 수밖에 없겠지요. 그렇게 하지 않으려면 직원들의 눈높이를 근본적으로 바꿔야 합니다. 목표가 100이 아니라 200이라고 믿게 해야 합니다. 직원들의 눈높이가 자연스럽게 200이 되는 순간, 업무 방식도 자연스럽게 바뀌게 됩니다.

보스의 눈높이가 조직의 눈높이다

—

그렇다면 조직원들의 눈높이를 어떻게 바꿔야 할까요? 먼저 보스의 눈높이부터 바꿔야 합니다. 학생들이 선생님의 눈높이를 따르듯 조직원들은 보스의 눈높이를 따릅니다. 부하직원은 보스가 바라보는 것을 따라 보게 돼 있습니다. 그래서 80점에 만족하는 보스와 95점을 목표로 하는 보스의 조직운영 방식은 전혀 다릅니다. 직원들의 업무 완성도도 보스의 업무 완성도와 비례합니다. 업무 완성도가 높은 보스는 직원들에게 자기 수준의 업무 완성도를 요구합니다. 조직의 문화나 시스템도 자연스럽게 그런 쪽으로 바꾸어나갑니다.

그러니 조직의 성과를 끌어올리고 싶다면 먼저 보스의 눈높이를 바꾸세요. 이건희 회장이 프랑크푸르트에 이어 일본의 후쿠오카와 도쿄 그리고 영국의 런던과 미국의 로스앤젤레스로 계속해서 삼성의 임원들을 불러 모은 것도 눈높이를 끌어올리기 위해서였습니다. 이들 도시에서 판매되는 경쟁회사의 제품을 살펴보고, 그 속에서 먼지를 뒤집어쓴 채 방치돼 있는 삼성 제품의 모습을 직접 눈으로 확인하게 한 겁니다. 임원들은 삼성이 얼마나 뒤처져 있는지, 이를 개선하기 위해 어떻게 해야 하는지를 뼈저리게 느꼈을 것입니다. 이렇게 임원들의 눈높이가 달라지면서 삼성의 변화도 시작된 것입니다.

귀하도 먼저 회사 임원과 간부들의 눈높이부터 바꾸도록 노력해보십시오. 만약 아무리 애를 써도 눈높이에 변화가 없다면 임원과 간부를 바꾸십시오. 눈높이가 높은 보스를 영입하거나 발탁하십시오. 경영진이 아무리 생산성을 높이고 싶어 한들, 조직의 보스들이 움직이지 않으면 변화는 시작되지 않습니다.

높은 곳을 바라보게 만들라

—

다음으로 눈높이 조정에 대한 직원들의 이해와 동의가 필요합니다. 눈높이는 선언만으로 저절로 높아지지 않습니다. 이는 구성원 사이에 공감대가 형성돼야만 가능한 일입니다. 물론 목표를 높이고 무조건 그에 맞출 것을 강제한다면 일정한 수준의 성과를 거둘 수도 있습니다. 그러나 직원들을 압박해 거둔 성과는 지속되기 어렵습니다. 시간이 지나면 그 성과는 금방 시들해지고 맙니다. 만약 회사가 성과를 유지하기 위해 압박을 계속한다면 직원들은 서서히 시키는 일만 하는 수동적 존재로 바뀔 것입니다. 압박을 못 견디는 일부 직원들은 조직을 떠날 수도 있습니다.

어떤 육상선수가 100미터를 11초에 달립니다. 그는 지역대표로 출전해 전국체전에 입상했습니다. 그런데 새 코치가 와서 그에게 더 빨리 뛰라고 요구했습니다. 그러나 선수는 왜 기록을 끌어올려야 하는지 동의가 안 된 상태에서 더 늘려야 할 연습량을 생각하니 내키지 않았습니다. 그가 소극적으로 나오자 코치는 그를 압박하기 시작했습니다. 성과 없는 나날이 이어졌습니다.

이 선수를 변화시킨 것은 새로 온 감독이었습니다. 코치와 갈등을 지켜보던 감독이 어느 날 선수를 불렀습니다.

"다른 선수들의 기록을 봐라. 너처럼 11초에 뛰는 선수는 이제 흔하다. 10초 중반의 실력을 갖춘 선수까지 등장했다. 이대로 가면 너는 전국체전 입상은 물론 지역대표로 선발되기도 어려울 것이다. 더구나 요즘 선수들은 다 국가대표 선수로 뽑혀서 세계대회에 출전하려고 한다."

새 감독은 선수에게 최근 육상대회의 기록을 보여줬습니다. 다른 지역 선수들을 만나게 했습니다. 선수들의 기록향상과 관련된 언론뉴스도 스크랩해 보여줬습니다. 이런 과정을 거치면서 이 선수의 생각은 바뀌었습니다. 스스로 연습량을 늘리고 연습방식도 바꿨습니다.

조직의 성과도 이와 같습니다. 직원들의 눈이 어디를 향해 있느냐가 그들의 언행을 결정하고, 그들의 언행과 업무방식이 곧 성과로 이어짐을 잊지 마십시오.

마지막으로 직원을 채용할 때도 눈높이를 꼭 볼 것을 권합니다. 목표가 낮거나 꿈이 소박한 사람보다 가급적 목표가 높고 꿈이 원대한 사람을 뽑으십시오. '적게 벌어 적게 쓰겠다'는 식의 인생관은 그 자체로 존중받을 수 있습니다. 그러나 성과를 추구하는 기업 구성원의 가치관으로는 적합하지 않습니다. 목표가 불분명하거나 꿈이 작은 직원은 일반적으로 성취 지향성이 떨어집니다. 이런 직원들로 구성된 조직은 아무리 뛰어난 보스라 해도 생산성을 끌어올리기가 어렵습니다. 근본적으로 눈높이가 낮은 직원을 데리고 일하는 것만큼 힘든 일은 없습니다.

평가가 없으면
성과도 없다
•
직원평가

Q 저희 회사는 몇 년 전부터 한 해에 두 번 직원들을 평가합니다. 그런데 이때마다 크고 작은 소란이 벌어집니다. 평가 결과를 직원들에게 알려주게 돼 있는데 평가를 나쁘게 받은 직원들이 불만을 표시하기 때문입니다. 그래서 일부 임원들은 평가 결과를 알려주지 말자고 합니다. 평가가 자의적인 경우가 많다며 아예 정성평가를 하지 말고 실적만 가지고 보상하자는 이들도 있습니다. 어떻게 해야 직원들의 사기를 꺾지 않으면서도 공정한 평가를 할 수 있을까요?

A 평가는 결코 포기하면 안 될 중요한 경영활동입니다. 평가의 목적과 기준을 분명히 세우고 그에 맞춰 정확한 평가를 진행하세요. 평가 결과는 직원들에게 구체적으로 알려야 하며 승진과 보상에 확실히 반영해야 합니다. 이렇게 흔들림 없는 평가문화를 정착시키면 곧 조직의 성과도 바뀔 것입니다.

평가의 원칙 1: 목적을 분명히 하라

—

평가와 관련해 사내에 잡음이 많으니 평가 과정을 대폭 축소하자는 목소리가 커지고 있는 모양입니다. 하지만 경영자가 직원을 평가하는 것은 성과를 측정해 보상하는 데만 목적이 있는 게 아닙니다. 평가는 직원들을 경영자가 원하는 방향으로 이끌어가는 데 있어 무척 큰 역할을 합니다. 또한 중요한 교육훈련의 수단이기도 합니다. 따라서 경영자는 평가를 경영과 연계해 최대한 활용하기 위해 노력해야 합니다. 그리고 무엇보다 평가는 성과를 높이는 가장 효과적 도구입니다. 성과를 끌어올리려면 그에 맞게 평가도 바꿔야 합니다.

평가가 효과를 거두려면 먼저 평가의 목적이 분명해야 합니다. 무엇을 왜 평가하는지가 명확해야 한다는 겁니다. 앞서 말한 대로 평가는 직원들을 경영자가 원하는 쪽으로 이끌기 위한 중요한 수단입니다. 이때 경영자가 가려는 방향이 분명하지 않으면 평가가 흔들리면서 직원들이 혼란을 겪게 됩니다.

예를 들어 회사가 협업을 중시한다면 협업능력이나 협업을 위한 노력을 중요한 평가요소로 삼아야지, 협업 분위기에 배치되는 개인성과를 중시하면 안 됩니다. 또 고객관계가 조직의 성과에 가장 큰 영향을 미치고 있다면 단기 실적보다 장기적 고객관계 유지를 핵심 평가 요소로 삼아야 합니다. 이렇게 회사마다 비전과 목표, 성과를 만들어내는 요소가 다르고 직원들이 어떻게 일해야 하는지도 다르기 때문에 평가 요소와 기준도 기업마다 다를 수밖에 없습니다.

기업이 평가 목표와 기준을 직원들에게 정확하게, 또 자세히 알려줘야 하는 이유도 여기에 있습니다. 회사가 무엇을 어떻게, 그리고 왜 평가하는지 알려줘야 직원들은 거기에 맞출 수 있습니다. 일반적으로 사람은 자신이 칭찬받을 수 있는 쪽으로 움직입니다. 평가를 잘 받을 수 있는 방향을 찾아 주위의 기대에 맞도록 행동하려 합니다. 따라서 회사의 평가내용과 기준이 제시되면 직원들은 자연스럽게 그 기준에 맞게 자신의 언행을 바꾸게 됩니다.

당연한 말이지만 평가자는 제시된 기준을 정확히 지켜야 합니다. 아무리 기준이 세밀하고 분명해도 그 기준대로 평가가 이뤄지지 않으면 직원들은 평가 결과를 불신하게 됩니다. 기준은 기준일 뿐, 실제 평가에서 상사가 자기 방식대로 한다면 평가의 목적을 달성하기 어렵습니다. 평가의 자의성을 줄이려면 평가자부터 교육하고 훈련하십시오. 평가의 목적과 기준, 방법은 물론이고 부하직원들에게 설명하는 방식까지 자세히, 그리고 반복적으로 가르치는 게 좋습니다. 가능하면 실습도 해보십시오. 그래야 실수를 줄일 수 있습니다. 평가실수는 자칫 조직 분위기를 엉망으로 만들 수 있고 심하면 유능한 인재를 잃을 수도 있습니다.

평가의 원칙 2: 결과를 명확히 통보하라

—

두 번째로 평가가 효과를 거두려면 평가 결과를 직원이 정확하게 알아야 합니다. 아무리 평가를 열심히 해도 직원들이 그 결과를 알지 못하면 직원들의 행동은 회사가 원하는 쪽으로 바뀌지 않습니다.

물론 직원들에게 평가 결과를 알리는 것은 쉬운 일이 아닙니다. 귀하의 회사뿐 아니라 상당수의 회사들이 평가 결과를 통보하는 과정에서 다소의 혼란을 겪고 있습니다. 매일 만나는 부하직원을 좋지 않게 평가한 뒤 눈을 마주하면서 그 결과를 알려준다는 것은 상당히 부담스러운 일입니다. 특히 성과가 아니라 직원을 관리하려는 상사들, 모든 직원들로부터 '착한 상사'라는 말을 듣고 싶은 보스들에게 나쁜 평가 결과를 알리는 일은 분명 '진땀나는 일'입니다.

그러나 다시 말하지만, 평가 결과는 명확하게 통보돼야 합니다. 가능하다면 정식 면담을 통해 왜 이렇게 평가했는지 설명해주는 게 좋습니다. "이러저러한 점은 잘했으니 더욱 발전시키고, 이러저러한 것은 미흡했으니 다음에 보완하라"고 최대한 구체적으로 말해야 합니다. 솔직하게, 진정을 담아, 본인이 알아들을 때까지 반복적으로 설명해야 합니다.

부하직원을 평가하고 평가 결과를 설명하는 것은 보스에게 부담이 되지만 보스의 리더십을 바로 세우는 매우 좋은 훈련 과정입니다. 이 과정을 잘 넘겨야 부하직원을 다룰 수 있고 조직을 이끌 수 있습니다. 만약 평가 과정에서 오는 스트레스를 감당하지 못한다면 그는 보스로서 자격이 없는 것입니다. 그런 보스를 믿고 일을 맡기면 안 됩니다. 그런 점에서 평가는 경영자 편에서 보면 간부들의 리더십을 훈련하고 검증하는 과정이기도 합니다.

평가의 원칙 3: 승진과 보상에 확실히 반영하라

—

마지막으로 평가 결과는 정확하게 반영돼야 합니다. 적지 않은 기업에서 '평가 따로 보상 따로' 현상이 나타납니다. 막상 평가한 다음에 이런저런 이유로 평가 결과를 적용하지 않는 것입니다. 예를 들어보죠.

어떤 회사의 인사평가에서 K대리가 최상위 S등급을 받았습니다. 열심히 노력한 결과 탁월한 성과를 거뒀기 때문입니다. 회사규정에도 있고 사장도 공식석상에서 여러 번 이야기했기 때문에 큰 폭의 연봉 상승은 물론 승진이 예상됐습니다. 그런데 회사는 다음 해 K대리의 연봉 상승폭을 일반 직원들과 비슷하게 조정했습니다. 이미 그의 연봉 수준이 높아 이번에도 연봉을 올리면 동료직원과 격차가 너무 크게 벌어진다는 이유였습니다. 회사는 또 K대리보다 나이가 많은 직원들의 승진이 너무 늦어진 점을 감안해 이번만큼은 연공서열에 따라 승진시키기로 결정했습니다. 그 결과 K대리의 승진은 미뤄졌습니다.

이런 상황에서 과연 평가가 의미가 있을까요? 직원들이 회사를 믿고 따를 수 있을까요? 이런 상황이 벌어진다면 K대리는 업무의욕을 잃을 것입니다. 회사를 떠날 수도 있습니다. 직원들은 회사를 신뢰하지 않을 것입니다. 회사의 평가에 관심을 두지 않겠죠. 평가를 통해 회사는 아무것도 얻지 못했습니다. 오히려 잃기만 했습니다.

그런데 우리 주변 기업에서 실제로 이런 상황이 자주 벌어집니다. 회사가 커질수록 회사가 한 약속의 중요성도 커집니다. 따라서 만약 지킬 수 없는 불가피한 사정이 생겼다면 경영자는 직원들에게 이를 충분히 설명하고 사과해야 합니다.

정확하게 반영하는 것 못지않게 중요한 것이 직원들이 평가가 반영되고 있다는 사실을 알 수 있도록 하는 일입니다. 따라서 평가 결과는 가능한 눈에 띄게 반영해야 합니다. 평가의 반영강도가 세지고 반영폭이 넓어질수록, 회사는 평가를 통해 달성하려는 목표에 빨리 도달할 수 있습니다.

현재 귀하의 회사가 겪고 있는 어려움은 평가문화가 아직 정착되지 않아서 생기는 것입니다. 따라서 평가의 목적과 기준을 더 명확하게 하고, 평가자들에게 평가 방법을 교육훈련하십시오. 흔들리지 말고 평가를 계속해나가십시오. 그러다 보면 머지않아 평가가 자리 잡고 원하는 효과를 거두게 될 것입니다. 평가가 바뀌면 분명 성과도 바뀌니까요.

작은 비리 정도는
눈감아줄 수 있지 않을까?

•

투명성

Q 회사에 크고 작은 금전사고가 끊이지 않습니다. 특히 직원들이 회사 공금을 너무
도 쉽게 씁니다. 비용을 실제보다 많이 청구해 차액을 사적으로 쓰기도 하고, 회
사의 법인카드를 사용해 술을 마시기도 합니다. 더 큰 문제는 이런 일에 임직원들이 관대
하다는 점입니다. 임원회의에서 문제의 심각성을 이야기하면 "다른 회사도 마찬가지일
텐데 우리만 너무 까다롭게 구는 것 아니냐"는 반응이 나옵니다. 어떻게 해야 이런 상황
을 바꿀 수 있을까요? 혹시 제가 너무 원리원칙을 따지는 건가요?

A 투명성이 떨어지는 회사는 생산성을 일정 수준 이상 높이기 어렵습니다. 경영진
이 먼저 솔선수범하는 자세로 모든 일처리를 투명하게 하십시오. 또한 직원들의
연봉과 업무비용 수준이 너무 낮은 것은 아닌지도 살펴보세요. 투명성 앞에서는 한 치의
예외도 허용하지 말기를 바랍니다.

투명성은 왜 기업의 생산성을 좌우하나

—

한국 기업의 생산성이 낮은 이유는 여러 가지입니다만, 그중 큰 요인이 바로 투명성 부족입니다. 투명성과 생산성이 무슨 관련이 있느냐고 반문할지도 모릅니다. 그러나 투명성이 뒷받침되지 않으면 생산성을 끌어올릴 수 없습니다. 한국이 '중진국 함정'에 빠진 것은 성장 동력의 부재 때문이 아니라 투명성이 떨어지기 때문입니다. 많은 한국 기업들이 글로벌 기업의 문턱을 넘지 못하고 있는 것도 기술이나 마케팅 능력이 부족해서가 아니라 투명성이 낮기 때문입니다.

글로벌 기업에서 일하다 한국 기업으로 옮긴 사람들은 이구동성으로 "한국 기업은 투명성과 관련된 규정이나 업무체계가 글로벌 기업에 비해 한참 뒤진다"고 말합니다. 투명성 확보를 위한 내부감사 시스템도 갖춰져 있지 않고, 그나마 있는 것조차 작동하지 않는 경우가 많다는 겁니다.

이렇게 투명성이 약하면 첫째로, 낭비가 심해집니다. 횡령이나 공금 유용 등으로 빠져나가는 돈은 회사 입장에서 보면 버려지는 것입니다. 투명성이 결여된 회사는 겉으로 드러난 것만 따져도 해마다 적지 않은 회사 자산이 빠져나갑니다. 밝혀지지 않고 새나가는 것까지 감안한다면 유출되는 자산규모는 훨씬 커질 겁니다. 임직원들이 열심히 일해 만들어진 결과물들이 사라지니 생산성이 낮은 것은 당연합니다.

이 재원이 내부에 쌓인다면 회사의 재무구조가 얼마나 탄탄해지겠습니까? 연구개발이나 설비에 투자하면 경쟁력이 훨씬 개선될 것입니다. 또 직원들의 연봉이나 복리후생에 투자하면 직원들의 만족도가 높아질 것입니다. 임원들의 법인카드가 영업활동 등 직무에 온전히 쓰인다면 업무비용이 부족하다는 이야기는 사라질지도 모릅니다.

두 번째로, 투명성이 결여되면 회사자원의 배분이 왜곡됩니다. 투명성이 부족한 기업은 내부정보가 공개되지 않고, 공유되지도 않습니다. 그래서 어디에, 어떤 문제가 있는지 정확하게 파악하지 못합니다. 잘못된 대책이 세워지는 것은 당연합니다.

과거 투명성에 문제가 있던 어떤 회사가 있었습니다. 이 회사의 기계사업본부는 실적이 계속 부진해 회사의 골칫거리였습니다. 그런데 나중에 알고 보니 본부 구매팀에 문제가 있었습니다. 구매담당 직원들이 납품회사와 결탁해 비합리적 구매를 일삼았습니다. 성능이 뛰어난 최신설비를 싸게 들여올 수 있는데도 비싼 돈을 주고 구형설비를 사들였습니다. 또 뒷돈을 받고 값싼 불량원료를 납품받는 바람에 제품성능에도 이상이 생겼습니다.

그럼에도 불구하고 사장과 인척 관계인 본부장은 실적부진의 핵심요인으로 설비부족을 꼽았습니다. 설비가 부족해 제품을 시장에 제때 내놓지 못해 경쟁회사에 밀리고 있다고 보고했습니다. 그런 다음 회사의 승인을 받아 설비를 발주했습니다. 이런 상황에서 본부의 실적이 개선될 수 있을까요?

세 번째, 투명성이 부족하면 고객을 잃게 됩니다. 기업에 고객은 항상 최고의 존재입니다. 기업은 고객이 없으면 존재 의미를 잃고 맙니다. 따라서 어떤 기업이든 회사가 아무리 어려워져도 고객과 끈만큼은 마지막까지 잃지 않으려고 애를 씁니다. 조직문화가 바르게 선 기업의 임직원들은 진정성을 가지고 고객을 대합니다.

그러나 투명성이 부족한 직원들은 고객의 중요성을 간과합니다. 문제가 터지면 당장의 자리만 모면하려고 합니다. 그래서 쉽게 거짓말을 늘어놓습니다. 지킬 수 없는 약속을 남발합니다. 이런 기업을 믿고 제품을 사고 물품을 납품하는 고객은 없을 겁니다. 진정성이 부족한 기업이 시장에서 퇴출되는 것은 시간문제입니다.

마지막으로 조직에 투명성이 부족하면 직원들은 업무의욕을 잃게 됩니다. 열심히 일해도 구조적으로 조직의 성과가 좋아지기 어려운 상황에서 업무욕심을 낼 직원은 많지 않습니다. 조직 전체의 성과가 부진하면 개인이 아무리 노력하고 성과를 거둬도 그에 맞는 보상이 뒤따르기 어렵습니다.

설령 성과가 조금 나더라도 보상이 제대로 이루어지지 않습니다. 투명성이 부족한 조직은 대개 공정성도 약합니다. 노력이나 성과가 아니라 연줄과 뒷거래가 보상을 좌우할 가능성이 큽니다. 투명성이 떨어지는 조직에서 제도와 규정이 지켜지고 공평과 공정이 살아 숨 쉬길 기대하는 것은 무리입니다. 윤리의식이 부족한 조직일수록 직원들이 적당히 일하고, 보신주의에 빠져 있는 것도 이 때문입니다.

조직에 전방위 투명성을 확보하라

—

그렇다면 투명성을 어떻게 개선해야 할까요? '불투명의 바이러스'를 근원적으로 없애야 합니다. 부정의 힘을 지닌 바이러스는 전염력이 매우 강합니다. 그래서 한번 조직 안에 들어오면 조직원 모두를 감염시킵니다. 조직은 순식간에 마비됩니다. 따라서 이런 바이러스를 퇴치하고 조직을 치료하려면 철저하고도 광범위한 개선이 필요합니다.

먼저 제도를 정비해서 할 수 있는 한 회사의 모든 정보를 공개해야 합니다. 권한과 책임을 분명히 하고 문제가 생겼을 경우 취할 조처도 명시할 필요가 있습니다. 물론 그 조처대로 이행돼야 합니다. 여기서 사장과 임원들의 언행이 중요해집니다. 직원들은 상사를 보고 배웁니다. 따라서 먼저 최고경영자부터, 그리고 임원들이 솔선수범해야 합니다. 회사의 투명성을 강화하려면 CEO의 업무처리 방식, 조직운영 방법 등 모든 것이 투명성에 위배되지 않는지 점검해야 합니다. CEO가 바뀌지 않으면 임원이 바뀌지 않고, 중간간부들도 변하지 않습니다.

특히 직원들이 체감하는 것은 거창한 제도 변경이나 시스템의 변화가 아닙니다. 경영진과 보스들의 사소한 말과 행동입니다. 출장비를 정산하고 법인카드를 사용하고 물품을 구매하고 경조사비를 처리하는 과정에서 직원들은 보스의 철학을 읽고 윤리의식을 느낍니다. 보스의 언행이 일치되지 않으면 부하직원들은 보스의 말을 믿지 않습니다.

투명성이나 윤리의식과 관련해 한 가지 더 강조하고 싶은 것은 연봉이나 업무비용입니다. 연봉 수준이 지나치게 낮고 활동비가 비현실적으로 적으면 직원들은 흔들립니다. 옛말에 '음식이 족해야 예절을 안

다'고 했습니다. 횡령사고가 많은 기업 가운데 상당수는 연봉이나 업무
비용의 절대 수준이 낮습니다.

따라서 만약 귀하 회사의 연봉이나 업무비용 수준이 지나치게 낮다
면 기업의 체력이 감내할 수 있는 선에서 현실화할 필요가 있습니다.
비용을 조금 아끼려다 자칫 더 많은 자산이 새나가는 결과를 초래하지
말아야 합니다. 한꺼번에 현실화하기 어렵다면 계획을 세워 단계적으
로 올려가십시오. 이렇게 하면서 직원들의 윤리의식 강화에 필요한 조
처들을 시행해나가십시오.

비즈니스를 주도하는 힘,
자존감

·

자존감 향상

Q 저희 회사 직원들은 고객과 관계에서 너무 위축돼 있습니다. 고객과 비즈니스 관계상 '을'인 점을 지나치게 의식하는 듯합니다. 고객과 대등한 관계가 형성돼야 업무를 효율적으로 진행할 수 있고 계약을 맺을 때도 유리한데, 관계가 일방적인 경우가 많습니다. 그런 태도가 특히 심한 직원들을 보면 계속 회사에 남아 해당업무를 계속할 수 있을까 염려되기도 합니다. 비윤리적이거나 비합법적 사업을 하는 것도 아닌데 왜 이렇게 움츠러들까요? 어떻게 하면 직원들이 고객과 관계에서 당당해질 수 있을까요?

A 직원들의 자존감을 높여 비즈니스 관계에서 주도권을 쥘 수 있도록 도와야 합니다. 회사의 가치와 비전을 적극적으로 공유하고, 조직적 전문성을 높이십시오. 연봉 수준도 회사와 직무에 대한 자긍심을 훼손할 정도로 낮아서는 곤란합니다.

겪어본 사람은 아는 '을의 비애'

—

이른바 '갑과 을'의 관계에서 을의 위치에 있는 직원들 때문에 걱정이 많군요. 비즈니스 관계에서 을의 위치에 서보지 않은 직원들은 왜 이것이 이토록 문제가 되는지 이해하기 어려울 수도 있습니다. 그러나 정도의 차이는 있을지언정 을의 위치에 선다는 것은 정말 유쾌하지 않은 일입니다.

처음에 한두 번 갑의 무례와 횡포를 경험한 직원들은 업무의욕을 내기가 어려워집니다. 가능하면 고객을 피하려 합니다. 어쩔 수 없이 고객과 접촉할 경우 고객의 요구를 일방적으로 받아들이고 맙니다. 그런데 고객과 관계는 거래조건에 직접 영향을 미치기 때문에 고객과 대등한 관계를 맺지 못하면 거래조건도 덩달아 나빠집니다. 이런 상황이 계속될 경우 사업이 어려움에 처할 수도 있습니다.

더 큰 문제는 귀하가 염려하듯 직원들이 이런 상황을 견디지 못하고 떠날 수도 있다는 겁니다. 기업인들의 가장 큰 고민 중 하나가 직원들의 잦은 이직입니다. 그런데 직원들의 이직 가운데 많은 경우가 이렇게 고객과 부당하고 불편한 관계 때문에 생겨나곤 합니다.

따라서 경영자들은 직원들이 고객과 어떤 식으로 관계를 맺고 있으며, 그렇게 관계를 맺는 원인이 무엇인지를 파악해야 합니다. 만약 직원들이 일방적인 을의 위치에 놓여 있다면 시급하게 개선책을 마련해야 합니다. 그렇지 않으면 사업의 성장발전을 기대하기도 어렵고 조직의 안정성을 꾀하기도 쉽지 않습니다.

영원한 갑도, 영원한 을도 없다

—

일반적으로 기업 간 관계를 제품이나 용역을 발주하는 쪽과 수주하는 쪽으로 나눈다면, 발주하는 쪽이 갑이고 수주하는 쪽이 을이 됩니다. 비용을 지급하면서 물품이나 서비스를 사는 쪽이 대개 주도권을 쥐기 때문입니다. 칼자루를 쥔 쪽이 우월적 위치에 서는 것은 자연스러운 현상인지도 모릅니다.

그래서 많은 직원들이 물품이나 서비스를 발주하는 부서에서 일하고 싶어 합니다. 갑의 입장에서 일할 수 있기 때문입니다. 반대로 영업부서는 가기 싫어합니다. 고객기업의 구매 담당자들에게 머리를 숙여야 하니 불편한 것입니다. 특히 대기업에서 구매를 담당하는 직원과 대기업에 납품하는 중소기업의 영업직원 사이의 갑을관계는 때때로 심각한 상황을 연출하기도 합니다.

그러나 모든 구매자가 갑도 아니고, 모든 판매자가 을도 아닙니다. 경우에 따라서 구매자가 을이 되기도 하고, 영업자가 갑이 되기도 합니다. 누가 주도권을 쥐느냐에 따라 달라집니다. 따라서 경영자는 직원들이 주도권을 쥘 수 있도록 노력해야 합니다. 어쩔 수 없이 주도권을 내줄 수밖에 없다고 하더라도 그 정도가 지나치지 않도록 세심하게 주의를 기울여야 합니다.

비즈니스 관계에서 주도권을 쥐거나 일방적으로 상대방에 끌려다니지 않으려면 기본적으로 직원들이 자존감을 갖고 있어야 합니다. 상대방보다 결코 낮은 위치에 있지 않다고 느껴야 한다는 뜻입니다. 비록 상대방에게 납품해야 하고 제품과 서비스를 팔아야 하는 입장이지만, 자신이 상대방보다 위에 있거나 적어도 동등한 위치에 있다고 생각하면 관계에서 받는 스트레스는 훨씬 줄어들게 됩니다.

자존감 강한 직원이 '갑질'을 이긴다
—

직원들의 자존감을 높이는 방법은 다양합니다. 먼저 직원 스스로가 자신이 속한 회사와 자신이 하는 일의 가치와 의미를 제대로 알아야 합니다. 자신이 사회적으로 의미 있는 일을 하고 있다고 생각하면 직원들은 크게 위축되지 않을 것입니다. 굳이 공익적 업무까지는 아니더라도, 자신의 일이 사회 발전에 도움이 되는 일이라고 확신한다면 직원들은 당당해질 것입니다. 자신감이 생기면 관계를 주도할 수 있습니다. 더 나아가 상대방에게 적극적으로 자신의 업무에 대해 설명하고 이해와 동의를 구할 수도 있습니다.

그런 점에서 직원들이 회사가 추구하는 가치와 비전을 공유하는 것이 중요합니다. 자신의 일이 사회적으로 어떤 의미를 갖고 있는지 알고 있어야 합니다.

두 번째로, 직원들이 상대방보다 지식과 경험에서 뒤지지 않는다고

●●사장의 생각

느껴야 합니다. 어떤 분야에서든 상대방이 많은 지식과 경험을 쌓았다고 느끼면 그를 존중하게 됩니다. 갑이 위세를 부린다는 것은 을이 그만큼 호락호락하다는 뜻이기도 합니다. 컨설팅 회사들이 화려한 학력에 빼어난 용모와 언변까지 갖춘 컨설턴트들을 모으려 하는 데는 갑을 관계에서 오는 문제들을 예방하려는 의도도 깔려 있습니다. 변호사나 회계사 같은 전문직 종사자들이 고객들에게 서비스를 팔아야 하는 을의 존재임에도 때로 갑처럼 행동할 수 있는 이유도 여기 있습니다.

따라서 직원들이 고객과 관계에서 움츠러드는 것을 막으려면 회사에 전문가들이 많아야 합니다. 석·박사학위 소지자를 두라는 게 아닙니다. 적어도 회사가 영위하는 사업, 직원들이 담당하는 업무에서 전문성을 갖고 있어야 한다는 겁니다. 해당 분야에서의 오랜 경험을 통해 업무지식과 능력이 전문가 수준에 올라 있는 직원들이라면 아무리 갑의 위치에 있는 고객이라도 함부로 대하기 어려울 것입니다.

마지막으로 연봉이 지나치게 낮지 않아야 합니다. 자신이 고객에 비해 뒤처져 있지 않다는 느낌을 받으려면 연봉이 일정한 수준은 돼야 합니다. 많은 직장인들이 자신의 연봉이 올랐을 때 자신이 하고 있는 일에 자신감을 갖게 됐고 자부심을 느낄 수 있었다고 말합니다. 그만큼 연봉수준은 직장인들의 회사와 직무에 대한 자부심에 영향을 미칩니다. 연봉에 자신이 하는 일에 대한 평가의 의미도 들어 있기 때문입니다.

그런 점에서 직원의 연봉이 어떤 수준에 있는지, 직원들은 자신들이 받는 연봉을 어떻게 받아들이고 있는지 살펴볼 필요가 있습니다. 무턱대고 연봉을 많이 주라는 말이 아닙니다. 연봉 때문에 위축되는 상황은 피해야 한다는 뜻입니다. 지식과 경험이 뛰어난 직원들도 스스로의 연봉이 낮다고 느끼면 고객과 관계는 물론, 업무 몰입도와 회사 충성도에서 문제가 생깁니다.

거듭 강조하지만 아무리 고객이 갑으로서 위세를 부린다 해도 직원들이 스스로 자존감을 갖고 있다면 충분히 감당할 수 있습니다. 문제의 대부분은 고객보다 직원들 스스로에게 있고, 이들을 이끄는 경영진에게 있습니다. 경영진부터 자기 회사에 자신감과 자부심을 갖고 있어야 직원들도 비슷한 감정을 느낄 수 있다는 점을 기억하십시오.

03

왜 사장님은
팀으로 일하라고
할까?

빨리 간다고
멀리 가는 것은 아니다

•

팀플레이

Q 저회 회사는 개인주의 문화가 강합니다. 업무 특성상 혼자 일하는 경우가 많다 보니 자연스럽게 그렇게 된 것 같습니다. 그런데 몇 년 전부터는 문제가 심각하 다고 판단해 팀플레이의 중요성을 강조하면서 조직을 새로 구성하고 업무 시스템을 바꿔 협업을 유도하고 있습니다. 그러나 직원들은 함께 일하는 게 불편하기만 할 뿐 성과에 도 움이 안 된다고 불만을 표시합니다. 특히 성과를 잘 내는 고참직원들이 앞장서 협업 분위 기를 깨고 있습니다. 어떻게 해야 할까요?

A 팀플레이에서 가장 중요한 것은 신뢰하는 문화입니다. 조직과 시스템 전반을 팀 플레이에 적합한 방식으로 바꾸고 서로 신뢰하고 협업해야만 평가와 보상이 따 르도록 하십시오. 또한 팀플레이에서는 팀장의 역할이 결정적이니, 반복적 교육훈련을 통해 팀장들이 헌신하는 리더십을 갖추도록 도와주십시오.

혼자 하면 큰일을 할 수 없다

—

팀플레이를 정착시키기 위해 노력 중이시군요. 지금은 회사 직원들이 혼란을 느끼고 불편해하는 것이 당연합니다. 혼자 일하는 시스템에서 함께 일하는 시스템으로 변경하는 과정은 직원들에게 부담이 됩니다. 직원들은 오랫동안 혼자 일해왔기 때문에 협업이 불편하고 효율도 낮다고 생각하기 쉽습니다. 실제로 직원들이 협업에 익숙해질 때까지는 혼자 일하는 것보다 효율이 떨어질 수도 있습니다. 그러나 머지않아 협업이 익숙해지면 직원들의 생각도 바뀔 것입니다.

기업에서 팀플레이를 강조하는 데는 몇 가지 이유가 있습니다. 먼저 혼자 일하는 것보다 성과가 좋기 때문입니다. 특별한 상황이 아니라면 함께 일하는 편이 혼자 일하는 것보다 업무 효율성이 훨씬 높습니다. 굳이 함께 일할 필요가 없다면 수천, 수만 명의 직원이 모여 일하는 기업이 존재할 이유도 없을 겁니다. 또 굳이 많은 비용을 들여 수많은 사람이 함께 일하는 직장도 만들 필요가 없겠죠.

협업을 하는 두 번째 이유는 혼자서는 못해도 같이하면 할 수 있는 일이 많아지기 때문입니다. 작은 일은 혼자서 할 수 있습니다. 아니, 혼자 하는 게 더 효율적일 수도 있습니다. 그러나 규모가 커지고 난이도가 높아지면 혼자 할 수 없습니다. 큰일을 하려면 여럿이 같이 모여 일해야 합니다. 조직이 필요하고 팀플레이가 불가피해집니다.

예를 들어 혼자서 애를 쓰면 작은 집 한 채는 지을 수 있습니다. 그러나 수십 층짜리 건물을 혼자 지을 수는 없을 겁니다. 많은 사람들이 참여해야 가능합니다. 건설 회사는 많지만 모두 똑같은 일을 하는 것은 아닙니다. 작은 건설 회사는 아파트를 짓고 조그마한 다리를 놓습니다. 그러나 대규모 아파트 단지가 즐비한 신도시를 짓고 100층 이상의 초고층 빌딩을 세우지는 못합니다. 수많은 전문가가 모여 머리를 맞대고 연구하고 조사하고 작전을 짜야 수행할 수 있는 고난도 공사들이기 때문입니다.

경영자가 팀플레이를 강조하는 이유는 회사의 업무 효율성이 원하는 수준에 못 미치기 때문입니다. 꿈이 큰 경영자일수록 협업의 중요성을 더욱 강조하게 마련입니다. 그들은 팀플레이가 잘될수록 성과도 좋아진다는 것을 알고 있기 때문에 어떻게든 팀플레이를 정착시키려고 노력합니다. 하지만 그들이 원하는 만큼 팀플레이가 성공적으로 이루어지는 기업은 그리 많지 않습니다.

조직적 신뢰를 구축하라

—

팀플레이가 잘 이뤄지지 않는 가장 큰 이유는 신뢰부족입니다. 팀플레이는 신뢰를 전제로 합니다. 내가 이렇게 하면 상대방이 저렇게 할 것이라는 믿음이 있어야 합니다.

프로구단들의 클럽축구가 국가대표 축구보다 재미있는 이유 중 하나가 바로 팀플레이입니다. 클럽축구의 경우 선수들은 매일 작전을 짜서 연습합니다. 이 과정에서 동료에 대한 신뢰가 생깁니다. 동료들의 능력과 행동을 신뢰하기 때문에 자신 있게 경기를 진행할 수 있습니다. 이에 반해 국가대표 축구의 경우, 선수들의 능력은 최고 수준이지만 팀플레이가 잘 안 이뤄집니다. 같이 연습할 기회가 부족하다 보니 선수들은 서로 알지 못하고 믿지 못합니다. 어쩔 수 없이 개인기에 의존하게 됩니다.

기업에서도 마찬가지입니다. 동료를 믿으면 자신의 업무에 더 충실할 수 있습니다. 그러나 동료를 믿지 못하면 혼자서 모든 일을 다 해야 성과를 거둘 수 있습니다. 팀플레이에서는 그만큼 서로를 얼마나 믿느냐가 성패를 좌우합니다.

신뢰는 말을 넘어 조직과 시스템으로 구체화해야 합니다. 신뢰는 동료만의 문제가 아닙니다. 선수와 감독, 부하와 상사, 직원과 경영진 간의 신뢰도 중요합니다. 만약 직원들이 상사나 경영진을 믿지 못한다면 팀플레이를 하지 않을 것입니다. 선수가 감독을 믿지 못하면 감독의 뜻대로 뛰지 않을 것입니다.

작전이 중요한 이유도 여기에 있습니다. 감독의 구상은 그저 말로만 그치는 게 아니라 작전으로 구체화됩니다. 마찬가지로 팀플레이에 대한 경영진의 의지는 조직과 시스템으로 구현돼야 합니다.

예를 들어 어떤 직원이 팀 성과를 위해 애를 썼는데 보상은 팀 성과가 아니라 개인성과를 토대로 이뤄진다면 팀플레이가 잘 이뤄지겠습니까? 그런데 어떤 회사를 보면 팀 성과로 평가 보상하겠다고 공언해놓고 실제 보상은 개인성과를 기준으로 진행합니다. 이런 상황에서 회사가 아무리 팀플레이와 팀 성과를 강조해도 직원들은 자기성과를 먼저 챙기려고 할 겁니다.

따라서 팀플레이가 정착하려면 경영진의 의지가 조직과 시스템에 반영돼야 합니다. 회사의 모든 것이 팀플레이에 적합하게 바뀌어야 합니다. 그렇게 해서 팀플레이가 조직문화로 자리 잡아야 원하는 성과를 거둘 수 있습니다.

팀장의 헌신 없이는 팀플레이를 완성할 수 없다

—

팀플레이와 관련해 또 하나 관심을 가져야 할 것은 팀장입니다. 팀플레이가 성과를 거두려면 유능한 팀장, 직원들의 자발적 참여를 이끌어낼 수 있는 팀장이 절대적으로 필요합니다.

개인주의가 만연한 조직에서 팀장의 역할은 그리 크지 않습니다. 그러나 팀플레이로 전환된 조직에서 팀장은 매우 중요한 존재입니다. 구성원들이 '내 몫만 하면 된다'는 식으로 일할 경우 팀플레이가 정상적으로 이루어지기 어렵습니다. 사방에 구멍이 뚫리고 빈 구석이 여기저기서 드러나게 되니까요. 애초 예상했던 대로 일이 전개되는 경우는 거의 없다고 해도 과언이 아닙니다. 이 뚫린 구멍, 빈 구석을 메워야 할 사람이 바로 팀장입니다. 때로 모든 구성원들에게 투입량을 늘리라고 요구해야 하고, 구성원들의 투입량과 투입시기도 조정해야 합니다. 경우에 따라서 애초 예상했던 것과 전혀 다른 투입을 만들어내기도 해야 합니다.

●● 사장의 생각

그런데 구성원들에게 예상하지 못했던 것을 요구하는 일은 참 어렵습니다. 사람들은 누구나 자기가 예상했던 것과 다른 요구를 받으면 자신만 이런 요구를 받는 게 아닌가 하는 의구심과 불만을 갖게 됩니다. 이런 구성원을 설득해서 투입을 이끌어내려면 팀장이 구성원들로부터 신뢰와 존경을 받아야 합니다. 그런데 이런 신뢰와 존경의 기초 토대는 헌신입니다. 조직과 프로젝트를 위한 팀장의 헌신만이 신뢰와 존경을 자라게 합니다.

뿐만 아니라 팀플레이는 자신이 투입했다고 해서 곧바로 투입의 결과가 자신에게 돌아오는 시스템이 아닙니다. 팀 전체에 골고루 혜택이 돌아갑니다. 따라서 서로 신뢰하는 분위기, 팀을 위해서 헌신하는 문화가 형성되지 않으면 구성원들 사이에 '일은 내가 하고 보상은 다른 사람이 받는다'라는 불만이 생기게 됩니다. '열심히 해봐야 나만 고생할 뿐'이라는 이기적 분위기가 자리 잡으면 팀플레이는 어려워집니다.

이런 분위기를 잠재울 수 있는 사람이 팀장입니다. 팀장이 먼저 헌신하는 모습을 보이면 구성원들은 믿고 따라옵니다. 팀장이 자기 것을 포기하고 희생하면 팀 문화는 자연스럽게 바뀝니다. 당연한 말이지만 팀 구성원들이 헌신적으로 일하면 대부분의 성과는 기대를 웃돌게 됩니다. 팀원들도 팀플레이에 만족하고 적극적으로 참여합니다.

따라서 팀플레이는 팀장의 리더십이 달라지는 것을 전제로 합니다. 팀 체제에 적합한 리더십이 무엇인지에 관해 팀장들이 완전히 숙지하고 체화할 때까지 반복해서 교육하고 훈련하십시오.

마지막으로 팀플레이가 성공하려면 전환과정에서 오는 부작용을 감수할 준비가 돼 있어야 합니다. 앞서 언급한 대로 팀플레이가 정착되기 전까지 일시적으로 업무 효율이 떨어지고 성과가 줄어들 수 있습니다. 최고경영자는 이런 상황에 흔들리면 안 됩니다. 일시적 혼란과 그에 따른 성과부진은 감수해야 합니다. 만약 최고경영자가 흔들리는 모습을 보이면 직원들은 우왕좌왕하게 됩니다. 과거로 돌아갈 수 있다고 생각해 개인성과를 챙기기 시작합니다.

혹시라도 직원 가운데 회사의 방침에 위배되는 언행을 하는 사람이 있다면 단호한 입장을 보여주세요. 직원들에게 경영자의 의지가 확고하다는 점을 느끼도록 만드세요. 최악의 경우 성과를 많이 내는 고참직원이라 하더라도 버려야 합니다. 그렇게 경영자가 추상같은 의지를 내보일 때 직원들은 비로소 자신의 행동을 바꾸기 시작할 겁니다.

생산적 회의가
생산적 조직을 만든다

•

생산적 회의

Q 회의할 때마다 너무 비생산적이라는 느낌이 듭니다. '이런 회의라면 차라리 하지 않는 게 좋겠다'고 생각할 때가 많습니다. 회의는 늘 지루하고 토론은 거의 이뤄지지 않습니다. 상황을 보고하고 지시사항을 전달하는 형식적 모임이 돼버리기 일쑤라 참석자들도 늘 불만스러운 표정으로 회의장을 떠납니다. 그래서 의도적으로 회의 횟수를 줄여봤지만 오히려 정보소통이 잘 안 되는 문제가 생겼습니다. 회의를 좀 더 생산적이고 효율적으로 하는 방법은 없을까요?

A 회의가 생산적으로 진행되려면 먼저 회의의 목적부터가 분명해야 합니다. 회의에 필요한 정보는 사전에 충분히 공유돼야 하며, 참석자들은 누구도 침묵해서는 안 됩니다. 또한 주관자는 회의 내용뿐 아니라 회의의 흐름과 참석자들의 상황에 따른 시나리오까지 철저히 준비할 필요가 있습니다.

회의는 언제나 목적이 분명해야 한다

—

이처럼 회의의 비효율성 때문에 고민하는 경영자들이 적지 않습니다. 기업은 회의를 통해 아이디어를 찾고 의사결정을 내리고 실행계획을 세우는데, 이 모두가 기업의 성장발전에 중요한 과정이지요. 어느 것 하나 소홀히 할 수 없습니다. 그런데 회의 참석자들이 각자 업무에 바쁘다 보니, 회의시간조차 정하기 어려울 때가 많습니다. 어렵게 일정을 잡아 회의를 열지만 회의시간이 모자라 충분한 논의를 하지 못한 채 서둘러 결론을 내리거나, 결론을 못 맺고 헤어지는 경우도 있습니다.

가끔 시간을 효율적으로 쓰기 위해 아침식사나 점심식사를 하면서 회의를 하는 회사도 있습니다. 그러나 이런 회의는 기대만큼 생산적이지 않습니다. 참석자들이 회의에 집중하기가 쉽지 않기 때문입니다. 간단한 정보공유 차원에서라면 모를까, 주제가 무겁거나 중요한 의사결정을 해야 할 경우에 식사를 겸한 회의는 적절한 방식이 아닙니다.

회의가 생산적이지 못한 이유는 여러 가지가 있습니다. 먼저 회의목적이 불분명하기 때문입니다. 가끔 회의를 진행하다 보면 이 회의를 왜 하고 있는지 이해하기 어려울 때가 있습니다. 상황을 점검하고 공유하기 위한 것인지, 의견을 수렴하고 결정하려는 것인지, 방침을 전달하고 실행을 독려하기 위한 것인지가 불분명하기 때문입니다.

목적이 불분명하면 참석자들이 뒤엉킵니다. 결정할 회의에 책임자들이 없고, 상황을 점검할 회의에 상황을 모르는 직원들이 참석하게 됩니다. 이렇게 되면 회의는 정처없이 흘러가고 맙니다. 어디로, 왜 가야 하는지 모른 채 표류하고 있는 배처럼 갑론을박을 벌이다 아무런 결론도 없이 회의를 마치기도 합니다.

따라서 회의를 열 때는 안건은 무엇인지, 참석자와 주관자는 누구인지부터 분명하게 정해야 합니다. 이것을 명확히 하다 보면 필요 없는 회의를 걸러낼 수도 있습니다. 회의의 성격도 자연스럽게 결정됩니다. 목적지가 분명하면 회의 도중 우왕좌왕하는 일도 줄어듭니다.

정보는 사전에 충분히 공유하라

—

회의가 비생산적인 두 번째 이유는 사전에 정보공유가 미흡했기 때문입니다. 회의가 잘 진행되려면 참석자들이 안건과 관련된 정보를 충분히 숙지하고 있어야 합니다. 사전정보 공유가 제대로 이뤄지지 않으면 참석자들은 '꿀 먹은 벙어리'일 수밖에 없습니다. 일부 인사들은 회의장에서 정보를 취득하기 시작합니다. 회의 참석 전에 했어야 할 회의 준비를 회의장에서 하고 있는 셈입니다.

정보파악이 안 되면 의견을 개진하기 어렵습니다. 나오는 의견도 논의전개에 도움이 안 됩니다. 오가는 이야기의 상당수가 정보취득을 위한 것입니다. 정보공유가 어느 정도 된 뒤 토론이 조금씩 활기를 띨 무렵이면 이미 회의를 끝낼 시간입니다. 2단계인 토론이 제대로 안 되니

3단계인 의사결정도 졸속으로 끝나는 경우가 많습니다. 따라서 보안문제 등 불가피한 사정이 없다면 회의에 필요한 정보는 양과 질 모두 충분하게, 그리고 여유를 갖고 검토할 수 있도록 충분한 시간을 두고 제공돼야 합니다.

만약 평상시에 구성원들이 모든 정보를 공유하고 의견을 나누어왔다면 회의는 꼭 필요할 때만 효율적으로 진행할 수 있을 것입니다. 구성원이 모두 같이 살면서 거의 모든 정보와 의견을 공유하는 가정에서는 회의가 별로 필요 없다는 점을 떠올리면 이해하기 쉽습니다.

기업 구성원들의 정보공유를 확대하는 방법 중 하나는 공간을 같이 쓰는 것입니다. 업무상 유관부서를 같은 공간에서 근무하게 만들어 평상시에 정보공유와 소통을 늘리는 것이죠. 어떤 부서끼리 같은 공간을 사용할지는 기업마다 다를 것입니다. 생산 부서와 디자인 부서일 수도 있고, 연구개발 부서와 마케팅 부서일 수도 있습니다.

정보공유를 더 강화하고 싶다면 단순히 공간을 공유하는 것을 넘어서 적극적으로 소통이 이뤄지도록 각종 조처를 취할 필요도 있습니다. 예를 들어 칸막이를 최대한 없애거나 낮추는 것입니다. 소통이 중요한 신문사의 편집국은 대부분 기자들이 건물의 같은 층에서 근무합니다. 칸막이가 없이 넓은 공간이 탁 트여 있습니다. 이 때문에 누군가 큰 소리로 이야기를 하면 멀리서도 다 알아들을 수 있습니다.

또한 정보공유가 필요한 부서의 경우 어느 한쪽이 의사결정을 할 때 관련 부서에게 결정된 내용을 공유하도록 하는 것도 중요합니다. 즉, 업무적으로 연관성이 있는 다른 부서에서 이뤄지는 결정을 실시간으로 알 수 있도록 하는 것이죠.

회의 테이블에서 침묵을 몰아내라

—

회의가 생산적이지 않은 세 번째 이유는 참석자들의 태도입니다. 회의는 참석자들이 공동으로 만드는 작품입니다. 참석자들이 이 작품에 기여하는 방법은 토론에 참여하는 것입니다. 따라서 발언하지 않으면 작품을 만드는 데 공헌한 게 없는 셈입니다. 이 때문에 맥킨지컨설팅의 경우 회의에서 참석자들은 반드시 발언을 하도록 요구받습니다. 글로벌 기업들 가운데는 회의 참석자가 발언을 하지 않으면 아예 불참한 것으로 취급하는 경우도 있습니다.

한국인과 일본인 등 동양인들은 서양인들과 달리 회의 때 가급적 말을 적게 하려 합니다. '튀는' 것을 싫어하기 때문입니다. 유교문화에 익숙한 동양인들은 '침묵은 금'이라는 격언을 기억하고 있습니다. 말이 많으면 가볍다는 인상을 줄 수도 있다고 우려합니다. 동양인들이 회의에서 발언하지 않는 또 다른 이유는 지시를 받는 데만 너무 익숙하기 때문입니다. 많은 직원들이 회의는 상사로부터 지시를 받는 자리라고 생각합니다. 따라서 굳이 회의 준비를 할 필요가 없습니다. 준비를 하지 않았으니 의견을 개진하기도 어렵습니다.

글로벌 기업의 직원들이 회의 때 활발하게 의견을 개진하는 것은 회의 때 발언에 대한 시각이 우리와 조금 다르기 때문이기도 합니다. 우리는 회의에서 발언하려면 새로운 아이디어를 갖고 있어야 한다고 생각합니다. 그래서 새로운 아이디어가 없으면 침묵합니다. 그러나 글로벌 기업에서의 발언은 아이디어뿐 아니라 소신을 담아내는 일이기도 합니다. 어쩌면 안건에 대해 자신의 소신을 밝히는 것이 더 중요한 목적일 수도 있습니다. 회의에서 논의를 진전시키는 것은 새로운 아이디어가 담긴 발언이 아니라 소신이 뒷받침된 발언인 경우가 더 많습니다.

주관자부터 철저히 준비하라

—

마지막으로 주관자가 회의 준비를 충분히 못한 것도 회의를 비생산적으로 만드는 주요 요인입니다. 주관자는 누구보다 철저하게 회의를 준비해야 합니다. 참석자들의 의견을 이끌어내고 공감대를 만들어내려면 안건을 충분히 숙지하고 있어야 합니다. 아이디어가 없어서 논의가 진전되지 못하면 주관자가 준비한 아이디어를 제시해야 합니다. 참석자들의 욕구를 자극해서 그들이 갖고 있는 아이디어를 끌어내야 할 필요도 있습니다.

가끔씩 참석자들에게 준비 없이 회의에 앉아 있다고 호통치는 상사를 봅니다. 참석자들이 아무런 아이디어를 내지 않는다고 불만을 표시하는 주관자도 있습니다. 그러나 이것은 주관자가 준비가 안 돼 있음을 뜻합니다. 주관자는 회의를 시작부터 끝까지 어떻게 이끌 것인지 시나리오를 갖고 있어야 합니다. 어떤 식으로 토론을 이끌고, 어떤 식으로 합의를 이뤄야 할지 복안을 준비해야 합니다. 따라서 회의가 지루하고 비생산적이라고 느껴진다면 회의 주관자는 먼저 자신을 돌아봐야 합니다.

회의 참석자들이 발언하지 않는 이유 중 하나는 자신의 발언이 무시될 것을 우려하기 때문입니다. 참석자들이 자기 이야기를 경청하지 않을 것 같고 회의 주관자가 자신의 발언을 존중하지 않을 것 같다면 참석자들은 침묵을 선택할 것입니다. 따라서 회의 주관자는 참석자들이 자유롭게 발언할 수 있도록 분위기를 조성해야 합니다. 때로 참석자에게 질문을 던져 발언을 유도해야 할 때도 있습니다. 이를 위해서 주관자는 참석자들의 상황을 속속들이 파악해야 합니다.

기업에서 회의는 매우 중요한 업무행위입니다. 조직의 규모가 클수록 회의를 통해 업무가 진행되는 비중도 커집니다. 회의를 준비하는 과정에서 직원들의 공감대가 형성되고, 업무 완성도가 높아지며, 새로운 아이디어가 만들어집니다. 그런 점에서 임직원 모두가 회의 준비를 철저히 할 필요가 있습니다. 회의 준비를 어떻게 하느냐가 기업의 성과에 직접적인 영향을 미칩니다. 회의역량은 기업역량을 보여주는 지표입니다.

시작은 창대하나
끝이 미약한 이유

•

실행력

Q 중견 화학 회사의 경영기획실장입니다. 저희 회사는 항상 '목표 따로, 결과 따로'
인 것 같습니다. 의욕적으로 한 해 목표를 설정하지만 연말 결과는 언제나 미미
합니다. 회사 임직원들의 수준은 경쟁회사보다 월등히 높습니다. 해외 명문대학 MBA 출
신을 중심으로 학력과 경력이 화려한 인재들을 많이 영입하고 있기 때문입니다. 그러나
임직원들의 실행력은 매우 약합니다. 아이디어는 많고 계획도 훌륭해 보이는데 제대로
시행되는 게 없습니다. 왜 이런 것일까요? 인재영입을 잘못하고 있는 걸까요?

A 똑똑하고 아이디어가 많은 인재들을 영입한다고 해서 반드시 회사의 성과가 개
선되는 것은 아닙니다. 실행력을 높이지 않으면 오히려 성과에 방해가 되기도 합
니다. 현업 베테랑이 기획 단계부터 참여하도록, 또 아이디어가 많은 기획자가 실행단계
까지 책임지도록 인사 시스템을 바꾸어 실행력을 강화하십시오.

문제는 실행력 부족이다

—

성과에 목마른 경영자들은 성과를 개선하기 위해 다양한 시도를 합니다. 그중 하나가 인재영입입니다. 유능한 인재를 영입해 상황을 바꾸려 하는 것이지요. 이 과정에서 학력과 경력, 소위 '스펙'이 뛰어난 인재가 기업에 투입되곤 합니다. 특히 최근 대기업을 중심으로 해외 명문대학 MBA 출신과 글로벌 기업 경력자들을 선호하는 추세가 확산되고 있습니다. 이미 한국의 주요 대기업에 세계적으로 이름 있는 대학의 석박사나 MBA 출신, 글로벌 기업 출신들이 대거 포진해 있습니다.

그러나 이렇게 뛰어난 스펙의 인재들이 즐비하지만 성과개선은 기대만큼 이뤄지지 못하는 경우가 많습니다. 왜 그럴까요?

핵심 이유는 귀하가 생각하고 있는 것처럼 실행력이 뒤지기 때문입니다. 기업에서 성과가 부진한 것은 아이디어 부족 때문이 아니라 실행력이 떨어지기 때문인 경우가 많습니다. 성과는 대개 아이디어보다 추진력과 집요함에 더 큰 영향을 받습니다. 아무리 아이디어가 좋아도 실행에 옮기지 않으면 그건 아무 의미가 없습니다. 더구나 비즈니스에서 아이디어의 차이는 생각보다 크지 않습니다. 따라서 일반적으로 성과의 크기는 실행력이 결정합니다.

그런데도 많은 경영자들이 실행력은 보지 않고 아이디어가 많은 인재를 찾아나섭니다. 똑똑하고 많이 배운 사람만을 원합니다. 그러나 유 감스럽게도 저는 똑똑한 직원을 많이 영입한 기업이 탁월한 성과를 거 두고 있다는 소식을 많이 듣지 못했습니다. 오히려 이런 기업이 쇠퇴하 고 있다거나 무너졌다는 이야기를 더 자주 접하고 있습니다.

'똑똑한 직원들만 모인 조직은 위험하다!'

—

대표적인 사례가 미국의 엔론입니다. 엔론은 하버드대를 비롯한 미국 의 명문대 출신들이 가장 많이 포진해 있던 회사였습니다. "학력만 놓 고 보면 엔론을 따라올 수 있는 회사는 없다"는 말이 나올 정도로 임직 원들의 학력이 화려했습니다. 엔론의 경영진들은 해마다 파격적 연봉 을 제시하면서 미국 명문대학 MBA 출신들을 싹쓸이하다시피 끌어모 았습니다. 그렇게 모인 인재들은 아이디어와 계획을 수없이 쏟아냈고, 덕분에 엔론은 1996년부터 2001년까지 6년 연속 '미국에서 가장 혁신 적인 회사'로 선정되기도 했습니다. 그러나 그런 엔론이 파산하는 것은 한순간이었습니다. 2001년, 거대한 부실이 드러나면서 순식간에 무너 졌습니다.

엔론만 그랬던 게 아닙니다. 1998년 외환위기 때 국민은행에 흡수 합병되면서 간판을 내린 한국의 장기신용은행도 사정은 비슷했습니 다. 장기신용은행은 한국 금융계에서 기업금융과 국제금융의 선두주 자였습니다. 당시로선 드물게 임직원의 상당수가 해외 유명대학 MBA 나 국내 명문대 출신이었지요. 연봉과 복리후생 수준도 높아서 대학생들이 가장 입사하고 싶은 직장 중 하나였습니다. 그러나 그러했던 곳이 자산의 부실화가 심해져 허망할 정도로 쉽게 무너졌습니다.

경영학에 '아폴로 신드롬Apollo Syndrome'이라는 용어가 있습니다. 뛰어난 인재들만 모인 집단에서 오히려 성과가 낮게 나타나는 현상을 일컫는 말입니다.

영국의 경영학자 메러디스 벨빈은 우수한 인재들로 구성된 집단일수록 좋은 성과를 낼 것이라는 가정하에 연구를 진행했습니다. 그런데 실험결과, 예상과 달리 지능지수가 높은 사람들로만 구성된 조직인 '아폴로팀'은 전반적으로 성과가 좋지 않았습니다. 때로 가장 나쁜 성과를 거두기도 했습니다. 아폴로 우주선을 만드는 일처럼 어렵고 복잡한 일일수록 명석한 두뇌를 가진 인재들이 필요할 것 같았지만 실제 상황은 달랐습니다.

메러디스 벨빈은《팀 경영의 성공과 실패》라는 책에서 이 실험에 대해 설명하면서 "뛰어난 자들만 모인 조직은 정치역학적 위험을 가지고 있다"고 주장했습니다. 당시 아폴로팀은 쓸데없는 논쟁에 시간을 허비했습니다. 팀원들은 아이디어를 내고 주장을 펴는 데만 집중했을 뿐 누구 하나 상대방 주장을 수용하려 들지 않았습니다. 그러니 좀처럼 합의가 이뤄지지 않았고 실행은 뒷전이 되고 말았습니다. 팀이 꼴찌가 됐을 때도 팀원들은 서로를 비난하기에 바빴습니다.

끝까지 책임지게 하라

—

세상에 아이디어를 내는 사람은 많지만 실행을 이끄는 사람은 그리 많지 않습니다. 똑똑한 직원들은 아이디어를 내고 계획은 잘 짭니다. 그러나 실행에 관심이 없는 경우가 많습니다. 실무경험이나 지식이 부족하다 보니 계획을 짤 때 어떻게 실행이 될지를 꼼꼼히 따져보지 않습니다. 실행과정에서 나타나는 문제들을 간과하기도 합니다. 이런 계획이 제대로 실행될 리 만무하겠죠. 그런데도 대부분의 회사에서는 이런 직원들이 기획을 도맡고 있고 의사 결정을 주도하고 있습니다. 실행이 잘안 되는 이유의 절반 이상이 기획에서 비롯되고 있는데도, 계획했던 대로 결과가 나오지 않으면 책임은 대부분 실행 쪽에서 지게 됩니다.

따라서 실행력을 강화하려면 최대한 기획자와 실행자를 일치시켜야합니다. 귀하의 회사도 기획자가 실행까지 책임지도록 시스템을 바꿔보십시오. 실제로 자동차 회사에서는 신차를 기획한 직원이 제품개발은 물론 마케팅과 판매까지 책임지고 있습니다. 이렇게 기획자가 곧 실행자가 되면 기획 단계부터 실행을 염두에 두게 되므로 실행력이 훨씬강해집니다.

또 경험과 지식이 풍부한 실무자들이 기획을 주도하고 기획 과정에 적극 참여하도록 하십시오. 그래서 경험이 부족한 임직원들이 기획만하고 실행은 현장 실무자들에게 맡기는 현상을 최소화하세요. 기획 업무만 오래 맡아온 임직원을 현장으로 보내고 현장경험이 풍부한 베테랑 실무자들을 기획 쪽으로 순환배치하면서 기획과 실행을 두루 경험한 직원만이 간부가 될 수 있도록 인사 시스템을 재구축해보십시오.

●●●● 사장의 생각

또 한 가지, 최고경영자를 포함한 경영진이 직접 실행을 챙겨보세요. 회사에서 많은 일들이 실행에 옮겨지지 않는 것은 따지고 보면 모두 보스가 실행을 자기 책임이라고 생각하지 않기 때문입니다. 기업의 경영진이나 임원들 가운데 상당수는 '아이디어를 확정하고 계획을 세우는 일은 보스의 책임하에 완수해야 하지만, 실행은 온전히 부하 직원들의 몫'이라고 여기는 경우가 많습니다. 이 때문에 보스들은 회사의 중장기 발전을 위해, 혹은 중요한 현안을 해결하기 위해 이것을 고치고 저것을 새로 시행해야 한다고 어렵게 결정을 내립니다. 그런 다음 아랫사람에게 시행을 주문하는 것으로 자신들의 역할을 끝내고 뒷전으로 물러납니다. 이후 그들이 관심을 쏟는 것은 오로지 결과물뿐이지요.

그런데 갑자기 업무 지시를 받은 직원들은 보스의 구상대로 실행에 옮기기가 쉽지 않습니다. 시행방안을 만들기가 어렵기도 하지만, 무엇보다 권한이 부족하기 때문입니다. 실행비용을 확보하고 인력을 동원하는 문제부터 사내 인프라의 가동, 다른 부서의 협조를 구하는 일, 외부의 도움을 요청하는 일까지 실행을 위한 절차 하나하나가 직원들에게는 모두 별도의 권한이 필요한 것들입니다. 그래서 알고 보면 사소한 걸림돌 때문에 다음 단계로 넘어가지 못하고 쩔쩔매는 경우도 허다합니다.

보스들은 결과물을 추궁하다 나중에야 시행이 안 되는 이유를 듣고는 '왜 이제야 그런 이야기를 하느냐'며 답답해합니다. 그러나 보스가 처음부터 구체적 방안을 만들고 시행에 필요한 각종 권한을 발동하고 역량을 쏟아 붓는 일에 함께했더라면 일은 훨씬 쉽고 빨리 끝났을 것입니다.

탁월한 성과를 내는 기업의 경영진은 학력수준은 높지 않지만 현업 경험이 풍부한 베테랑들로 구성돼 있습니다. 현업경험이 풍부한 경영자가 이끄는 기업은 스펙만 높은 경영진들이 주도하는 기업보다 실행력이 뛰어납니다. 이런 기업은 결코 스펙으로 직원을 뽑거나, 간부로 승진시키거나 임원으로 발탁하지 않습니다. 현업을 모르면 아무리 스펙이 뛰어나도 실행력이 떨어진다는 점을 잘 알고 있기 때문입니다.

성과의 크기는
판단속도가 좌우한다

•

속도

Q 저희 회사는 생산성이 떨어집니다. 지난해 사장을 맡은 이후 각종 경영 통계를 꼼꼼히 들여다봤는데 제가 예상했던 것보다 훨씬 생산성 지표가 낮았습니다. 경쟁회사들과 비교해도 마찬가지입니다. 올해부터 생산성을 높이기 위해 회사 차원의 노력을 하려고 합니다만, 어디서부터 어떻게 시작해야 할지 막막합니다. 임원들에게 생산성의 중요성을 설명했지만 오랫동안 현재 방식으로 일해서 그런지 심각하게 받아들이지 않았습니다. 생산성을 획기적으로 개선하는 방법은 없을까요?

A 생산성을 올리는 가장 효과적인 방법은 의사결정과 실행의 속도를 높이는 것입니다. 최고경영자부터 의사결정을 뒤로 미뤄두는 습관을 버려야 합니다. 모든 일을 즉시 결정하고, 결정한 즉시 실행에 옮기도록 조직문화를 바꾼다면 생산성도 곧 개선될 것입니다.

속도로 앞서가는 '강소기업'들

—

'강소기업'이란 말을 들어보셨을 겁니다. 독일 경영학자 헤르만 지몬이 창안한 개념으로, 잘 알려지지 않았지만 각 분야에서 세계 시장을 지배하는 '작지만 강한 기업'을 일컫는 말입니다. 지몬 교수는 독일의 중견·중소기업 2,000여 곳을 조사해 세계적 경쟁력을 갖고 있는 1,200여 기업을 '히든 챔피언'이라고 불렀습니다. 이들은 일반 소비자에게 잘 알려져 있지 않고 연매출이 40억 달러 이하인, 그러나 세계시장점유율이 3위 이내거나 소속 대륙의 시장점유율이 1위인 기업들입니다.

우리 정부도 국가경제 차원에서 강소기업 육성정책을 펼치고 있습니다. 이를 위해 중소기업청은 2011년부터 '월드 클래스 300' 육성작업을 벌이고 있습니다. 2014년까지 154개 기업이 선정되었는데, 이들은 성장성과 수익성 면에서 일반기업을 압도하고 있습니다.

강소기업은 일반기업과 다른 점이 많습니다. 가장 큰 차이점 중 하나가 바로 속도입니다. 이는 2010년 6월 한국중소기업학회가 중소기업진흥공단에 제출한 보고서를 보면 잘 알 수 있습니다. 강소기업들을 실증 조사한 결과, 이들은 소규모의 특성을 최대한 발휘해 시장변화에 따라 혁신적 제품과 서비스를 시장에 출시할 수 있는 빠른 속도를 특장점으로 지니고 있었습니다.

속도는 투입량이나 업무 완성도와 함께 생산성을 결정하는 핵심요소입니다. 그런데 많은 사람들이 업무속도에 무심합니다. 저생산성 조직의 공통점 중 하나는 업무처리 속도가 느리다는 것입니다. 조사나 분석이 느리고 의사결정도 더딥니다. "업무를 종료하고 퇴근을 결정하는 것 빼고는 모든 게 느리다"는 우스갯소리가 있을 정도입니다. 그러니 자연히 실행도 느립니다. 생산성이 낮은 회사에서는 특별한 경우에만 즉각 결정하고 즉각 실행합니다. 대부분의 경우는 나중에 결정하고 이후에 시행하려 합니다. 그러나 생산성이 높은 회사에서는 특별한 경우에만 의사결정과 실행을 뒤로 미룰 뿐, 대부분은 즉각 결정하고 즉각 실행합니다.

'더 생각해보자'는 보스가 조직의 시간을 낭비한다

—

따라서 귀하가 회사의 생산성을 높이려 한다면 먼저 회사의 업무처리 속도부터 높이기 바랍니다. 특히 최고경영자나 임원들의 의사결정과 실행은 조직 전체의 업무처리 속도에 큰 영향을 미칩니다. 보스가 의사결정을 미루면 부하직원들은 그 결정이 내려질 때까지 기다리게 됩니다. 기다리는 동안 다른 업무를 하는 경우도 있겠지만, 대개는 결정이 내려질 때까지 일손을 놓고 기다립니다. 따라서 보스가 의사결정을 빨리 하면 부하직원들의 업무처리 속도는 그만큼 빨라지게 됩니다. 자연스럽게 생산성도 따라서 높아질 것입니다.

많은 보스들이 의사결정을 미룹니다. 자신의 판단이 옳은지 확신할 수 없어서 좀 더 많은 정보를 확보한 뒤 이를 토대로 정확한 결정을 내리고 싶기 때문일 겁니다. 그러나 실제로 의사결정을 미룬 뒤 정보취득을 위한 어떤 노력도 하지 않는 경우가 대부분입니다. 결정의 합리성을 강화하기 위한 고민도 더 이어지지 않습니다. 결국 지금 결정하나 일주일 뒤에 결정하나 달라질 것이 없다는 뜻입니다. 그런데도 자신이 없기 때문에 일단 미루고 봅니다. 그러다 마감시간이 되면 처음 생각했던 것과 크게 다르지 않은 결정을 내리지요. 그저 시간만 허비했을 뿐입니다.

문제는 자신의 시간만 버린 게 아니라 이와 관련된 부하직원들의 상당수가 시간을 흘려보냈다는 점입니다. 특히 CEO가 의사결정을 미룰 경우 관련 조직 전체가 일손을 놓게 됩니다. 게다가 이런 식으로 의사결정을 계속 미루다 보면 자신도 모르게 이것이 습관이 되고 맙니다. 그래서 때로는 즉각 결정하고 실행하면 뭔가 잘못하는 것처럼 느껴지기까지 합니다.

기업에서 CEO는 정보가 충분하지 못한 상황에서 의사결정을 해야 할 때가 많습니다. 결정이 어떻게 내려지느냐에 따라 조직의 성과가 달라지고 기업의 성장발전이 좌우되기 때문에 결정을 아무에게나 맡길 수 없습니다. 조직에 리더가 필요하고 기업에 CEO가 필요한 이유 중 하나는 이렇게 불확실한 상황에서 중요한 의사결정을 해야 하기 때문입니다. 그러나 아무리 안목이 뛰어나고 배짱이 두둑한 CEO라고 해도 언제나 완벽한 결정을 내릴 수는 없습니다. 또 의사결정은 시간도 중요한 요소로 작용하게 됩니다. 아무리 올바른 결정을 해도 때를 놓치면 의미가 없어지고 맙니다. 그런 점에서 결정과 관련해 중요한 판단기준은 '결정이 얼마나 완벽했느냐'가 아니라 '올바른 결정을 위해 최선을 다했느냐'가 돼야 합니다.

완성도를 핑계로 일 처리를 미루지 마라

—

우리는 종종 업무 완성도를 높이려면 서두르지 않아야 한다고 생각합니다. 그러나 속도를 늦춘다고 해서 완성도가 높아지는 경우는 그리 많지 않습니다. 속도를 늦춰 완성도를 높이겠다는 것은 대부분 핑계에 가깝습니다. 설령 완성도가 높아지더라도 속도가 늦어져서 생기는 문제와 부담을 감안하면 속도를 늦추는 것은 결코 생산성에 도움이 되지 않습니다. 진정으로 생산성을 위해 업무 완성도를 높이려 한다면 속도를 유지하면서 완성도를 높여야 합니다.

고객 또한 모든 면에서 빠른 것을 선호합니다. 질문에 빠르게 답하고, 요청을 빠르게 해소하고, 변화를 빠르게 수용하길 원합니다. 아무리 좋은 제품과 수준 높은 서비스를 제공한다고 해도 속도가 느리면 고객의 만족도는 떨어질 수밖에 없습니다. 이 때문에 대부분의 기업들이 고객의 만족도를 높이기 위해 제일 먼저 하는 일이 속도를 높이는 겁니다.

조직 전체의 업무처리 속도를 높이려면 CEO부터 속도를 중시해야 합니다. 보스의 의사 결정과 실행속도가 조직의 생산성을 결정한다고 생각하십시오. 사실 보스가 결정해야 하는 사안 가운데 더 많은 정보를 확보하고 더 심사숙고해야 할 일은 생각보다 많지 않습니다. 따라서 보스의 책상 위에 쌓인 결재 서류는 신중함이 아니라 무능함의 징표로 간

주하도록 조직문화를 바꾸십시오. CEO부터 사원까지 누구든 의사결
정을 미룰 때는 그에 합당한 이유를 제시하도록 해보십시오. 이렇게 하
다 보면 생각보다 빠르게 조직 전체에서 속도감을 느낄 수 있을 겁니
다. 당연히 생산성도 눈에 띄게 높아질 것입니다.

스타직원에게 의존하지 말고
시스템에 투자하라

•

시스템경영

Q 저는 유통 회사를 경영하고 있습니다. 사업의 특성상 MD^Merchandiser가 사내에서 매우 중요한 위치를 차지합니다. 이 때문에 지속적으로 유능한 MD를 육성하고 영입하기 위해 노력해왔습니다. 문제는 매출이 MD에 따라 크게 달라지면서 성과를 많이 내는 MD 위주로 조직이 운영되고 있다는 겁니다. 특히 회사가 전략적으로 스타MD 육성과 영입에 주력하면서 직원들 사이에 위화감이 심해지고 있습니다. 스타MD가 모든 것을 좌우지하는 현실이 부담스럽습니다. 영업위축을 감수하더라도 경영전략을 수정해야 할까요?

A 스타 중심 경영은 회사의 안정적 성장발전을 가로막습니다. 당장은 불편함을 감수하더라도 시스템경영을 도입하십시오. 시스템이 잘 구축되고 직원들의 공감대가 충분히 이루어진다면 오히려 직원 모두에게 스타가 될 수 있는 길이 열리고 회사의 지속성장도 가능해집니다.

시스템이 먼저인가, 사람이 먼저인가

—

경영학의 구루로 평가받는 피터 드러커는 경영에서 시스템의 중요성을 역설했습니다. 그는 자신의 저서에서 시스템경영을 강조하기 위해 인재중심 경영의 한계를 이렇게 지적했습니다.

"조직은 우수한 사람들이 있기 때문에 성과를 올리는 것이 아니다. 조직은 조직의 수준, 습관, 기풍 등을 통해 자기계발의 동기를 부여하기 때문에 우수한 인재를 갖게 된다."

그런데 톰 피터스라는 경영 컨설턴트는 종종 강연회에서 피터 드러커를 이렇게 공격하곤 했습니다.

"시스템이나 전략, 계획보다 사람의 열정이 초우량기업을 만듭니다. 기업을 움직이는 것은 사람이고 기업의 생명력은 창조성과 상상력입니다. 피터 드러커는 시스템이 좋다면 경영이 다 잘될 것이라고 하지만, 어떤 시스템이든 시간이 지나면 관료적으로 바뀝니다. 나는 행동이 중요하다고 생각합니다. 초우량기업이 되려면 혁신이 필요한데, 혁신이 성공하려면 회사에 에너지가 넘치는, 열정 있는 사람이 많아야 합니다."

'시스템이 먼저냐, 사람이 먼저냐'는 경영학계를 넘어 일반인들 사이에서도 자주 벌어지는 논쟁입니다. 그만큼 기업에서도 일상적으로

●● 사장의 생각

많이 부닥치는 일입니다. 또 쉽게 결정하기 어려운 매우 중요한 의사결정이기도 합니다.

귀하의 회사에서도 이 문제가 중요한 현안으로 등장한 것 같습니다. 사업의 특성상 MD가 회사 매출의 상당 부분을 좌우하고 있기 때문에 회사는 자연스럽게 유능한 MD 중심으로 조직을 운영해왔을 겁니다. 이 과정에서 소외된 직원들의 불만이 쌓였을 것이고 조직에 불안이 잉태됐을 겁니다. 그렇다고 유능한 MD를 중시하지 않으면 그의 업무의욕이 꺾여 성과가 부진해질 수 있습니다. 이 문제가 커지면 유능한 MD들이 조직을 떠나는 사태로 이어질 수 있죠. 경영을 책임지고 있는 귀하로서 고민이 클 것 같습니다.

그러나 먼저 인재경영과 스타경영은 조금 다르다는 점을 지적하고 싶습니다. 성과를 잘 내는 스타에 의존하는 경영은 유능한 인재를 발굴하고 육성해 기업의 성장발전을 이끄는 경영전략과 같을 수 없습니다. 스타들이 만들어내는 성과는 그들이 떠나면 함께 사라지기 때문입니다.

스타에 의존하는 회사는 성장할 수 없다

—

스타 중심 경영이 의미를 갖는 것은 몇몇 특수한 경우뿐입니다.

하나는 초기 조직입니다. 조직 브랜드가 약할 때 기업은 개인 브랜드에 의존하게 됩니다. 명망 있는 CEO나 직원을 영입해 조직력과 브랜드가 갖춰질 때까지 그들의 역량에 기대는 것입니다.

두 번째는 조직이 커지면서 관료문화의 뿌리가 깊어져 변화가 필요할 때입니다. 시스템이 너무 꽉 짜여 개인의 자율성과 창의성이 제약을 받게 되면 직원들은 매너리즘에 빠집니다. 직원의 성장을 촉진하고 성과를 견인하도록 설계된 시스템이 오히려 직원들을 묶어놓고 의욕을 꺾는 일이 벌어지는 것입니다. 이 경우 환경변화에 맞게 시스템을 바꿔야겠지만, 말처럼 쉽지가 않습니다. 익숙한 업무 시스템과 조직운영 시스템을 바꾸는 것은 직원들에게 혁명만큼이나 큰 충격입니다. 이때 변화를 모색하기 위해 제한적 범위 안에서 스타 중심의 경영을 할 수도 있습니다. 그런 다음 그 결과를 토대로 시스템을 바꿔나가는 것입니다.

이 두 가지 경우가 아니라면 스타경영은 대개 조직의 성장과 발전을 방해합니다. 스타경영의 가장 큰 폐해는 직원들 사이에 위화감을 조성하는 것입니다. 위화감이 심해지면 직원들은 업무의욕을 잃게 됩니다. 아무리 능력과 성과에 따라 보상을 하고 기회를 준다 해도 직원 모두가 이 원칙에 동의하는 것은 아닙니다. 게다가 능력이나 성과에도 상대적 요소가 들어 있어서 평가에 언제나 이견이 따릅니다. 특히 스타가 될 기회는 제한돼 있기에 스타가 되지 못한 직원들은 좌절하고 경영진과 조직운영 방식에 불만을 갖게 됩니다.

또 다른 문제는 회사에 경험과 지식이 축적되지 않는다는 겁니다. 회사가 성장발전하려면 경험과 지식이 회사에 쌓여야 합니다. 그러나 스타경영은 그 경험과 지식의 대부분이 스타 개인에게 귀속됩니다. 조직에 남는 것은 그리 많지 않습니다. 따라서 스타가 떠나면 조직은 모든 것을 새로 시작해야 합니다.

마지막으로 스타경영은 합리적이고 객관적인 기업문화에 방해가 됩니다. 스타경영은 기본적으로 성과지향적 경영전략입니다. 경영의 최우선 순위를 성과에 두는 것이기 때문에 회사가 직원들에게 지키도록 한 원칙이 종종 흔들리는 경우가 생깁니다. 스타를 우대한다는 것은 기본적으로 그들에게 상당한 자율과 권한을 부여하는 것입니다. 회사의 각종 제도와 맞지 않고 기준에서 조금 벗어나더라도 스타의 활약에 필요하다면 수용하게 됩니다. 원칙이 훼손되더라도 성과를 위해서라면 스타에게 예외를 인정해줍니다.

이런 조직운영은 다른 직원들에게 불합리한 것입니다. 일반직원들은 자신들의 언행은 '불륜'처럼 다루면서도 스타직원의 언행은 '로맨스'로 간주해 관대하게 처리한다는 생각을 갖게 됩니다. 회사의 제도와 기준은 편파적이고 편향적이며, 회사의 원칙은 아무런 의미가 없다는 느낌을 주는 것입니다.

누구나 스타가 될 수 있는 시스템을 만들라

—

따라서 조직이 성장해 일정한 규모에 이르게 되면 스타경영에서 벗어나 시스템경영을 지향해야 합니다. 제도를 갖추고 기준을 명료하게 만들어 사람에 따라 원칙과 기준의 적용이 달라지는 일이 없도록 해야 합니다. 자의적 판단이나 평가가 아닌 시스템적 평가가 정착되도록 조직운영 방식과 회사문화를 바꿔야 합니다.

시스템경영과 관련해 한 가지 당부하고 싶은 점은 조직에 시스템을 만들고 적용하기 전에 직원들에게 충분히 설명하고 동의를 구하라는 것입니다. 아무리 훌륭한 시스템을 설계하고 조직에 맞도록 운영 방침을 세워놓은들 직원들이 그 필요성과 효용에 공감하지 못한다면 제대로 시행되기 어렵습니다. 시간과 비용이 들고 속도가 더디더라도 공감대가 충분히 형성된 뒤 시스템을 가동하는 게 좋습니다. 필요한 교육도 지속적으로 실시해야 합니다. 단순히 새로운 시스템에 대한 설명만으로는 부족합니다. 직원들의 업무방식이 실제로 어떻게 달라지는가를 구체적으로 알려줘야 합니다. 일회성 설명회나 연수에 그칠 것이 아니라 직원들이 시스템에 익숙해질 때까지 교육을 반복하십시오. 이렇게 이해와 설득 과정을 거치면서 단계적으로 진행하면 직원들은 머지않아 이러한 시스템이 혼란을 줄이고 생산성을 높인다는 깨닫게 될 것입니다.

덧붙이고 싶은 것은, 귀하 회사가 구축하는 시스템이 스타MD의 활약을 막는 게 아니라 오히려 권장하고 있다는 느낌을 줄 수 있도록 노력하라는 것입니다. 누구나 스타MD가 될 수 있도록, 그리고 실제로 많은 스타MD가 탄생할 수 있도록 시스템이 작동해야 합니다. 시스템경영은 스타직원 몇몇에 기대 회사가 성장하고 발전하는 게 아니라 직원모두에 의해, 직원들이 함께 만들어내는 조직력에 의해 회사가 커지도록 하는 것이기 때문입니다.

•• 사장의 생각

04

위기를 넘으면
기회가 보인다

성장과 위기는
늘 함께 있다

•

리스크 관리

Q 최근 들어 전에 경험하지 못했던 일들이 회사 안팎에서 많이 벌어지고 있습니다. 고객소송이 잇따르고 내부자료를 빼가려는 해킹 시도도 있었습니다. 회사 설립 이후 한 번도 없었던 세무조사가 진행되는가 하면, 경쟁회사는 인력을 빼갔습니다. 다른 회사 이야기인 줄만 알았던 일들이 우리 회사에서 벌어지니 당혹스럽기만 합니다. 지금까지 임기응변식으로 대처해왔는데 계속 이런 식으로 일이 터지면 어떻게 감당해야 할지 겁이 납니다. 회사에 존재하는 각종 리스크를 사전에 알고 효율적으로 대처하는 방법은 없을까요?

A 성장통으로 받아들이고 리스크 관리 시스템을 만드는 데 집중하시기 바랍니다. 특히 기업의 명운을 좌우하는 핵심 리스크는 대부분 CEO가 나서지 않으면 해결할 수 없는 영역에서 생겨납니다. 따라서 리스크 관리만큼은 실무진에게만 맡겨두지 말고 CEO가 직접 챙기십시오.

성장에 따르는 성장통, 기꺼이 감내하라

—

최근 귀하의 회사에서 벌어지는 일들은 회사가 성장하는 과정에서 발생하는 자연스러운 현상입니다. 회사의 규모가 커지고 브랜드가 알려지면 그동안 없었던 사건사고들이 약속이나 한 듯이 한꺼번에 밀려듭니다. 이는 쉽게 말하면 고객이나 경쟁회사, 감독당국을 포함한 이해관계자들이 귀사를 인식하면서 대응을 시작하고 있기 때문입니다. 귀사가 시장에서 존재감이 느껴질 정도로 성장했다는 뜻이니 기본적으로는 좋은 일입니다.

그러나 대응은 결코 쉽지 않습니다. 기업이 성장하는 과정에서 겪는 이런 '성장통'은 누구나 쉽게 넘어가는 관문이 아닙니다. 상당히 어렵고 고통스럽죠. 이 관문을 통과하지 못해 주저앉고 탈락하는 기업들도 부지기수입니다.

이런 성장통은 앞으로도 계속될 겁니다. 회사가 커지면 커질수록 더 크고 더 위험한 문제들에 직면할 가능성이 큽니다. 하지만 성장통이 없다면 이는 성장을 멈췄다는 뜻이기도 하니 결코 환영할 일이 아닙니다. 따라서 성장통은 피할 수 없기 때문에 즐긴다는 심정으로 대처해야 합니다.

기업의 성장과정에서 부닥칠 수밖에 없는 리스크는 노력하면 예방

할 수 있고 피해도 줄일 수 있습니다. 먼 바다로 나가기 전에 위험을 예상해 준비를 하면 어려움을 줄일 수 있는 것과 마찬가지입니다. 먼 바다에서 고기잡이를 하려면 큰 파도를 감당할 수 있어야 하고, 망망대해에서 방향을 잃지 않아야 하며, 오랫동안 바다 위에 머무를 수 있어야 하고, 잡은 고기를 상하지 않게 보관할 수 있어야 합니다. 연안어업과는 전혀 다른 환경이니 배를 원양어업에 맞게 재정비해야 합니다.

한발 앞서 대비하면 리스크를 줄일 수 있다
—

마찬가지로 귀하의 회사도 규모나 브랜드와 '동반성장'하는 리스크에 대비해야 합니다. 이를 위해서는 먼저 회사가 부닥칠 수 있는 각종 리스크를 정확하게 파악해야 합니다. 우선 회사가 직면할 수 있는 위험을 모두 열거해보세요. '회사에 문제가 생긴다면 어떤 것 때문일까'를 생각하면서 모든 가능성을 꼽아보는 것입니다.

조금 앞선 회사들을 벤치마킹하는 것도 한 방법입니다. 같은 사업을 하고 있는 선발회사들을 벤치마킹해 그들이 성장과정에서 어떤 문제에 봉착했고 어떻게 대처했는지, 성공과 실패의 이유는 무엇인지 구체적으로 파악해보세요. 기업의 성장통은 대개 비슷합니다. 따라서 벤치마킹한 회사들의 사례만 잘 연구해도 많은 문제를 예방하고 피해를 줄일 수 있습니다.

필요하다면 외부 전문가들의 도움을 받아보세요. 리스크 컨설팅을 전문으로 하는 컨설팅 회사들이 있습니다. 또 기업을 경영해본 경험이 있는 선배 경영자들의 자문을 받는 것도 좋은 방법입니다. 이들은 리스크를 실제 겪었기 때문에 대응방안도 잘 알고 있습니다.

이런 과정을 통해 귀사가 안고 있는 리스크의 가능성을 파악했다면 담당 임직원들과 머리를 맞대고 대처방안을 찾아보세요. 기본적으로 리스크를 찾는 과정에서 대처방안도 상당 부분 함께 파악했을 가능성이 큽니다. 어떤 리스크가 어떤 상황에서 어떻게 발생한다는 것을 알게 되면 자연스럽게 해법도 깨닫게 되니까요.

리스크가 파악되면 제도와 시스템, 인적 구성 등 다방면에서 리스크를 피하고 줄일 수 있도록 조처하십시오. 어떤 것은 즉각 시정이 가능할 것이고 어떤 것은 단계적으로 바꿔나갈 수밖에 없을 것입니다. 특히 리스크가 피할 수 없는 것이라면 그 리스크가 현실화했을 경우 어떻게 대처할 것인지를 매뉴얼로 만든 뒤, 담당 임직원들이 숙지하도록 하세요. 또 회사의 규모가 더 커지면 일상적으로 리스크를 파악하고 CEO를 포함한 주요 임원들에게 리스크와 그 대응방안을 알려주는 전담자나 전담조직을 두는 것도 검토해야 합니다.

리스크 관리만큼은 CEO가 직접 챙겨라

—

그런데 리스크 대응책의 상당수는 사업구조나 조직구조 전반을 뒤흔드는 것이어서 쉽게 시행하기 어려울 수 있습니다. 특히 핵심 리스크의 경우 개선책의 대부분이 실무진의 권한을 넘어서는 일이어서 CEO가 직접 나서야 시행이 가능합니다.

따라서 리스크가 조직과 사업 전체에 미치는 영향을 깨닫고 이를 예방하는 것은 기본적으로 CEO의 몫입니다. 예를 들어 재무구조 악화에 따라 회계장부를 꾸며왔는데 이를 바로잡는 것, 기술이 낙후돼서 첨단 기술을 들여오는 것, 경영 사정이 악화해서 구조조정을 하는 것, 해킹에 취약한 보안시스템을 강화하기 위해 데이터를 암호화하는 것 등 회사에 큰 타격을 줄 수 있는 리스크 개선은 대부분 경영과 직결된 문제입니다. CEO가 직접 나서지 않으면 사실상 대처가 불가능한 일들이지요.

특히 얼마 전 대한항공 사태에서 본 것처럼 '오너 리스크'는 그중에서도 가장 큰 리스크입니다. 이런 오너 리스크를 언급하고 개선방안을 찾는 것은 실무진의 권한을 훌쩍 넘어섭니다. 오직 CEO나 그 최측근들만이 할 수 있는 일이죠. 일반직원들이 회사 리스크의 존재나 개선 필요성을 잘 느끼지 못하는 배경에 이런 사정이 있습니다. 동서고금을 막론하고 조직의 핵심 리스크는 최고권력자나 그를 둘러싼 측근그룹들로부터 만들어졌고, 해법 역시 그들의 몫이었습니다. 이 때문에 리스크 컨설팅도 오너나 CEO를 대상으로 하는 경우가 많습니다. 오너와 CEO, 핵심 경영진을 빼고서 기업의 리스크를 파악하는 것은 수박 겉핥기에 불과합니다.

중소기업이 중견기업으로, 중견기업이 대기업으로 성장하지 못하고 중도하차하는 것은 성장을 못해서가 아니라 위기에 제대로 대처하지 못했기 때문인 경우가 많습니다. 위기대처 능력이 부족해 회사가 성장 동력을 상실하거나 아예 파산하는 것이죠.

대한항공 사태에서 조현아 전 부사장의 이른바 '땅콩회항' 사건은 예고된 리스크였습니다. 그러나 이런 리스크 가능성과 개선의 필요성을 공개적으로 진지하게 이야기하는 임직원은 없었던 것 같습니다. 오죽하면 조중훈 회장이 "왜 이런 상황이 될 때까지 아무도 내게 이야기를 하지 않았느냐"고 답답함을 토로했겠습니까? 사건 이후 수습과정에서도 도무지 한국 최대 항공 회사라고 보기 어려운 조처와 언행들이 이어지면서 일은 더욱 커지고 꼬여갔습니다. 기업 내에 리스크 관리 시스템이 없었거나 있더라도 전혀 작동하지 않은 셈이죠.

거듭 강조하지만 리스크 관리는 기업의 사활을 좌우하는 일입니다. 특히 기업이 커질수록 위기도 커진다는 점을 감안해 리스크 관리 시스템은 기업의 경영을 책임지는 CEO가 직접 챙겨야 합니다.

간부의 이직은
치명적 징후

•

간부 이직

Q 회사가 벌써 몇 년째 성장이 정체돼 있어 TFT를 꾸려 대책을 찾고 있습니다. 그
런데 최근 제출된 TFT의 보고서에 경쟁심화, 기술과 시설의 낙후 등 지금까지 제
기됐던 요인들 외에 조금 뜻밖의 요인이 들어 있었습니다. 우리 회사의 이직률, 특히 간부
이직률이 높다는 것입니다. 그동안 이 점이 크게 문제가 될 거라고 여기지 않았습니다. 간
부의 교체는 회사의 성장발전 과정에서 당연한 것이라고 생각했기 때문입니다. 정말 간
부들의 이직이 성장 정체에 영향을 미쳤을까요?

A 간부 이직률은 생산성에 결정적 영향을 미칩니다. 또한 간부의 이직률이 높다는
것은 사내에 심각한 문제가 있다는 뜻이기도 하고요. 이를 해결하지 못하면 회사
의 지속성장도 기대하기 어려우니 당장 문제를 파악하고 대책을 강구하는 것이 좋겠습니
다. 퇴직간부들을 조사해보면 문제 파악에 큰 도움이 될 것입니다.

이직률과 생산성은 반비례 관계

—

회사의 성장정체 요인을 찾는 과정에서 간부들의 이직률이 높다는 점이 거론되었군요. 지금껏 으레 그러려니 하고 대수롭지 않게 생각해온 문제라면 이번 기회에 세밀히 검토해보시기 바랍니다.

일반적으로 이직률은 경영평가의 주요 지표입니다. 기업이 지속성장하려면 직원들이 장기근속해야 합니다. 직원들의 이직이 잦으면 채용 비용이나 교육훈련비용 등 직접비용은 물론이고, 직원들의 사기저하, 고객관계 단절, 정보유출 등에 따른 간접비용도 많이 들어갑니다.

직원들의 이직률이 높은 회사에서는 높은 생산성을 기대하기도 어렵습니다. 성과의 대부분은 현업 경험과 지식이 풍부한 경력사원들이 만듭니다. 신입사원만 가득한 조직이 성과를 내기란 참 어려운 일이지요. 따라서 안정적으로 성장하는 회사들은 대개 직원들이 장기근속하면서 조직이 안정돼 있습니다.

이 때문에 유능한 경영자들은 직원들의 이직률을 주요한 관리지표로 삼고 있습니다. 이직률을 낮추는 게 경영혁신이고 성과관리라고 생각합니다. 이직률을 낮추면 중장기적으로 비용이 줄고 수익이 늘어난다는 것을 경험을 통해 알고 있기 때문입니다. 이들은 이직률을 낮추기 위해 채용단계부터 이직 가능성이 큰 직원은 뽑지 않으려고 노력합니다. 또 직원들의 조직 적응을 위해 물심양면으로 배려합니다.

특히 경험 많은 경영자들은 유독 간부들의 이직률에 신경을 씁니다. 간부는 조직을 지탱하는 기둥이기 때문입니다. 이들은 업무경험과 지식이 풍부해 성과창출의 핵심역할을 담당합니다. 또 직원들을 교육훈련해 리더십을 개발하는 일도 이들의 손에 달려 있습니다. 리더십을 발굴하고 키우는 일은 기업이 지속성장하기 위한 기본조건인데, 간부들이 이 역할을 담당하고 있는 것입니다.

간부들이 떠나는 회사, 역량이 쌓일 틈이 없다

—

미국의 1996년 국방연례보고서에 이런 내용이 있습니다.

"신형 항공모함을 건조하는 데 9년이 걸렸다. 신형 전투기를 개발하는 데는 10년이 걸렸다. 중대 선임하사관을 양성하는 데 17년, 대대장을 양성하는 데 18년, 대대 주임상사를 양성하는 데 22년이 걸렸다. 그리고 기갑 사단장을 양성하는 데 28년이 걸렸다."

간부를 육성하는 게 얼마나 어려운 일인지를 단적으로 보여주는 내용입니다. 이 때문에 공군에서는 수백수천억 원을 호가하는 비행기보다 조종사 한 명을 더 소중하게 여깁니다. 위험한 상황이 벌어지면 조종사는 비행기를 버리고 탈출하도록 훈련받습니다. 비행기야 또 만들면 되지만 베테랑 조종사 한 명을 키워내려면 오랫동안 많은 노력이 필요하기 때문입니다.

기업에서도 마찬가지입니다. 일반직원들과 달리 간부는 대체하기가 쉽지 않습니다. 신입사원을 간부로 키우려면 많은 비용이 들어갑니다. 더구나 아무리 비용을 많이 들여도 간부를 키워내는 데 필요한 절대시간은 줄일 수 없습니다.

아무리 자금이 많고 최신설비를 갖춘 공장과 연구소를 갖고 있다고 해도 이를 운영할 수 있는 직원이 없다면 아무 의미가 없습니다. 특히 경험과 지식이 풍부해 업무에 관한 안목을 갖추고 있고 일반직원들을 이끌 수 있는 간부들의 존재는 매우 중요합니다. 조직에 대한 기여도를 평가한다면 간부 한 명은 일반 직원의 몇 배, 아니 몇 십 배에 이를 것입니다.

그런 점에서 귀하 회사의 경영진단 보고서가 간부유출의 심각성을 지적하고 이것이 성장정체의 한 요인이라고 한 것은 문제를 제대로 짚은 것입니다. 경영자의 가장 큰 잘못 중 하나는 리더십 유출입니다. 직원유출도 큰 문제지만 간부들이 조직을 떠나는 것은 더욱 심각한 문제입니다. 직원이 떠나도 간부가 남아 있으면 신입을 다시 뽑아 교육훈련시키면서 일을 할 수 있지만, 간부가 떠나고 직원만 남는다면 회사의 장래를 보장하기 어렵습니다.

물론 유능한 직원들이 입사하면서 자연스럽게 인원교체가 이뤄지는 것은 성장하는 기업에서 나타나는 일반적 현상입니다. 어떤 경우는 교체가 잘 이뤄지지 않아 고인 물이 생겨나는 게 더 큰 문제인 기업도 있지요. 간부의 조직 기여도가 더 이상 커지지 않을 경우 경영진은 더 크게 기여할 수 있는 직원들에게 기회를 주기 위해서라도 간부교체를 추진해야 합니다.

그러나 직원들로부터 좋은 평가를 받는 간부, 회사의 발전을 이끌 간부들이 떠난다면 그것은 심각하게 받아들여야 합니다. 일반적으로 입사 뒤 10년 정도면 매니저 위치에 오르게 됩니다. 회사의 허리에 위치해 성과를 주도합니다. 현장에서 업무를 주도하면서 임원을 준비하게 됩니다. 부하직원들의 존경을 받고 있고 조직 충성도도 높습니다. 회사에서 많은 직원들이 떠나고 새로 들어와도 조직이 안정적으로 운영되는 것은 이런 간부들이 자리를 지키고 있기 때문입니다.

귀와 마음을 열고, 떠난 이유를 물어라

따라서 간부들의 이직률이 눈에 띄게 높다면 그 회사는 문제를 안고 있는 게 분명합니다. 그것도 치명적일 가능성이 큽니다. 서둘러 원인을 파악하고 대책을 세우지 않으면 머지않아 조직 전체가 위험한 상황에 처할지도 모릅니다. 간부의 이직은 위기상황에 빠져들고 있는 회사가 경영자에게 보내는 심각한 위험 신호입니다.

보고서의 지적대로 귀사에서 핵심 리더십이 계속 유출되고 있다면 지금 당장 상황이 어느 정도인지, 원인은 무엇이고, 대책은 어떻게 세워야 하는지 살펴보십시오. 최고경영자를 비롯한 경영진 모두가 직접 나서서 문제를 파악하고 대책을 마련하십시오.

문제의 원인을 찾고 대책을 마련하는 데 가장 좋은 방법은 퇴사자를 조사하는 것입니다. 조직원들로부터 신뢰를 받고 있는 임원으로 하여금 회사를 떠난 간부들을 면담하도록 해보세요. 왜 회사를 떠났는지, 문제를 해결하기 위해 본인은 어떤 노력을 했고 상사나 동료 간부들은 어떤 반응을 보였는지, 그리고 회사가 이 문제를 해결할 수 있는 방법은 무엇이라고 생각하는지 자세히 파악하세요. 이 과정에서 귀사가 안고 있는 문제들이 수면 위로 드러날 것입니다. 어떤 문제든 원인을 알 수만 있다면 문제의 절반은 해결된 셈입니다.

여기에 꼭 덧붙이고 싶은 것은 문제를 해결하려면 CEO와 경영진이 조사 결과에 대해 개방적인 태도를 보여야 한다는 점입니다. 퇴사간부들이 지적하는 문제의 상당 부분이 CEO의 경영 스타일과 관련돼 있을 가능성이 큽니다. 어느 기업이나 핵심적 문제의 대부분은 CEO와 연결돼 있지요. 이는 문제해결 역시 CEO가 움직여야만 가능하다는 뜻입니다. 퇴사간부들의 지적이 불편하더라도 열린 마음으로 과감하게 수용하십시오. 그것이 문제를 해결하고 생산성 정체를 해소하는 지름길입니다.

떠나는 직원들이
혁신의 열쇠를 쥐고 있다

•

퇴직 사유 조사

Q 저희 회사는 직원의 퇴직이 많습니다. 많은 노력 끝에 인재를 영입하지만 상당수가 몇 년을 견디지 못하고 나갑니다. '인사가 만사'라는 생각으로 인재확보에 공을 들여온 터라 직원들이 나갈 때마다 기운이 빠집니다. 남아 있는 직원들의 사기나 고객 관계에도 부정적 영향을 받고 있습니다. 어떻게든 이직률을 줄이고 싶은데 무엇을 바꿔야 할지 모르겠습니다. 그래서 퇴사자들을 조사해 문제를 찾아보려고 합니다. 퇴직 사유 조사는 어떻게 해야 하나요?

A 퇴직 사유 조사에서 가장 중요한 것은 객관성과 정확성입니다. 편견 없는 조사자를 선정해 신중하게 접근하되, 상시 조사와 항목 세분화로 충분한 데이터를 확보하십시오. 조사 결과를 취합하고 해법을 찾는 과정은 회사에 산적한 문제점들을 개선하는 과정이니, 회사 혁신이라는 적극적 관점에서 진행하기 바랍니다.

퇴직 사유 조사의 핵심은 편견 없는 객관성

—

퇴사자를 줄이려면 직원들을 퇴직하게 만드는 원인부터 파악하는 것이 순리입니다. 무엇이 직원들로 하여금 회사를 떠나게 만드는지 원인만 제대로 파악한다면, 문제는 이미 해결되기 시작한 것입니다. 그러니 직접 퇴사자들을 조사하기로 한 것은 현명한 결정이라는 말씀부터 드리고 싶습니다.

그런데 직원들이 회사를 떠나게 만드는 원인을 제대로 파악하는 것은 생각처럼 간단하지 않습니다. 이직은 대부분 하나 이상의 여러 요인이 복합적으로 작용하기 때문입니다. 특히 회사 문제뿐 아니라 개인적 사정까지 맞물려 있어 주된 원인을 파악하기조차 어려운 경우가 많습니다.

이 때문에 퇴직 사유 조사를 시작했다가 중도에 포기하는 사례도 있습니다. 처음 조사를 시작할 때만 해도 직원들의 퇴사에 몇 가지 핵심 원인이 있을 것이라고 예상하고 그 원인을 찾으려 합니다. 그런데 조사 과정에서 직원마다 제각기 다른 퇴직 사유를 대는 바람에 이런 식으로 원인을 파악하는 것은 실효성이 없다고 여기게 되는 겁니다. 따라서 퇴사자들을 통해 퇴직 원인을 제대로 찾으려면 좀 더 긴 호흡으로 치밀하게 준비와 검토를 해야 합니다.

정확한 원인을 찾기 위해서는 무엇보다 조사가 객관적으로 진행돼야 합니다. 퇴직 사유는 누가 어떻게 파악하느냐에 따라 크게 차이가 납니다. 조사자의 선입견이 조사 결과에 큰 영향을 미치기 때문입니다. 그러므로 퇴직 사유 조사는 최대한 편견 없이 객관성을 유지할 수 있는 임직원을 투입해야 합니다.

만약 이런 사람을 찾기 어렵다면 외부 전문가의 도움을 받는 것도 검토해보세요. 비용이 들어가겠지만, 무엇 때문에 직원들이 회사를 떠나는지 제대로 파악할 수만 있다면 충분히 투자가치가 있는 일입니다. 높은 이직률로 인한 폐해와 손실은 굳이 설명하지 않아도 될 만큼 심각하니까요.

상시조사, 항목 세분화로 데이터의 신뢰도를 높여라
—

다음은 데이터가 충분해야 합니다. 조사 분석이 의미를 가지려면 표본이 일정한 수준을 넘어야 합니다. 표본이 적으면 잘못된 결론을 이끌어낼 가능성이 많습니다. 그런데 퇴사자를 대상으로 하는 퇴직 사유 조사는 단기간에 표본을 많이 확보하기가 어렵습니다. 퇴직 사유 조사를 통해 회사의 개선점을 찾아내기가 생각보다 어려운 것도 이 때문입니다.

따라서 가능하면 직원이 회사를 나갈 때마다 항상 조사하는 '상시조사 시스템'을 구축하는 것이 좋습니다. 이렇게 조사를 진행하다 보면 직원들의 퇴직 사유는 물론, 성별이나 연령에 따라, 또 직무와 근무환경 등에 따라 직원들이 어떤 상태에 놓여 있는지를 파악하는 데 큰 도움이 됩니다. 만약 충분한 데이터를 확보하기 전에 의사결정을 해야 한다면 재직자를 대상으로 조사를 추가해 데이터 부족에서 오는 판단오류를 최소화하십시오.

또한 퇴직 사유 조사 내용은 가능한 한 세분화하는 것이 좋습니다. 이직의 원인은 여러 가지가 있을 수 있습니다. 애초에 채용단계에서부터 적임자가 아닌 직원을 뽑았을 수도 있습니다. 학력이나 경력 등 업무에 필요한 역량만 보고 '문화적 적합성'을 간과했을 가능성도 있고, 적임자를 뽑기는 했지만 적응과정에서 문제가 발생했을 수도 있습니다. 회사가 약속한 것을 이행하지 않아 직원이 실망했을 수도 있고, 회사가 이야기하는 비전에 공감하지 못했을 수도 있습니다. 그 밖에도 조직 구성원들과 관계에 문제가 생겼을 수도 있고, 업무 시스템이 맞지 않았을 수도 있습니다.

따라서 채용단계부터 입사단계, 초기적응단계, 업무진행단계, 퇴사결정단계로 조사를 세부화해 사안별로, 시기별로 나눠 문제점을 파악해야 합니다. 직원이 입사할 때부터 떠날 때까지 전 과정을 펼쳐놓고 어느 시기에 어떤 문제가 발생했는지를 찾는 방식으로 세세하게 살피십시오.

조사 결과를 회사 혁신으로 이어가라

—

퇴사자를 깊이 있게 조사하면 회사가 안고 있는 문제들이 대부분 드러납니다. 이들 중 상당수는 경영진이 이미 알고 있는 것들입니다. 오랫동안 문제가 돼왔지만 이런저런 이유로 해결을 미뤄왔던 것들이 대부분일 것입니다. 알고 있었지만 대수롭지 않게 생각해온 문제들도 꽤 있을 겁니다.

일단 조사에서 나타난 문제들을 전부 목록으로 만드세요. 그런 다음 당장 할 수 있는 것과 장기적 과제로 남겨둘 수밖에 없는 것을 분리해서 할 수 있는 것부터 개선을 시작하세요. 개선사항이 많아 보여도 하나둘씩 차근차근 처리하다 보면 생각했던 것보다 빨리 마칠 수 있습니다. 개선안 가운데 상당수는 서로 얽혀 있어서 하나가 풀리면 나머지도 자동으로 해결되는 경우가 많기 때문입니다. 이렇게 문제를 해결하다 보면 오래지 않아 개선효과를 체감하게 될 겁니다.

경영진이 알고 있었던 문제는 앞의 방식으로 풀어나가면 됩니다. 해법을 몰랐다기보다 어쩌다 보니 시행을 미뤄온 사안들이니까요. 문제가 되는 것은 경영자들이 전혀 예상하지 못했던 사안들입니다. 일부 사안은 '이런 것이 왜 문제가 되지'라는 생각마저 들게 합니다. 직원들에게는 심각한 문제이고 직장을 옮길 정도로 크게 영향을 미치고 있는데도 경영진은 모르고 있는 것이죠.

이 간극을 메우려면 무엇보다 경영진이 직원들과 많은 대화를 해야 합니다. 일단 직원들의 생각과 고민을 듣고 이해하려 노력하는 수밖에 없습니다. 경영진이 일방적으로 직원들에게 모든 것을 맞춰야 한다는 말이 아닙니다. 직원들을 붙잡기 위해 경영진이 마음에도 없는 말과 행동을 하고 경영철학까지 바꿀 필요는 없습니다. 그렇게 해서도 안 될 일이고요. 중요한 것은 소통입니다. 경영자가 직원들과 소통을 늘리면 경영자는 직원들의 생각과 처지를 좀 더 파악할 수 있고, 직원들 역시 경영자의 생각과 고민을 좀 더 이해하게 됩니다. 회사의 입장에 대해 진지하게 접근할 기회를 얻은 직원들 중 경영자의 경영철학과 회사의 경영전략에 한층 공감하는 이들도 생겨날 것입니다. 회사와 경영자에 대한 오해만 없어져도 회사를 떠나는 직원들은 크게 줄어들 것입니다.

그런 점에서 퇴사자를 줄이는 방안은 회사의 발전방안과 같습니다. 직원들의 근무 만족도가 높아지면 업무성과도 개선됩니다. 따라서 이왕 이직률 문제를 다루기로 했다면 퇴사자 수를 조금 줄이겠다는 소극적 차원이 아니라 업무 효율을 높이고 직원만족도를 끌어올려 회사를 혁신한다는 적극적 관점으로 접근할 필요가 있습니다.

만약 귀하가 회사의 중장기 발전계획을 짠다면 동료들로부터 신망받는 유능한 직원들로 TFT를 구성할 겁니다. 이직률을 줄이기 위한 방안을 만드는 팀도 그런 직원들로 구성하세요. 다시 강조하지만, 누가 어떻게 접근하느냐에 따라 퇴사자 조사는 하나마나한 일이 될 수도, 회사를 질적으로 한 단계 끌어올리는 혁신방안이 될 수도 있습니다.

유능한 직원이 떠나면
재기의 기회도 함께 떠난다

•

인력감축

Q 회사의 경영 상황이 몇 년째 악화되고 있습니다. 오랜 고민과 논의 끝에 결국 구조조정을 하기로 결정했습니다. 이 과정에서 전체 직원의 20퍼센트를 줄여야 하는데, 이 일이 여간 어렵지 않습니다. 서비스업을 주력으로 하는 저희 같은 회사에서는 직원이 가장 큰 자산인데 직원을 많이 내보낸 뒤 사업이 괜찮을지도 걱정입니다. 이래저래 구조조정 현실이 안타깝습니다만 피할 수는 없을 것 같습니다. 그렇다면 어떤 원칙에 따라 누구를 정리해야 할까요?

A 구조조정은 위기를 극복하고 재도약을 준비하기 위한 과정입니다. 인력감축을 꼭 해야 한다면 재도약에 필요한 우수인력들이 유출되지 않도록 최선을 다해야합니다. 특히 임원들은 놔둔 채 숙련된 직원들만 내보내는 우를 범하지 않도록 주의하시기 바랍니다.

인력감축은 구조조정의 마지막 보루

—

회사가 어려운 시기에 처해 구조조정을 선택해야만 할 때, 경영자의 참
담한 심경을 어떻게 말로 다 표현하겠습니까. 하지만 그럴수록 냉철하
고 현명한 판단력을 발휘하시기 바랍니다.

익히 아시겠지만 구조조정의 궁극적 목적은 비용절감이 아닙니다.
비용절감을 통해 회사의 체력을 회복하고 경영환경을 개선한 뒤 재도
약을 준비하려는 것입니다. 따라서 구조조정은 재도약에 필요한 조건
을 만들어내는 데 초점을 맞춰야 합니다.

그런 점에서 임직원을 줄이는 일은 특히 신중하게 접근해야 합니다.
귀하의 말대로 서비스업에서는 더욱 그렇습니다. 기계장치로 제품을
만드는 제조업과 달리, 서비스업의 경우 직원이 서비스 제공의 주체이
기 때문에 직원만큼 중요한 존재도 없습니다. 고객을 잘 파악하고 있
고 적절한 서비스를 제공할 수 있는 숙련된 직원, 기업문화를 이해하고
존중하는 직원을 줄이는 것은 제조업에서 생산공장을 없애는 것과 같
습니다. 공장이 없으면 제품을 생산할 수 없습니다. 마찬가지로 서비스
회사에서 직원을 내보내는 것은 핵심자산을 포기하는 것과 같습니다.

사업을 오래 해온 경영자들은 숙련된 직원이 얼마나 소중한 존재인
지 잘 압니다. 물론 경영 사정이 나아질 때 직원을 다시 뽑으면 됩니다.

경우에 따라서 더 좋은 인력을 채용할 수도 있습니다. 그러나 새로 직원을 뽑아서 기업에 필요한 인재로 만들려면 많은 시간과 비용이 들어갑니다. 한 명의 직원을 뽑아서 독립적으로 일할 수 있는 능력을 갖출 때까지 회사가 투입하는 교육훈련 비용은 상상 이상으로 많습니다.

특히 업무에 필요한 기술을 갖추는 것을 넘어서 기업이 지향하는 가치나 CEO의 경영철학 그리고 기업문화에 맞는 직원으로 길러내려면 무척 많은 공을 들여야 합니다. 기업은 이런 직원들이 많아야 조직력을 발휘할 수 있습니다. 뛰어난 조직은 직원들이 물리적 결합을 넘어서 화학적 결합 상태로 묶여 있습니다.

한국의 근로기준법에서는 정리해고 요건을 '긴박한 경영상의 필요와 해고회피 노력' 등으로 엄격하게 규정하고 있습니다. 많은 경영자들이 이 규정의 취지를 약자인 노동자의 권리를 보호하려는 것이라고 생각합니다. 물론 맞는 해석입니다. 그러나 이를 경영의 관점에서 바라보면 기업과 사업의 핵심역량을 마지막까지 보존해야 한다는 뜻으로 해석할 수도 있습니다. 직원을 잃으면 기업과 사업이 통째로 흔들릴 수 있기 때문에 신중해야 한다는 것이죠. 인력감축은 구조조정의 한 방편이긴 하지만 신중에 신중을 기해야 합니다. 경영 개선을 위해 모든 조처를 다해도 안 될 경우 마지막 방법으로 검토해야 합니다.

그러나 경영 상황은 종종 인력 구조조정을 불가피하게 만듭니다. 최근 국내 대기업들을 보면 상당수가 인력 구조조정 없이 회사를 유지하기가 쉽지 않아 보입니다. 이런 경우 인력 감축을 결정하지 못한 채 머뭇거린다면 경영자는 유용한 카드를 포기하는 것입니다. 따라서 인력 감축이 꼭 필요하다고 판단했다면 과감히 추진해야 합니다.

우수한 직원들을 잃어야 한다면, 차라리 임원을 내보내라

—

구조조정 과정에서 가장 중요한 것은 사업에 필요한 핵심인력을 유지하는 일입니다. 앞서 이야기한 것처럼 구조조정은 단순히 비용을 줄이는 게 아니라 재도약에 필요한 여건을 만드는 것입니다. 그러니 우선 재도약에 꼭 필요한 직원들을 어떻게 유지할 것인지를 고민해야 합니다.

그런데 이 일은 상당히 어렵습니다. 현실적으로 구조조정 과정에서 우수한 직원은 떠나고 상대적으로 경쟁력이 뒤지는 직원들만 남는 경우가 많습니다. 유능한 직원은 회사를 떠나도 다른 곳으로 옮길 수 있는 반면, 평범하거나 그 이하의 능력을 가진 직원은 다른 직장을 구하기가 어렵기 때문일 겁니다. 따라서 구조조정을 잘못하면 핵심인재들이 대거 이탈해 회사의 경쟁력이 급격하게 약해질 수 있습니다. 이렇게 되면 회사의 재도약은커녕 유지조차 어려워집니다.

이런 위험성을 잘 아는 경영자는 구조조정 과정에서 핵심인재의 이탈을 막기 위해 세심한 주의를 기울입니다. 이들에게 구조조정 이후의 비전을 명확히 제시해 구조조정에 따른 상실감을 줄이고 밝은 미래를 보여주려고 애를 씁니다. 필요할 경우 핵심인력들을 만나 개인적 신뢰감을 표시하면서 회사에 남을 것을 강하게 권유하기도 합니다.

그런데 구조조정 과정에서 많이 범하는 실수 중 하나는 능력과 무관하게 경영진과 가까운 직원들을 남도록 하는 것입니다. 상대적으로 오랫동안 근무하면서 강한 유대관계가 형성돼 있는 임원이나 간부급 직원들이 남고 경영진과 관계가 깊지 않은 직원들이 떠나는 것이죠.

그러나 구조조정 효과를 따지면 사원급 직원 수십 명을 정리하는 것보다 임원 몇 명을 내보내는 편이 훨씬 효과가 큽니다. 임원 한 명을 유지하는 데 들어가는 비용이 직원 몇 명의 비용보다 훨씬 많기 때문입니다. 다만 아직 회사 규모가 작고 직원 수가 많지 않은 중소기업 중에 임원들이 여전히 각종 업무의 중추를 담당하고 있는 경우도 있습니다. 이런 회사는 비용 문제로 임원을 함부로 내보내선 안 됩니다. 하지만 이런 경우를 제외하고는 임원부터 정리하는 것이 제대로 된 구조조정의 순서입니다. 물론 이런 결정을 하는 것은 참 고통스러운 일입니다. 대부분의 기업에서 임원들은 CEO와 동고동락해온 사이기 때문에 더욱 그럴 것입니다. 그렇지만 임원들의 대부분이 남아 있는 상태로 구조조정 효과를 거두기는 쉽지 않습니다. 그렇게 되면 직원들의 정서에도 부정적인 영향을 미칩니다.

최근 경기부진이 장기화하면서 구조조정 필요성을 강조하는 소리가 많이 들립니다. 경영 사정이 어려워진 기업들은 불필요한 자산을 매각하고 생산규모를 줄입니다. 제조원가가 싼 해외로 공장을 이전합니다. 귀사처럼 감원을 실시하기도 합니다. 이런 방안들이 효과를 거두면 곧 기업의 재무건전성이 좋아집니다. 수익성이 낮은 사업들이 정리돼 기업의 전체 수익성도 개선됩니다. 그러나 일시적으로 재무건전성을 회복하고 수익성이 개선됐다고 해서 구조조정이 완전히 성공한 것은 아닙니다. 시장에서 생존 가능한 시스템을 만들어내지 못하면 위기는 금방 다시 찾아오게 됩니다. 이런 생존 가능 시스템의 핵심은 직원입니다. 우수한 직원을 확보하지 못하면 구조조정은 성공했다고 보기 어렵습니다.

구조조정은 기업의 생존을 위해서 꼭 필요합니다. 그러나 아무리 구조조정이라고 하더라도 인력을 줄이는 것이 능사가 아닙니다. 우수한 인력은 최대한 유지해야 합니다. 그래야 미래를 도모할 수 있습니다. 따라서 구조조정 과정에서 우수한 인력을 잃는다면 재무건전성은 확보했을지 몰라도 재도약을 위한 준비라는 구조조정의 목적은 달성하지 못한 것입니다. 이 점을 염두에 두고 구조조정을 꼭 성공적으로 완수하시기 바랍니다.

PART 04

목표는 생존이 아닌 성장이다

관심을 내부에서 시장으로 바꿔야 합니다.

내부에서 끼리끼리 모여 앉아 의견을 교환하고 의사결정을 할 게 아니라

시장을 조사하고 고객의 소리를 경청해야 합니다.

고객이 항상 최고의 성능, 최고의 디자인, 최고의 기술력을 찾는 것은 아닙니다.

고객은 자신에게 맞는 제품과 서비스를 원합니다.

기업은 그래서 항상 시장을 보고 고객이 원하는 것을 찾아내야 합니다.

고객이 원하는 것을 남과 다르게 만들어내야 합니다.

차별성은 고객지향적 기업이 고민해야 할 최우선 과제입니다.

01

◎

문제의 답은
항상 시장에
있다

고객에게
주파수를 맞춰라

•

고객지향

Q 저희 회사는 기술수준이나 제품력에서 경쟁회사에 비해 상당히 앞서 있습니다.
직원들의 업무능력도 뛰어나고 자부심 또한 강한 편입니다. 그런데도 매출이나
영업이익은 경쟁회사에 한참 뒤집니다. 시장점유율 격차도 상당히 벌어져 있습니다. 그
동안 저희는 디자인과 품질 면에서 경쟁회사보다 훨씬 수준 높은 제품을 내놓기 위해 많
은 노력을 했습니다. 그런데도 간극이 좁혀지지 않는 이유가 무엇일까요?

A 고객만족을 생각하지 않고 무작정 제품력만 높이려 하면 경쟁자를 앞서기가 어
렵습니다. 항상 시장의 상황과 고객의 요구에 안테나를 세우고, 그 변화에 기민
하게 대처하십시오. 이를 위해 먼저 기업문화부터 철저히 고객지향으로 바꿔야 합니다.

제품을 위한 것인가, 고객을 위한 것인가

—

많은 경영자들이 회사가 어려움에 처하면 사업이나 인력의 구조조정을 고민합니다. 우선 경쟁력이 없는 사업과 효율이 뒤지는 조직을 정리해 비용을 줄입니다. 아울러 매출을 늘리기 위해 첨단장치가 장착된 신제품을 만들어내려고 애를 씁니다. 임직원들은 더 단순하고 더 가볍고 더 감각적인 제품을 만들기 위해 밤을 샙니다.

그런데 이렇게 새로운 제품과 서비스를 개발하는 과정에서 가장 중요한 것을 간과하는 경향이 있습니다. 바로 고객입니다. 시장이라는 핵심요소를 망각한 채 기술적으로 더 앞서고 디자인 면에서 더 세련된 제품을 만드는 데만 집중하는 것입니다. 자신이 만드는 제품에 대해 소비자들이 어떤 반응을 보일지를 생각하지 않고 자신들이 생각하는 최고의 제품을 만드는 데만 온통 정신이 팔려 있는 것입니다.

그러나 안타깝게도 이렇게 만들어진 제품이나 서비스가 고객의 호응을 이끌어낼 가능성은 그리 높지 않습니다. 고객은 자신에게 필요한 제품이나 서비스를 구매하지, 디자인이 고급스럽다거나 첨단기술로 무장했다고 해서 무조건 사는 것이 아니니까요.

따라서 임직원들의 모든 관심은 일차적으로 시장으로 향해야 합니다. 피터 드러커는 기업인들에게 종종 '우리의 비즈니스는 무엇인가'

라는 질문을 던져야 한다고 이야기했습니다. 그는 이 질문에 대한 해답은 제품이 아니라 고객에게 있다고 강조했습니다. 기업이 실패하는 제1원인도 이 질문에 대한 답을 혼동하기 때문이라는 겁니다. 그는 "어떤 사업을 할 것인가, 어떤 제품을 만들 것인가, 그리고 회사가 성공할 것인가를 결정하는 유일한 요소는 고객"이라고 단언했습니다.

귀사가 경쟁회사를 따라잡기 위해 많은 노력을 하고 있는데도 만족스러운 결과를 얻지 못하고 있다면 피터 드러커의 이야기를 곱씹어볼 필요가 있습니다. 그는 혁신의 목표는 언제나 고객 만족이어야 한다고 말합니다. 기업이 혁신할 때 초점을 맞춰야 하는 것은 기술이나 판매, 이익 같은 것이 아니라 단연 고객이라는 것입니다.

그러나 기업인들의 상당수는 고객이 중요하다고 말하면서도 정작 고객 중심으로 기업을 경영하지 않습니다. 고객을 생각한다면 철저한 시장조사를 통해 고객이 원하는 제품을 만들어야 하는데, 자체 판단에 따라 자신들이 생각하는 최고의 제품을 만들어내는 데만 주력하고 있습니다.

고객지향 기업으로 거듭나라

—

기업을 시장 친화적으로 만들려면 기본적으로 임직원들의 관심을 내부에서 시장으로 바꿔야 합니다. 내부에서 끼리끼리 모여 앉아 의견을 교환하고 의사결정을 할 게 아니라 시장을 조사하고 고객의 소리를 경청해야 합니다. 경영활동의 출발은 언제나 고객이 무엇을 원하는지 파악하는 것입니다. 시장은 끊임없이 변하고 변화속도도 빠르기 때문에 시장상황을 파악하는 것은 기업에서 가장 중요한 활동 중 하나입니다.

제가 아는 어떤 경영자는 고객의 소리를 듣기 위해 상담원이 고객과 상담하는 내용을 실시간으로 전 직원들에게 중계하고 있습니다. 어떤 기업인들은 소비자들로 구성된 대규모 체험단을 운영해 자신들이 만든 제품을 사용하도록 한 뒤 평가의견을 듣고 있습니다. 많은 기업들이 외부 전문회사를 통해 정기적으로 소비자 반응을 조사합니다. 이렇게 체험단을 운영하고 시장조사 결과를 받아보려면 많은 비용이 들어가지만 경험이 많은 경영자들은 이 비용을 아끼지 않습니다.

그리고 고객의 소리를 들었다면 이를 반영해야 합니다. 고객이 원하는 제품과 서비스를 만들어낸 직원을 적극적으로 평가하고 표창하십시오. 반대로 고객의 요구를 알고도 반영하지 않는 경우는 책임을 물으세요. 임직원들에게 고객의 요구를 반영하는 것이 단순한 권장사항이 아니라 의무사항이라는 점을 인식시키는 데 상당히 효과가 있습니다. 단순한 상벌논리로만 흐르는 부작용을 경계하면서 잘 활용한다면 임직원들이 적극적으로 고객의 소리를 듣고 제품과 서비스에 반영하는 문화를 만들 수 있을 것입니다.

마지막으로, 조직을 고객지향적 인재로 채우십시오. 지식이나 기술에서 앞선 인재가 아니라 고객에게 최상의 만족을 제공할 수 있는 인재를 채용하세요. 최고의 제품만 고집하는 '장인형' 인재가 아니라 시장을 중시하고 고객의 요구를 반영하는 '시장형' 인재, '고객형' 인재를 선별하세요. 승진과 전배에서도 고객 만족 면에서 좋은 평가를 받는 임직원을 우대하십시오.

기업에 고객지향 문화가 자리 잡지 못하는 이유는 고객지향적 인재가 많지 않고, 있더라도 그들이 의사결정에 영향력을 행사할 수 있는 위치에 있지 않기 때문입니다. 문화는 제도나 시스템보다 사람에 의해 크게 영향을 받습니다. 따라서 조직 안에 고객 만족을 중시하는 임직원이 많아지고 그들이 주요 자리를 차지하게 되면 고객지향적 기업문화는 튼튼하게 뿌리 내릴 수 있을 겁니다.

　만약 고객 지향적 기업문화를 빨리 정착하고 싶다면 CEO를 비롯한 경영진들이 먼저 고객지향을 실천해보세요. 기업문화의 뿌리는 CEO입니다. 기업문화는 상위 직급에서 하위 직급으로 흐르기 때문에 CEO의 성향이 가장 많이 반영됩니다. 따라서 CEO가 적극적으로 고객 만족 실천에 나선다면 회사 전반에 고객지향 문화가 빠르게 확산될 것입니다.

판을 뒤집는
'작은 차이'

•

차별화

Q 저는 스포츠용품 회사의 사장입니다. 10년 넘게 회사를 운영하고 있는데, 요즘 들어 매출 부진 때문에 고전하고 있습니다. 경기가 부진한 탓도 있지만 경쟁회사가 많아진 것이 더 큰 요인인 듯합니다. 몇 년 전까지만 해도 저희 회사의 제품은 인기가 높았습니다. 소비자들의 평가가 좋아 매출이 해마다 크게 늘었습니다. 그런데 최근 들어 경쟁회사에 고객을 많이 빼앗겼습니다. 위기를 타개하기 위해 품질관리와 매장관리를 강화하고 있지만 상황이 변할 기미가 보이지 않습니다. 어떻게 해야 이 상황을 바꿀 수 있을까요?

A 엇비슷한 제품과 서비스로 겨루는 경쟁회사들 사이에서 최고의 품질로 승부를 보려 하지 마십시오. 고객의 눈길을 끌고 시장에서 승리하려면 차별화를 고민해야 합니다. 차별화에 성공하면 판을 바꿀 수가 있습니다.

김연아와 아사다 마오의 결정적 차이

—

피겨스케이팅에서 한국의 김연아와 일본의 아사다 마오는 오랫동안 라이벌이었습니다. 전문가들은 기술적인 면에서 마오가 결코 김연아에 뒤지지 않는다고 평가합니다. 오히려 앞서 있다고 보는 이들도 있습니다. 그럼에도 불구하고 경기는 대개 김연아의 승리로 끝나곤 했습니다.

마오는 '트리플 악셀'이라는 난이도 높은 연기를 고집했습니다. 수시로 엉덩방아를 찧을 정도로 성공률이 낮았지만, 그는 현역 피겨 선수 중 자신만이 트리플 악셀을 구사할 수 있다며 포기하지 않았습니다. 반면 김연아는 마오에 비해 상대적으로 난이도가 낮은 '더블 악셀'을 선택했습니다. 그는 대신 예술에 주목했습니다. '기술의 피겨'가 아니라 '예술의 피겨'에 승부를 걸었습니다. 그 결과 김연아는 차별성을 확보하는 데 성공했습니다. 관객들은 기술의 난이도가 최고 수준이 아닐지라도 김연아의 표정과 연기에 열광했습니다. 만약 김연아가 기술로 마오를 이기려 했다면 오늘의 '피겨 여왕' 김연아는 없었을 겁니다.

기업경영에서도 마찬가지입니다. 오늘날 빠르게 성장한 한국 기업들이 일본 기업을 앞지르기 시작한 데는 여러 분석이 제기돼왔습니다. 그중 하나가 차별화 전략입니다.

한국은 부품과 소재의 기술력에서 일본에 한참 뒤져 있습니다. 지금은 많이 따라잡았다지만 여전히 격차는 존재합니다. 대일 무역적자가 좀처럼 줄어들지 않는 것도 부품소재에 대한 대일 의존도가 높기 때문입니다. 부품소재의 기술격차를 좁히려면 오랫동안 엄청난 비용을 투입해야 할 겁니다. 짧은 시간에 일본을 제치고 기술의 최강자가 된다는 것은 현실적으로 불가능한 이야기입니다.

이 때문에 한국 기업들은 시장에 관심을 가졌습니다. 기술력에 매달린 것이 아니라 소비자의 욕구를 파악했습니다. 일본 기업들이 최고의 기술로 최고의 제품을 만드는 것을 목표로 했다면, 한국 기업들은 소비자가 원하는 제품을 제때 공급하는 것을 목표로 했습니다. 일본 제품은 성능은 좋았지만 소비자의 욕구를 충족하지 못하는 경우가 많았습니다. 반면 한국 기업들은 성능에서는 다소 뒤지지만 소비자가 원하는 제품을 적시에 공급했기 때문에 일본 기업과 경쟁이 가능해졌습니다. 한국 기업들은 소비자의 기호가 바뀌는 것을 정확하게 포착해 그 기호를 충족할 수 있는 제품을 최대한 빨리 출시했습니다. 여기에 한국의 '빨리빨리' 문화도 한몫을 했습니다. 이처럼 한국 기업은 일본 기업과 다른 전략을 구사했습니다. 그런 차별화 전략이 오늘의 한국 기업을 만들어낸 것입니다.

차이가 없다면 눈길을 끌 수 없다

—

고객이 항상 최고의 성능, 최고의 디자인, 최고의 기술력을 찾는 것은 아닙니다. 고객은 자신에게 맞는 제품과 서비스를 원합니다. 기업은 그래서 항상 시장을 보고 고객이 원하는 것을 찾아내야 합니다. 고객이 원하는 것을 남과 다르게 만들어내야 합니다. 그래야 눈길을 끌 수 있습니다. 차별성은 고객지향적 기업이 고민해야 할 최우선 과제입니다.

시장에서 제품과 서비스의 성능, 디자인, 가격이 비슷해지면 경쟁은 더욱 치열해집니다. 그런데 이때 차별적 제품과 서비스가 나온다면 고객은 관심을 갖게 됩니다. 성능이나 디자인이 비슷한데 가격이 파격적으로 싸다든지, 성능과 가격은 비슷한데 디자인이 참신하다든지, 가격이나 디자인이 크게 다르지 않지만 성능이 월등히 뛰어나다면 고객의 눈길은 쏠리게 마련입니다.

귀사의 매출이 경쟁격화로 인해 정체상태에 있다면, 회사의 제품이 얼마나 차별적인지 한번 살펴보십시오. 귀사의 제품이 과거 고객에게 인기를 끌었던 요인은 무엇이고, 최근 왜 고객의 관심을 끌지 못하는지 그 이유를 꼼꼼히 조사해보세요. 그다음 눈을 시장 전체로 돌려보십시오. 귀사의 제품이 인기를 끌 때 시장상황은 어땠고 지금의 시장은 어떤지, 그리고 고객의 욕구는 어떻게 달라졌는지를 종합적으로 점검해보세요. 그렇게 하다 보면 아마 문제해결의 실마리를 찾을 수 있을 것입니다.

차별성을 고민하지 않고 단순히 '시간이 지나면 알아주겠지' 또는 '홍보와 마케팅을 열심히 하면 되겠지' 하는 생각으로 이전에 해오던 대로만 한다면 경쟁력은 더욱 떨어질 것입니다. 이전보다 조금 더 나은 서비스, 조금 더 나은 품질이라면 소비자의 눈에 대동소이하게 보일 것입니다. 한때 세계 최고의 기술수준을 자랑하던 일본 전자 회사들이 하나둘씩 문을 닫고 있는 것도 이 때문입니다.

남들과 다른 것, '보랏빛 소'를 만들라

—

마케팅 전문가 세스 고딘은 자신의 책《보랏빛 소가 온다》에서 안전한 길은 위험한 길이라며 "주목할 만한 가치가 있고 새롭고 흥미로운 remarkable 것을 만들어야 한다"고 주장했습니다. 그는 "지금까지는 안전하고 평범한 제품을 만든 다음 마케팅을 잘하면 성공했지만, 앞으로는 주목할 만한 제품을 만든 뒤 이를 갈망하는 소수의 마니아를 공략하는 게 비즈니스 성공의 지름길"이라고 강조합니다.

물론 경영에서 '한 우물을 파는 것'은 매우 중요합니다. 최고의 기술을 개발해 최고의 제품을 만들겠다는 장인정신은 때로 사업의 성패를 좌우하기도 합니다. 그러나 한편으로 이런 고집이 경영자의 판단을 흐리게 만듭니다. 자칫 자만으로 이어져 소비자가 아닌 생산자의 욕구에만 충실한 제품을 만들 수도 있습니다.

특히 엔지니어 출신이 책임을 맡고 있는 사업본부나 회사에서 이런 일이 종종 벌어집니다. 전문가일수록 자기확신이 강하기 때문입니다. 이들은 자신이 시장과 고객을 잘 알고 있으며, 자신과 고객의 판단이 같을 것이라고 생각해 자기 스타일대로 제품을 만듭니다. 따라서 이들에게 판매부진은 오직 마케팅과 영업이 잘못된 탓입니다. 제품과 서비스가 고객의 입맛에 맞지 않을 수도 있다는 생각은 아예 하질 않습니다. 이런 상황이 이어지면 기업이 경쟁력을 잃는 것은 시간문제입니다.

차별적 제품과 서비스를 만들어내려면 기업에 혁신이 일어나야 합니다. 불편과 불안이 따르더라도 발상의 전환을 통해 현재 상황을 벗어나야 합니다. 귀사가 매출 정체상태에서 벗어나고자 한다면 근본적 혁신을 꾀하십시오. 판을 바꿀 수 있는 완전히 새로운 제품과 서비스를 개발하세요. 귀사가 진출해 있는 시장에서 모두의 시선을 끄는 '보랏빛 소'를 만들어보시기 바랍니다.

가격전쟁에서 살아남기 위한
유일한 전략

•

저가전략 대응

Q 주방용품 회사의 마케팅 본부장입니다. 최근 새로 사업에 뛰어든 회사가 파격적으로 가격을 내려 고객을 휩쓸어가자, 다른 회사들도 가격전쟁에 뛰어들어 시장이 대혼란에 빠졌습니다. 저희 회사 영업사원들도 가격을 내려 맞대응할 것을 요구하기 시작했습니다. 그러나 그 말대로 가격을 내릴 경우 채산성이 나빠져 회사의 존립이 위태로워질 수 있습니다. 그렇다고 기존 가격을 고수할 경우 고객을 잃을 것 같아 걱정입니다. 가격을 내려 시장점유율을 방어해야 할까요? 아니면 고객을 잃더라도 가격을 고수하면서 수익성을 지켜야 할까요?

A 저가전략은 위험한 방법이니 가격을 내리지 않고도 고객을 유지할 수 있는 길을 찾으십시오. 내부 비용절감을 통해 제품과 서비스에 더 투자하세요. 회사의 제품과 서비스에 차별적 이미지를 구축하세요. 이렇게 끝까지 브랜드를 지켜야 가격전쟁의 승자가 될 수 있습니다.

저가전략, 자칫하면 회사가 위험하다

—

귀하의 회사처럼 시장점유율이냐, 수익성이냐를 놓고 고심하는 기업들은 많이 있습니다. 특히 시장에 새로운 경쟁자가 등장하면서 가격전쟁이 벌어지면 기업들은 큰 고민에 빠지게 됩니다. 또 경기침체가 장기화되면서 시장수요가 줄어들면 기업들은 제품과 서비스의 가격을 내려서라도 고객의 수요를 끌어내리려고 애를 쓰게 됩니다. 저가전략이 시장점유율을 유지하거나 확대하기 위한 방편이 되는 것이죠.

결론부터 이야기하면 저가전략은 함부로 꺼내서는 안 되는 카드입니다. 자칫하면 회사의 기반을 흔들 수 있기 때문입니다. 가격을 내리면 당분간은 고객의 관심을 끌 수 있습니다. 시장점유율은 유지될 겁니다. 그러나 가격이 내려간 만큼 수익이 줄어들기 때문에 저가전략은 금방 한계에 봉착합니다. 어쩔 수 없이 다시 가격을 올려야 합니다. 그러나 한번 내린 제품값을 다시 올리기는 참 어렵습니다. 그리고 가격을 올리면 고객이 이탈할 것이 불 보듯 뻔합니다.

그렇다면 가격을 올리지 않고 수익감소에 대처할 수 있는 방법은 두 가지로 좁혀집니다. 하나는 제품이나 서비스를 많이 파는 겁니다. 이른바 '박리다매' 전략을 구사하는 거죠. 시장이 크고 고객이 많다면 이런 전략도 성공 가능성이 전혀 없는 것은 아닙니다. 많이 팔 수 있다면 전체 수익의 양은 유지되거나 많아질 수도 있으니까요. 박리다매에 성공한다면 구매나 생산 판매 등에서 시너지를 거둘 수도 있습니다.

그러나 박리다매 전략도 통하지 않게 되면 생산과 판매비용을 줄일 수밖에 없습니다. 그런데 이는 제품과 서비스의 품질저하로 이어질 가능성이 큽니다. '싼 게 비지떡'이라는 이미지가 만들어지면서 브랜드가 망가질 수도 있습니다. 최악의 상황으로 치닫게 되는 거죠.

이렇게 시장점유율을 유지하기 위한 저가전략은 매우 위험합니다. 가능하면 피해야 합니다. 그렇다면 시장을 뺏기더라도 가격을 유지해야 한다는 것인데, 그렇게 해서 살아남을 수 있을까요? 고객을 잃는다면 기업이 어떻게 존재할 수 있을까요?

맞습니다. 고객을 잃어서는 안 됩니다. 그래서는 미래를 도모하는 것은 물론 당장 존립하기도 어려울 겁니다. 방법은 하나뿐입니다. 가격과 고객을 모두 유지하는 것입니다.

어려울 때일수록 브랜드 방어에 매진하라
—

경쟁회사가 싼값에 제품과 서비스를 공급하는 상황에서 고객을 계속 유지하려면 제품 성능과 서비스 수준을 끌어올리는 수밖에 없습니다. 만약 제품의 성능과 서비스의 질을 끌어올릴 수 없다면 고객에게 다른 무엇인가를 더 줘야 합니다. 부가 상품이나 부가 서비스를 제공해야 한다는 뜻입니다.

물론 제품 성능과 서비스 질을 높이거나 부가 상품이나 서비스를 제공하려면 비용이 들어갑니다. "그렇다면 이것이 가격을 내리는 것과 무슨 차이가 있느냐"고 반문할지 모르겠습니다.

차이가 있습니다. 그것도 큰 차이가 납니다. 앞서 이야기한 대로 가격은 한번 내리면 다시 올리기 어렵습니다. 특히 브랜드가 손상을 입을 경우 복구하는 데 많은 시간과 비용이 들어갑니다. 이때 가격을 유지하면서 제품의 성능과 서비스의 질을 끌어올리거나 부가 상품이나 서비스를 제공하는 것은 바로 브랜드를 지키기 위해서입니다.

경기상황이 호전돼 소비여력이 회복되면 고객들은 다시 제품의 성능과 서비스의 질에 관심을 갖게 됩니다. 고객은 가격만으로 상품이나 서비스를 선택하는 게 아니니까요. 가격 차이가 크지 않다면 조금 비싸더라도 믿을 수 있는 제품과 서비스를 선택하는 경우가 많습니다. 이때 저가전략으로 브랜드가 흔들린 기업들은 만회의 기회를 누릴 수 없습니다. 특히 제품과 서비스의 선택에서 가격요인보다 비가격요인이 큰 비중을 차지할 경우, 저가전략을 선택한 기업은 회복불능의 상황에 처할 수도 있습니다.

경기침체로 판매가 부진한 상황에서 제품과 서비스에 투자하기란 쉽지 않을 것입니다. 이 일을 해내려면 전사적 혁신이 필요합니다. 비용절감 없이 제품과 서비스의 수준을 올리려 한다면 회사는 곧 체력의 한계에 봉착하고 말 테니까요.

따라서 생산과정에서부터 시스템과 프로세스를 혁신해 제품과 서비스에 투자할 수 있는 여력을 만들어내야 합니다. 마치 물 위에 떠 있는 백조가 우아한 모습을 유지하기 위해 수면 아래서 수없이 발짓을 거듭하고 있는 것처럼, 고객은 알지 못하지만 부단히 노력해 비용을 줄여야 합니다.

또한 브랜드를 강화하기 위해 제품과 서비스에 고급 이미지를 입힐 수 있는 비가격적 요소를 발굴해 보완하십시오. '같은 값이면 다홍치마'라는 속담처럼 고객은 내용뿐 아니라 제품이나 매장의 디자인 등 비가격적 요소에 큰 영향을 받게 됩니다. 특히 경쟁회사들이 박리다매 전략을 취하고 있기 때문에 제품과 서비스에 조금만 더 고급스러운 이미지를 입히더라도 손쉽게 차별성을 얻을 수 있습니다. 귀하의 회사가 차별적 이미지를 구축할 수만 있다면 가격전쟁의 최종 승자로 남을 가능성이 큽니다.

마지막으로 이러한 전략이 성공하려면 회사의 임직원 사이에 충분한 공감대가 형성돼야 합니다. 보스가 위기상황에서 조직을 잘 이끌어 성과를 거두려면 두 가지가 필요합니다. 하나는 조직이 왜 그렇게 움직여야 하는지에 대한 뚜렷한 명분입니다. 다른 하나는 보스의 지휘를 따르면 원하는 결과를 얻을 수 있다는 확신입니다. 이길 수 있고, 이룰 수 있다는 확신이 있어야 구성원들은 움직입니다. 이렇게 명분과 확신이 갖춰지면 조직 구성원들 사이에 공감대가 형성되고 용기가 생겨납니다.

그런 점에서 귀하도 회사의 임직원들에게 '왜 우리 회사는 가격을 내리지 않는지, 가격을 내리지 않고도 경쟁에서 이길 수 있는 방법은 무엇인지'에 대해 충분히 설명하고 이해를 구하십시오. 회사는 어떤 전략을 택했고 그 이유가 무엇인지, 그리고 그 전략의 결과가 무엇이고, 각자 해야 할 일은 무엇인지를 알게 된다면 임직원들은 자발적으로 동참하게 될 것입니다.

● ● 사장의 생각

아무리 좋은 전략을 채택해도 직원들이 참여하지 않는다면 그 전략은 무용지물이 됩니다. 기억하십시오. 가격전쟁에서 승리한 기업들은 대개 보스의 지휘하에 똘똘 뭉쳐 철저히 브랜드를 지키는 전략을 채택했습니다.

고객은 권위 있는 브랜드에
지갑을 연다

•

지식기반사업 브랜드

Q 저희 회사는 기업에 재무회계 관련 서비스를 제공하는 회사입니다. 1~2위를 다툴 정도는 아니어도 창립 이후 18년 동안 꾸준히 성장해왔습니다. 그런데 한두 해 전부터 신규사업자들이 대거 시장에 들어오면서 회사가 성장정체 상태에 빠지고 말았습니다. 이대로 오래 버티기 어려울 것 같습니다. 임원들이 연일 머리를 맞대고 있지만 이렇다 할 해법을 찾지 못하고 있습니다. 새로운 성장을 도모할 때 가장 중요한 것이 무엇일까요?

A 서비스 회사의 성과와 성장은 브랜드 관리에 달려 있습니다. 특히 지식 서비스를 제공하는 회사라면 고객으로부터 집단적 권위를 인정받아야 합니다. 우수한 전문인력을 확보하고 그들이 능력을 발휘할 수 있는 시스템을 갖추세요. '그 회사라면 믿고 맡길 수 있다'는 말을 듣기 위해 노력하세요.

사람들은 왜 언론사를 신뢰할까?

—

기업이 성장정체 상태에서 벗어나기 위해 해야 할 일에 여러 가지가 있을 겁니다. 그중에서도 귀하가 해법을 찾을 때 꼭 염두에 두어야 할 점이 있습니다. 귀하의 회사가 제품을 만들어 파는 제조 회사가 아니라 지식기반사업을 전개하는 회사라는 사실입니다.

귀사가 고객에게 파는 것이 물품이 아닌 무형의 서비스이기 때문에 고객은 브랜드를 보고 구매를 결정할 수밖에 없습니다. 귀사의 브랜드가 고객의 신뢰를 받지 못하면 사업은 성장할 수 없습니다. 귀사의 성장은 브랜드에 기반하고, 성장의 결과가 다시 브랜드에 영향을 줍니다. 따라서 브랜드를 잘 관리해 고객들이 믿을 수 있도록 하는 것이 회사를 키우는 '비결'입니다. 이때 브랜드 관리의 최종목표는 고객들로부터 권위를 인정받는 것입니다. 귀사가 제공하는 서비스에 대한 신뢰를 높이려면 고객들이 귀사에 권위를 부여해야 합니다.

언론사를 생각하면 쉽게 이해할 수 있을 겁니다. 언론사에서 정보를 담당하는 기자는 그리 많지 않습니다. 대형 신문사라고 해도 편집국 기자는 200~300명에 불과합니다. 방송사 기자 수는 그보다 훨씬 적습니다. 그런데도 독자들은 신문사와 방송사를 믿습니다. 그들이 만드는 뉴스를 신뢰하고 그들이 내놓은 의견에 귀를 기울입니다. 독자들은 왜 이렇게 작은 규모의 언론사가 한국과 세계의 뉴스를 속속들이 파악하고 있다고 믿는 걸까요?

이유는 간단합니다. 언론사 기자들의 권위를 인정하기 때문입니다. 그들이 올바른 정보를 찾아내고 치밀하게 분석하고 정확하게 판단할 능력을 갖고 있다고 여기기 때문입니다. 이때 권위는 기자 개개인의 것이 아닙니다. 독자들은 기자들이 모여 있는 언론사를 믿고 언론사의 뉴스 제작 시스템을 믿습니다. 이 때문에 어떤 언론사를 믿으면 그 언론사가 제공하는 모든 서비스를 받아들이게 됩니다.

비단 언론사만이 아닙니다. 연구소나 컨설팅 회사도 마찬가지입니다. 법무 서비스를 제공하는 법무법인이나 회계 서비스를 제공하는 회계법인도 똑같습니다. 홍보 회사, 마케팅 회사 그리고 병원이나 대학도 다르지 않습니다. 이들 회사에서 콘텐츠를 직접 생산하는 직원은 그리 많지 않습니다. 연구조사를 담당하는 연구원이나 컨설턴트, 변호사는 일반인들의 예상보다 훨씬 적습니다. 그런데도 이들 집단의 영향력은 막강합니다. 이들이 내놓는 연구물은 사회에 큰 영향을 미칩니다. 고객들은 이들이 내놓는 정보를 신뢰합니다. 이들이 제공하는 서비스를 비싼 값을 주고 구매합니다.

그런데 엄밀하게 말하면 이때 고객이 사는 것은 콘텐츠나 서비스가 아닙니다. 브랜드입니다. 이들의 권위를 사고, 신뢰를 구입합니다. 따라서 귀하의 회사도 고객들로부터 권위를 인정받을 수 있도록 노력해야 합니다. 그런 권위를 만들어낼 수 있다면 귀사가 제공하는 서비스는 지금보다 한 차원 높게 평가받고 회사의 가치도 한 단계 더 상승할 것입니다.

'아, 그 회사!'라는 말이 나올 때까지

—

그렇다면 이런 권위는 어떻게 해야 만들 수 있을까요?

무엇보다도 우수한 인력이 포진해 있어야 합니다. 지식기반 서비스 회사에 대한 고객의 신뢰는 일차적으로 콘텐츠를 생산하고 서비스를 제공하는 인력에 기대는 것입니다. 만약 귀하의 회사에 고객들이 인정할 만한 전문가들이 다수 자리 잡고 있다면 고객들은 자연히 귀사에 권위를 부여할 것입니다. 고객이 인정할 만한 인력들이 콘텐츠를 만든다는 사실이 알려지면 귀사는 경쟁에서 자유로워질 수 있습니다. 그러니 어떻게든 우수한 인적 자원을 확보하십시오.

다음으로 관심을 가져야 하는 것은 프로세스와 시스템입니다. 앞서 말했듯 고객이 믿는 것은 구성원 개개인이 아닙니다. 그 구성원이 모여서 일하는 방식에 신뢰를 보내는 것입니다. 단순히 유능한 인재들이 많은 것이 아니라 그들이 콘텐츠를 만들고 제공하기 위해 체계적으로 일하고 있다고 믿는 것입니다.

어떤 사람이 일하고 있느냐 못지않게 어떻게 일하느냐도 콘텐츠의 완성도와 서비스의 품질에 영향을 미칩니다. 그런데도 가끔 착각하는 경영자들이 있습니다. 우수한 인재만 모아놓으면 저절로 좋은 결과가 나올 것이라고 생각하는 거죠. 그러나 '구슬이 서 말이라도 꿰어야 보배'라고 했습니다. 아무리 우수한 인력들이 많아도 그들이 제 능력을 발휘하고 열정을 쏟아낼 수 있는 시스템이 없다면 기대했던 결과물을 얻기 어려울 겁니다.

그런 점에서 지식기반 서비스 회사가 갖는 권위는 구성원 개개인이 아니라 집단에게 부여되는 것입니다. 귀하의 회사가 얻어야 하는 것도 바로 이런 '집단적 권위'입니다. 회사의 이름만 들어도 "아, 그 회사"라는 반응이 나오게 만들어야 합니다. 그 회사에 한국 최고의 전문가들이 자리하고 있고, 그들이 훌륭한 시스템 안에서 일하고 있기 때문에 그들이 제공하는 서비스는 무조건 믿고 사용할 수 있다고 생각하게 만들어야 합니다. 이렇게 탄탄한 브랜드를 가꾼다면 회사의 성장은 약속된 것이나 마찬가지입니다.

불편한 경쟁자와
기꺼이 경쟁하라

•

새로운 경쟁자

Q 퇴사한 직원이 창업해 저희 회사 고객들을 찾아다니며 더 싼값에 제품을 공급하
겠다고 하고 있습니다. 그는 저희 회사 제품의 원가구조를 토대로 제품값을 어떻
게 낮출 수 있는지 설명한다고 합니다. 제품공급을 직접 담당했던 사람이 하는 말인지라
고객들은 동요하고 있습니다. 저희에게 공급가에 대한 해명을 요구하는 기업도 있고 그
쪽으로 공급선을 바꾸려는 기업도 있습니다. 영업비밀 침해로 제소할까도 생각해봤지만,
전 직원이 세운 작은 회사와 다투는 것이 내키지 않습니다. 하지만 무시하자니 고객들의
가격인하 압력에 시달릴 것 같고요. 어떻게 해야 할까요?

A 불편한 상황입니다만, 새로운 경쟁자의 출현으로 받아들이고 기꺼이 경쟁하십
시오. 상대방의 저가전략에 응수해서는 얻는 것보다 잃는 것이 많습니다. 좋은
품질의 제품과 서비스를 안정적으로 제공하는 데 주력하되, 이 기회에 회사의 약점을 보
완하고 경쟁력을 한층 높이기 바랍니다.

시장은 언제나 열려 있다

—

위로의 말씀부터 드려야 할 것 같습니다. 얼마 전까지 한솥밥을 먹던 직원이 경쟁자가 된 상황을 접하면 대부분의 경영자가 심한 속앓이를 합니다. 더구나 그 직원이 재직 중 확보한 정보를 가지고 귀하의 회사를 공격하고 있다니 마음고생이 적지 않을 것 같군요.

그러나 냉정하게 이야기한다면 이런 현상은 종종 발생하는 자연스러운 일입니다. 또 고객들 입장에서는 이런 일이 그리 이상하지 않고, 심지어 반갑기조차 할 겁니다. 더 싼 가격으로 제품과 서비스를 제공하는 경쟁자가 시장에 나타난 것은 환영할 일이니까요. 많은 기업들의 창업과정이 이와 비슷합니다. 귀하의 회사도 크게 보면 이런 과정을 거쳐 성장했을지 모릅니다.

그렇다고 해서 고객들이 이런 상황을 무조건 환영하는 것은 아닙니다. 새로 생긴 회사가 과연 정말로 싼값에 좋은 제품과 서비스를 제공할 수 있을지 알 수 없기 때문입니다. 가격이 싼 대신 제품과 서비스의 질이 떨어질 수도 있으니까요. 고객들은 특히 서비스의 지속성에 관심을 갖게 됩니다. 한두 번 싼값에 좋은 제품과 서비스를 제공한다 해도 금방 중단되는 경우가 적지 않기 때문입니다. 그렇게 되면 고객은 다시 이전 회사로 발길을 돌릴 수밖에 없겠지요. 그런데 이 과정에서 이전

●●사장의 생각

회사와 관계가 달라지기도 합니다. 공급가가 올라가는 등 고객 입장에서 거래조건이 더 나빠질 가능성도 큽니다. 경쟁이 조기에 끝난 뒤 오히려 독과점 현상이 벌어질 수도 있기에 고객은 새로운 경쟁자의 출현에 무조건 박수만 칠 수는 없습니다.

귀하도 여기에서 고민의 해법을 찾으십시오. 경쟁자보다 고품질의 제품과 서비스를 안정적으로 제공할 수 있다는 것을 설득해 고객의 동의를 받는 것입니다.

경쟁자의 도전, 품질과 안정성으로 맞서라

—

퇴사한 직원이 귀하 회사의 고객들에게 저가공세를 펴는 것은 기본적으로 간접비를 줄일 수 있다고 보기 때문입니다. 그가 새로 만든 회사는 귀하의 회사보다 몸집이 작기 때문에 업무를 지원하는 직원이 적을 것입니다. 또 사무실과 생산설비의 규모도 작겠지요. 당연히 사무실과 생산설비를 운영하는 직원도 적을 겁니다.

그렇다고 이 회사가 직접비를 줄이기는 어려울 것입니다. 원재료 구입과 제품의 생산, 판매에 들어가는 비용이나 서비스를 제공하기 위해 필요한 직접비를 줄이기란 쉽지가 않은 일입니다. 결국 귀하 회사보다 가격 경쟁력을 높이려면 어떤 식으로든 간접비를 낮춰야 합니다. 이렇게 줄인 간접비만큼 고객에게 적게 받을 수가 있겠지요.

문제는 이 간접비가 단순한 비용이 아니라는 겁니다. 경쟁회사는 연구개발 능력이 부족할 가능성이 큽니다. 연구개발은 사업에 당장 영향을 주지 않지만 시간이 지날수록 영향력이 커집니다. 새로 만들어진 회사들이 가장 어려움을 겪는 지점도 연구개발입니다. 그에 필요한 막대한 비용 때문에 연구개발에 소홀해지고, 그러다 보면 금세 경쟁에서 뒤지곤 합니다. 기업에 있다가 나가서 창업한 사람들이 처음에 저가를 무기로 고객을 어느 정도 확보하지만, 얼마 지나지 않아 고객으로부터 외면당하는 경우가 많습니다. 바로 기술이나 콘텐츠를 개발하지 못해 경쟁력을 잃었기 때문입니다.

그런 점에서 퇴사 직원이 만든 회사에 대응하는 첫 번째 전략은 품질이어야 합니다. 만약 귀사가 경쟁회사의 공격적 가격인하에 대응하기 위해 가격을 내린다면 상대방 회사도 타격을 입겠지만 귀사 역시 큰 부담을 안게 됩니다. 수익성 악화가 불가피할 테니까요. 더구나 제품과 서비스 가격은 한번 내리면 올리기가 쉽지 않습니다.

그러니 상대방 회사보다 좋은 품질의 제품과 서비스를 제공하는 데 초점을 맞추십시오. 고객에게 귀사 제품의 우수성을 설명하고 품질수준을 더욱 높이기 위해 노력하십시오. 고객들은 값이 조금 비싸더라도 고품질을 원하는 경우가 많습니다.

두 번째 대응 전략은 제품과 서비스 공급의 안정성입니다. 앞서 말했듯 기업들은 가격과 품질만 보는 것이 아니라 얼마나 안정적으로 공급되는가도 중요하게 생각합니다. 금세 품질 수준이 급락하고 공급이 불안정해지는 거래처들을 많이 겪어보았기 때문입니다.

새로 설립된 작은 회사는 이런 안정성이 취약할 가능성이 큽니다. 자본력이 뒤지고 브랜드도 약해 제품과 서비스의 제공에 필요한 요소를 제대로 확보하기가 쉽지 않을 테니까요. 숙련된 인력이 부족해 원하는 시간에 고객의 요구에 맞는 제품과 서비스를 제공하는 데 어려움을 겪을 수도 있습니다. 한마디로 고객에게 신뢰감을 주기가 쉽지 않다는 뜻입니다.

경쟁회사가 줄이려고 하는 간접비는 상당 부분 이런 안정성과 관련된 비용입니다. 반면에 시스템과 지원조직이 탄탄하면 고객에게 안정적 서비스를 제공할 수 있습니다. 고객이 원하는 제품과 서비스를 제때 제공하는 이른바 맞춤형 서비스도 가능합니다. 아마 귀사는 경쟁회사보다 이런 면에서 훨씬 유리한 위치에 있을 것입니다.

약점을 보완할 기회로 삼아라

—

상대방은 귀하 회사의 약점을 알고 있어서 약점을 계속 공격할 가능성이 큽니다. 그러나 이를 불편하고 부담스러운 일이라고만 생각하지 마십시오. 이런 과정을 통해 귀하 회사의 약점이 무엇인지 파악한다면 예방주사를 맞는 것과 같습니다. 잠시 통증을 느끼겠지만 장기적으로 면역효과를 얻게 될 겁니다.

만약 상대방 회사가 더 싼값에 귀사와 품질수준이 같은 제품이나 서비스를 계속해서 공급한다면 어떨까요? 당연히 귀사도 원가구조를 재검토해봐야 합니다. 조직에 군살이 많다는 뜻이니 군살을 줄여야 합니다. 만약 그것이 군살이 아니라 근육이라면 고객이 그 근육의 효과를 느낄 수 있도록 해야 합니다. 고객이 간접비를 부담하는 만큼 간접비로 인한 혜택이 무엇인지 알고 느낄 수 있어야 한다는 말입니다.

그 회사와 경쟁하면서 귀사는 고객 만족을 위해 더욱 노력하게 될 겁니다. 이 과정에서 귀사의 경쟁력은 자연히 높아질 것입니다. 앞으로 더센 경쟁자가 나타나도 거뜬히 이겨낼 수 있는 힘을 기를 수 있겠지요.

그런 점에서 퇴사 직원과 그가 만든 회사에 대해 감정적으로 대응하지 말고 새로운 경쟁자가 출현했다고 생각하길 권합니다. 새로운 경쟁자는 언제나 이렇게 엉뚱한 방식으로 출현하곤 합니다. 기꺼이 받아들이고, 경쟁에서 이기는 방안을 연구하는 데 집중하십시오. 경쟁은 불가피합니다. 피할 수 없다면 즐겨야 한다는 말이 있습니다. 귀하도 속이 상하겠지만 경쟁이라고 생각하고 즐기길 바랍니다.

●● 사장의 생각

02

레드오션을 알아야

블루오션이

제대로 보인다

비즈니스 최대의 적, '조급증'

•

저성장 시대

Q 대기업을 다니다가 가구 회사를 창업한 지 7년 되었습니다. 창업 당시엔 회사가 금방 커질 줄 알았는데, 막상 회사를 운영해보니 성장속도가 너무 더딥니다. 현재의 회사는 제가 꿈꾸던 회사의 모습과 거리가 너무 멀어 답답합니다. 언론에 소개되는 기업을 보면 창업한 지 몇 년 만에 기업공개를 하거나 매출액이 수백억 원대에 이르는 곳도 적지 않던데요. 어떻게 해야 회사의 성장속도를 높일 수 있을까요? 투자를 획기적으로 늘려야 할까요?

A 이미 저성장이 구조화된 경영환경에서 고도성장 시대의 투자방식을 적용한다면 회사를 위험에 빠뜨릴 수 있습니다. 기본적으로 안정적 성장세를 지향하면서 해외시장 진출을 검토해보거나 한 단계 도약을 위해 회사의 기초체력을 키우는 것을 권하고 싶습니다.

'대박' 창업 신화는 끝났다

—

대부분의 창업자들이 막 회사를 세울 때는 사업이 급성장할 것이라고 기대합니다. 언론 등을 통해 주로 성공적 창업 사례만을 접하기 때문일 겁니다. 하지만 창업해서 큰 기업으로 일구기까지 얼마나 많은 어려움과 위기상황이 버티고 있는지, 그리고 창업해서 성공할 확률이 얼마나 낮은지 알게 된다면 선뜻 창업에 나설 사람은 그리 많지 않을 겁니다. 그런 점에서 귀하의 회사가 천천히나마 7년 동안 꾸준히 성장해왔다면 일단은 창업에 성공한 것이라고 봐도 좋겠습니다.

문제는 귀하가 고민하는 것처럼 성장이 더디다는 점이죠. 1990년대 후반을 전후해 벤처 붐이 일 때만 해도 창업 2~3년 만에 기업을 공개하거나 매각해 큰돈을 버는 이들이 꽤 있었습니다. 이런 소식에 자극받은 수많은 직장인들이 회사의 문을 박차고 나와 창업 대열에 동참했습니다. 당시만 해도 해마다 수십 퍼센트의 매출상승을 기대하는 것이 큰 무리가 아니었습니다. 이런 사업계획을 보고 큰돈을 내놓는 투자자들도 적지 않았습니다.

그러나 이젠 그런 사업계획서를 짜는 사람을 찾아보기가 쉽지 않습니다. 10여 년 사이에 한국경제가 저성장 체제로 바뀌었기 때문입니다. 1990년대 중후반만 해도 연평균 경제성장률(GDP 증가율)은 7.4퍼센트

였습니다. 그러나 2000년대 후반의 경제성장률은 3퍼센트 아래로 떨어졌고, 2010년대에도 2퍼센트대 성장률이 이어지고 있습니다. 그만큼 한국경제의 저성장은 일시적인 것이 아니라 구조적인 현상입니다. 글로벌 경제가 호전되면 사정이 조금 나아지긴 하겠지만, 그렇다고 해서 우리 경제가 이전처럼 고성장을 구가하기는 어려워 보입니다.

따라서 기업의 경영전략도 구조적 저성장을 전제조건으로 삼아야 합니다. 더 이상 '대박'은 없다고 보고 저성장 기조에 맞게 사업계획을 세우고 경영전략을 짜야 한다는 말입니다. 국가경제가 기본적으로 저성장 기조에 있는 상황에서 기업이 과거처럼 급성장을 기대하며 투자를 급격히 늘리면 부작용이 생기는 것이 당연합니다. 최근 그룹이 해체된 STX나 동양, 웅진 같은 그룹들은 모두 2000년대 이전 고도성장 시절의 경영전략을 구사하다가 위기에 봉착했습니다. 시장이 정체 상태이거나 축소하고 있는데도 계속 커질 것으로 잘못 판단해 투자를 늘렸다가 낭패를 본 겁니다.

시장이 커지지 않는 상황에서 급격히 투자를 확대하는 일은 이렇듯 매우 위험합니다. 귀하의 답답한 심정은 이해가 되지만 시장상황을 냉정하게 판단해야 합니다. 귀사의 주력상품인 가구는 어떤가요? 시장이 정체돼 있거나 축소하고 있지는 않습니까? 그렇다면 답답하더라도 지금 같은 더딘 성장이 정상적인 것이라 생각하시고 안정성장을 추구하는 게 옳은 방법입니다.

모든 사람에게 다 그렇지만 특히 성취를 즐기고 성과지향적인 기업인들에게 조급증은 매우 위험한 존재입니다. 기업과 제품에 브랜드가 생기고 단골고객이 만들어지려면 어느 만큼의 시간이 꼭 필요합니다.

그것을 못 참고 이리저리 방향을 틀고 좌충우돌하다 별것 아닌 비바람에 사업이 통째로 뿌리째 뽑혀나가는 경우가 적지 않습니다. 어떤 때는 바보처럼 우직하게 기다리는 게 최선의 방책일 수도 있습니다. '우보천리(牛步千里)'라는 말을 들어보셨을 겁니다. 소처럼 더디게 걸어야 먼 길을 갈 수 있다는 뜻입니다. 사업도 마찬가지입니다. 빠른 것만이 능사는 아닙니다.

더 넓은 시장을 바라보며 체력을 키울 것

—

그렇다고 아무런 노력도 없이 마냥 기다릴 수는 없겠지요. 길게 보고 회사의 성장세를 강화할 방안들을 검토해보십시오.

우선 검토해야 할 것은 해외시장 진출입니다. 한국경제가 구조적 저성장기로 접어들었을 뿐이지, 세계가 모두 저성장 상태에 놓여 있는 것은 아닙니다. 한국의 내수시장과 글로벌 시장은 사정이 전혀 다릅니다. 따라서 해외의 비어 있는 시장을 공략하면 회사의 성장속도를 확 끌어올릴 수 있습니다.

물론 기업의 규모가 크지 않고 경험도 없는 상태에서 해외시장을 개척하는 것은 쉬운 일이 아닙니다. 자칫 비용과 시간만 쓰게 될지도 모릅니다. 그러나 최근 들어 한국의 국가 브랜드가 강해져 해외시장에서 한국제품에 대한 선호도가 크게 높아지고 있습니다. 이에 따라 중소기업의 해외진출도 활발하고, 성공하는 기업도 늘고 있습니다. 그러니 귀사도 지금부터라도 해외시장에 눈을 돌려보십시오.

다음으로는 기초체력을 키울 방안들을 검토해보세요. 기초체력이 커지면 시장에서 경쟁우위를 점할 수 있습니다. 한정된 시장에서 경쟁이 격화되면 경쟁력이 떨어지는 기업들은 도태됩니다. 그들이 떠난 시장은 자연스럽게 경쟁력이 강한 기업의 몫이 됩니다. 시장은 언제나 살아남은 기업들에 더 많은 기회를 부여해왔고, 역사적으로 그렇게 경쟁에서 이긴 기업들이 조금씩 영토를 넓혀왔습니다. 또 기초체력이 강하면 연관 사업을 중심으로 한 신규사업 진출도 쉬워질 것입니다. 인수합병을 통해 기존 사업을 확장하거나 새로운 사업에 뛰어들 수도 있습니다.

기초체력을 키우는 일은 경영의 효율성을 높이는 일입니다. 기술개발과 디자인 개선을 통해 제품가격을 끌어올리고, 원가를 절감하고, 비효율적 조직과 사업을 없애는 일들입니다. 이렇게 되면 매출은 크게 늘지 않을지 몰라도 영업이익이 증가해 기업의 체력이 개선됩니다. 저성장시대의 경영전략 중 하나는 매출이 아니라 이익에 초점을 두는 것입니다. 이익이 늘어나면 제품가격을 낮춰 시장점유율을 높일 수도 있고, 우수한 인력을 확보할 수도 있고, 기술개발 투자를 늘릴 수도 있습니다. 물론 이익이 많이 쌓이면 한 차원 높은 사업을 전개할 수도 있습니다.

기초체력을 키우고자 할 때 또 한 가지 꼭 힘써야 할 일이 인재에 대한 투자입니다. 사업은 인재의 합이고, 사업의 크기는 우수한 인재를 얼마나 확보하고 있느냐에 따라 결정됩니다. 영입과 교육훈련을 통해 회사가 영위하고 있는, 그리고 영위할 사업에 필요한 적임자들을 확보하십시오. 이 일에 최고경영자의 관심이 절대적으로 필요합니다. 인재투자는 단기 성과에 큰 도움이 안 되는 중장기적 관점의 투자입니다.

● ● 사장의 생각

따라서 단기성과를 염두에 둘 수밖에 없는 실무자들에게 맡겨서는 답이 나오지 않습니다. 최고경영자가 직접 나서서 진두지휘를 해야 합니다. 우수인력 확보는 기업의 체력을 키우는 기본이자 지름길이라는 점을 잊지 마십시오.

경영자들이 자주 하는 실수 중 하나가 지나치게 결과에만 집착하는 것입니다. 회사의 성장이 더뎌 답답하겠지만 결과가 아니라 과정을 즐기려고 노력해보십시오. 그러다 보면 어느 새 귀하가 원하는 회사의 모습과 현실의 거리가 많이 좁혀져 있을 겁니다.

미래도 출발선은
언제나 현실이다

•

신규사업

Q 신규사업의 방향을 놓고 임직원들 사이에서 의견이 엇갈리고 있습니다. 한쪽은 회사의 주력사업이 갈수록 경쟁이 심해지고 수익성이 떨어지니 하루 빨리 새로운 사업으로 갈아타야 한다고 주장합니다. 장차 글로벌 기업으로 성장할 수 있도록 전도유망한 사업을 발굴해야 한다는 겁니다. 그러나 다른 이들은 잘 모르는 거창한 사업보다 시장이 아주 크지 않더라도 잘할 수 있는 사업을 해야 한다고 합니다. 회사의 역량을 볼 때 지금 같은 불경기에 불확실한 신규사업에 뛰어드는 것은 무리라는 겁니다. 어떤 의견이 옳은 걸까요?

A 가능한 한 두 의견을 모두 수용하십시오. 최대한 멀리 내다보며 유망사업을 조망해보고, 현재 회사의 여건과 역량 안에서 가장 잘할 수 있는 사업도 꼽아보세요. 양쪽을 비교하며 성공확률이 좀 더 높은 쪽부터 시작하십시오. 역량이 모자란 유망사업은 책임자부터 세우고 긴 호흡으로 준비하면 됩니다.

할 수 있는 한 멀리 내다보라

—

멀리 보고 유망한 신규사업을 개척하자는 주장이나, 현실적으로 잘할 수 있는 사업으로 확장해가자는 주장은 모두 옳습니다. 두 방안 모두 많은 기업들이 고민을 거듭한 끝에 내리는 결론들이니까요. 단, 어느 한쪽을 택하면 다른 쪽은 꼭 버려야 하는 것은 아닙니다. 오히려 두 방안에 대한 고민을 좀 더 깊이 병행해본다면 한층 현명한 결론에 다다를 수 있지 않을까요?

먼저 신규사업을 검토하려면 미래를 조망해봐야 합니다. 미래에 어떤 사업이 각광을 받을 것인지, 시장규모는 얼마나 될 것인지, 누가 경쟁자로 등장할 것인지 등을 살펴봐야 합니다. 그래야 어느 분야에서 어떤 사업을 시작할지 결정할 수 있으니까요.

그런데 미래를 예측하는 것은 참 어려운 일입니다. 요즈음 보험 회사에서 가장 많이 찾고 있는 인재들이 바로 미래 전문가입니다. 미래의 세상을 알아야 그에 적합한 보험상품을 개발해 판매할 수 있고, 고객이 낸 보험금을 효과적으로 운영할 수 있기 때문입니다. 그런데 미래 전문가들은 그리 많지가 않습니다. 이 때문에 보험 회사들은 헤드헌팅 회사에 의뢰해 세계 곳곳에서 활약하고 있는 미래 전문가를 영입하고 있습니다.

보험은 특성상 수십 년 앞을 내다보고 상품을 만듭니다. 예를 들어 평균수명 50세에 맞추어 상품을 만들어 판매했는데, 얼마 지나지 않아 평균수명이 80세로 늘어났다면 보험 회사는 큰 낭패를 당하게 됩니다. 보험 지급액이 눈덩이처럼 불어나 회사가 그대로 문을 닫아야 할지도 모릅니다. 큰비가 20년에 한 번 내린다는 가정 아래 손해보험 상품을 만들었는데 기후 변화로 폭우가 자주 쏟아져 해마다 홍수가 난다고 생각해보세요. 손해보험 지급액이 급증할 것이고 보험 회사는 큰 타격을 받을 것입니다.

미래는 예측하기 어렵습니다. 그러나 신규사업을 결정할 때는 할 수 있는 한, 최대한 멀리 내다봐야 합니다. 중국의 전자상거래 회사 알리바바의 CEO 마윈은 이런 말을 했습니다. "시선이 성 하나에 머물면 성 하나에 해당하는 비즈니스만 하게 되고, 시선을 세계로 확장하면 세계적 비즈니스를 할 수 있습니다. 비전이 오늘에 머물면 오늘 할 일만 하게 되고, 10년 뒤를 내다보면 10년 이후의 비즈니스를 지금 하게 됩니다."

가능하면 멀리 보고 넓게 봐야 큰 사업을 할 수 있다는 말이지요. 너무 당연한 이야기이지만, 실천은 쉽지 않습니다. 많은 경영자들이 현실에 얽매인 나머지 미래를 보지 못합니다. 몇 년 뒤는 고사하고 몇 달 앞도 내다보지 못한 채 상황논리에 의해 의사결정을 합니다. 경영자가 상황을 선택하는 게 아니라, 상황이 경영자에게 선택을 강요하곤 합니다.

지나친 낙관은 금물, 현실적 역량 안에서 움직여라

—

그러나 신규사업을 결정할 때 미래보다 더 중요하게 살펴야 하는 것은 현실입니다. 아무리 사업 전망이 뛰어나도 그 사업을 추진할 수 있는 능력이 부족하면 소용이 없습니다. 따라서 현재 회사의 여건을 꼼꼼하게 점검해볼 필요가 있습니다.

그런데 미래 조망에 몰두하는 경영자들은 반대로 회사의 현실적 역량을 간과하는 경향이 있습니다. 이 때문에 신규사업을 시작한 뒤 자금이나 기술, 인력에서 차질이 생겨 중도하차하는 경우가 많습니다. 신규사업이 중간에 멈추게 되면 회사는 큰 타격을 입습니다. 그동안 투입된 비용과 시간이 무용지물이 되는 것은 물론입니다. 신규사업에 집중하는 과정에서 기존 사업에 대한 투자나 관심이 소홀해져 기존 사업의 경쟁력도 약해져 있습니다. 오랜 전통을 가진 회사가 신규사업이 실패하면서 문을 닫는 이유도 여기에 있습니다.

그러므로 신규사업을 추진할 때는 미래의 유망한 사업을 찾는 것과 함께 현재 회사의 상황에서 가장 잘할 수 있는 사업이 무엇인지 따져봐야 합니다. 현재 회사의 역량과 경영환경을 감안할 때 가장 잘할 수 있는 사업을 추려내는 겁니다. 그런 다음 이 사업을 미래전망이 좋다고 생각하는 사업과 비교해보세요.

두 사업이 일치한다면 금상첨화겠지만, 그런 경우는 드뭅니다. 그래서 경영자들은 고민합니다. 대부분은 현재 잘할 수 있는 사업보다 미래에 각광받는 사업을 선택하지요. 역량이 부족하긴 하지만 노력하면 충분히 극복할 수 있다고 생각하니까요. 기업인들은 대체로 도전적 성향이 강해서 역량이 부족한 것은 큰 문제라고 여기지 않습니다. 때로 부족한 역량을 단기간에 채워 불가능해 보이는 신규사업을 성공시킨 경험도 갖고 있으니 자신감이 넘칩니다.

그러나 선택의 결과는 기업인들의 기대와 정반대인 경우가 많습니다. 미래의 유망사업에 뛰어들어 성공하는 경우는 드뭅니다. 반대로 현재 잘할 수 있는 사업에 투입한 쪽은 대체로 성공합니다. 일반적으로 역량을 갖춘 회사는 그렇지 않은 회사보다 신규사업에서 성공할 확률이 세 배 이상 높습니다. 아무리 사업전망이 좋아도 역량이 부족한 회사가 추진하는 신규사업은 성공 확률이 10퍼센트에 불과합니다. 그러나 역량을 갖춘 회사는 비록 사업전망이 좋지 않은 신규사업에 진출하더라도 성공 확률이 30퍼센트까지 높아집니다.

많은 경영자들이 신규사업을 결정할 때 현재의 역량보다 미래의 가능성을 중시합니다. 알리바바의 마윈은 자신의 사업경험을 토대로 이런 이야기를 하고 있습니다. "자신의 회사가 신의 회사라고 생각하고, 경영자가 모든 것을 이해하고 있으며 모든 것을 잘할 수 있다고 생각하는 순간, 고난이 시작된다. 경영자는 자기의 한계를 알아야 한다." 스스로 많은 실패를 경험한 경영자로서, 마윈은 실패의 핵심요인으로 지나친 자신감에 기반한 낙관을 꼽고 있습니다.

전문가들은 사업에 대한 전망은 좋은 데 반해 현재 역량이 부족한 경우와 현재 역량은 충분하지만 사업의 전망이 좋지 않은 경우를 놓고 선택하라면 후자를 택해야 한다고 말합니다. 자신감과 낙관적 사고로 똘똘 뭉쳐 전자를 선택하면 십중팔구 실패한다는 겁니다.

놓치기 싫은 유망사업, 먼저 사람부터 모아라

—

그렇다면 역량이 부족할 경우 미래의 유망사업은 그림의 떡에 불과한 것일까요?

그렇지 않습니다. 준비한 뒤 사업을 시작하면 됩니다. 이때 준비의 핵심은 사람입니다. 그 사업에 필요한 인적자원을 확보하는 것입니다. 특히 그 사업을 이끌 수 있는 책임자부터 구해야 합니다. 책임자를 정하고 그를 통해 필요한 인력들을 확보한 다음 뛰어들면 성공 가능성이 훨씬 높아집니다.

꼭 내부인력들이 새로운 사업의 중심이 돼야 할 이유는 없습니다. 성공한 경영자들은 자신이 관심을 갖고 있는 사업에 최고의 인재를 투입하기 위해 회사 안팎을 가리지 않고 똑똑한 사람들을 모았습니다. 글로벌 기업 P&G의 한 간부는 이렇게 말합니다.

"우리 회사 안에 과학자가 8,600여 명이 있지만, 외부에 15만 명이 있습니다. 왜 그들을 활용하지 않나요? 우리 회사가 다 하겠다는 생각을 버려야 합니다."

종종 본인들이 다 하겠다는 생각에 갇혀 최상의 역량을 투입하지 못하는 경우를 봅니다. 그러나 요즘처럼 경쟁이 치열한 상황에서 내부 직원만으로 신규사업에 성공하기는 쉽지 않습니다.

만약 신규사업에 필요한 인재를 확보하는 데 걸리는 시간을 단축하고 싶다면 인수합병을 검토해보세요. 인수합병은 짧은 기간에 필요한 인력을 얻을 수 있는 좋은 방법입니다. 게다가 인수합병은 관련 분야의 경험까지 덤으로 안겨줍니다. 작은 규모의 인수합병을 통해 인력과 경

험을 쌓고 내부역량을 축적한 다음 본격적으로 사업에 뛰어들면, 신규
사업의 성공 가능성은 훨씬 높아집니다. 이때쯤이면 과감하게 대규모
인수합병도 추진할 수 있습니다.

● ● 사장의 생각

사업 성패,
포기하는 용기에 달려 있다
•
매몰비용

Q 작년에 두 가지 사업을 새로 시작했습니다. 우연찮게 다른 회사의 사업을 인수하
게 된 것이었습니다. 그러다 보니 적극적으로 투자하지 못했고, 그 탓인지 적자
가 심합니다. 둘 다 손익분기점을 넘으려면 내후년이나 돼야 할 것 같습니다. 이 때문에
두 사업을 지속할 것인가를 두고 의견이 분분합니다. 이미 투자한 비용이 상당하니 적자
를 벗어날 때까지 견디자는 쪽과 내후년 적자탈피도 불분명한 상황이니 지금이라도 포기
하자는 쪽이 팽팽히 맞서고 있습니다. 어떻게 하는 것이 좋을까요?

A 매몰비용은 합리적 판단을 가로막는 최대의 장애물입니다. 이미 투입된 비용에
대한 미련을 버리고, 처음부터 냉정하게 사업의 성공과 성장 가능성을 판단하세
요. '선택과 집중'은 '포기할 용기'와 같습니다. 적시에, 과감히 버릴 수 있는 결단이 무엇
보다 중요합니다.

매몰비용 함정에서 벗어나기

—

사업은 뭐니 뭐니 해도 이익이 나야 합니다. 그런데 사업을 시작해서 이익을 낸다는 것이 말처럼 쉽지만은 않습니다. 적게라도 이익이 난다는 것은 생존기반을 마련했다는 뜻이지요. 많은 기업들이 크고 작은 사업을 벌이지만 대부분 손익분기점을 넘기지 못한 채 중단하곤 합니다. 그런 점에서 내후년에라도 적자를 벗어날 수만 있다면 그 사업은 1차 관문을 통과한 셈입니다. 신규사업을 버려서는 안 되는 것이지요.

문제는 내후년 적자탈피가 예상일 뿐 확정된 것이 아니라는 데 있습니다. 우리 주변에 '조금만 더, 조금만 더'를 외치다 심각한 상황에 처한 기업들이 적지 않습니다. "조금만 더 투자하면 꼭 성과가 날 것"이라고 믿는 사업 담당자들의 말만 듣고 자금을 계속 쏟아 붓다가 큰 낭패를 당한 경영자들의 사례는 얼마든지 있습니다. 이때 경영자들로 하여금 잘못된 판단을 하게 만드는 공통요인이 있습니다. 바로 '매몰비용sunk cost'입니다. 이미 매몰돼 되돌릴 수 없는 비용, 다시 말해 의사결정하고 실행한 이후에 발생하는 비용 가운데 회수할 수 없는 비용을 말합니다. 이 매몰비용이야말로 합리적 판단을 가로막는 최대의 장애물입니다. 그동안 투입한 자금이나 노력, 시간이 아까워 전망 없는 사업인데도 포기하지 못한 채 계속 끌려가는 것이지요. 이것은 꼭 우유부단한 경영자에게만 벌어지는 일이 아닙니다. 오히려 자기확신이 강한 경영자들이 자신의 선택을 정당화하기 위해 투자를 늘리며 적자폭만 더 키우는 경우도 종종 보게 됩니다.

경영학에서 매몰비용과 관련해 자주 인용되는 것이 '콩코드 오류 Concord fallacy'입니다. 1962년, 영국의 브리티시에어와 프랑스의 에어프랑스는 공동으로 초음속 여객기 개발에 뛰어들었습니다. 7년 뒤, 5조 원의 막대한 개발비를 투입한 끝에 세계 최초의 초음속 여객기 콩코드가 탄생했습니다. 콩코드는 파리와 뉴욕 간 비행에 7시간이 걸리는 것을 절반 이상 단축시키며 세계의 주목을 받았고, 1976년부터 상업비행을 시작했습니다. 그러나 당초 예상보다 이용자가 무척 적었습니다. 과도한 연료소모와 100석에 불과한 좌석으로 인해 항공료가 비쌌고, 소음도 심했기 때문입니다. 경제성 없는 사업이 되고 만 거였지요. 설상가상으로 오일쇼크가 터지면서 여행객들은 속도보다 경제성을 중시하기 시작했습니다. 그러나 두 항공사는 기존의 막대한 투자비와 여객 수요 증가에 대한 막연한 희망으로 운항을 계속했습니다. 2007년, 결국 운항중단에 이를 때까지 콩코드는 두 회사에 만성 적자만을 안겨주었습니다.

이렇게 이미 투입된 매몰비용에 시선이 고정돼 있으면 합리적 의사결정을 할 수가 없습니다. 투자한 시간과 비용이 아깝고 어렵게 만들어 놓은 것을 부수기가 아까워, 계속 밑 빠진 독에 물을 붓게 되는 것입니다. 과감하게 버리고, 잊고, 철수해야 하는데 그러지를 못합니다. 경영진이 그에 연연해하는 동안 쓸데없는 비용을 계속해서 지출하면서 조직은 큰 상처를 입게 됩니다. 그러다가 매몰비용보다 더 많은 비용을 낭비하기 일쑤입니다.

　매몰비용은 깨끗이 잊어야 합니다. 처음으로 돌아가 신규사업에 대해 냉정하게 판단해야 합니다. 이미 투입된 비용이나 시간, 노력 등을 생각하지 말고 현 상황에서 사업의 성장 가능성을 따져보세요. 단기적으로 적자를 벗어나는 것이 문제가 아니라, 중장기적으로 성장발전할 수 있는지가 핵심입니다. 충분히 성장가능한 사업이라면 적극적으로 추진할 일이고, 그렇지 않다고 판단한다면 빨리 손을 털고 일어나야 합니다.

한 번의 'YES'를 위한 수백 번의 'NO'
—

또 한 가지, 꼭 명심하고 실천해야 할 항목이 있습니다. 우리는 종종 제대로 성장하지 못하고 있는 사업을 여러 개 거느리고 있는 기업들을 접합니다. 경영자의 이야기를 들어보면 각 사업은 나름대로 진출한 이유가 있습니다. 문제는 비슷비슷한 상황에 처한 사업단위들이 많다 보니 조직의 역량이 집중되지 못한다는 겁니다.

　선택과 집중.

　누구나 알고 있는 말이지만 현장에서 제대로 실천하기가 좀처럼 쉽지 않은 말입니다. 말로만 선택을 하고 집중을 할 뿐, 실제로 아무것도 선택하지 않고, 따라서 아무것에도 집중하지 않습니다. 이렇게 되는 데는 이유가 있습니다. 좋은 것을 선택만 하고 싶어 하지, 포기할 생각은 없기 때문입니다. 하지만 한 가지를 선택한다는 것은 다른 한 가지를 포기한다는 뜻입니다. 그래야 집중이 가능해집니다.

　그런데도 많은 경영자들이 포기하지 않습니다. 아니, 못한다고 보는 것이 맞겠지요. 앞서 말한 매몰비용 때문에, 또 조금만 더 투입하고 조금만 더 견디면 살아날 것이라는 기대 때문에, 혹은 자신의 선택이 잘못되었음을 인정하기가 어려워서 포기하지 못합니다. 그러나 거듭 강조하지만 포기해야 집중할 수 있습니다. 스티브 잡스는 1997년 애플의 세계개발자 콘퍼런스에서 이런 말을 했습니다.

　"사람들은 집중이란 집중할 것에 예스[yes]라고 말하는 것이라고 생각한다. 하지만 집중은 전혀 그런 게 아니다. 다른 좋은 아이디어 수백 개에 노[no]라고 말하는 게 집중이다. 실제로 내가 이룬 것만큼이나 하지 않은 것도 자랑스럽다. 혁신이란 1,000가지를 퇴짜 놓는 것이다."

　경영실패는 포기하지 못하고 다 끌어안으려는 과정에서 잉태되는 경우가 많습니다. 현실에서 꿩 먹고 알 먹고, 누이 좋고 매부 좋은 일은 그리 흔하지 않습니다. 한쪽만 먹어야 하고 한쪽만 좋은 경우가 대부분입니다. 포기를 치욕적 행위라고 생각하지 마십시오. 그동안 쏟아 부은 것들이 아깝지만, 밤잠이 안 올 만큼 속이 상하고 분하지만, 그래도 과감히 포기하십시오. 가장 중요한 것을 위해서라면 나머지는 포기할 줄 아는 것, 이는 사업가가 꼭 갖춰야 할 큰 덕목입니다.

신규사업 실패가
반복되는 까닭

•

사업의 지속과 철회

Q 저희 회사는 지난 10여 년 동안 여러 신규사업을 추진했습니다. 경기 변동성이
너무 심하고 시장경쟁이 치열해 위험을 피하고 싶었기 때문입니다. 그러나 현재
까지 성공한 사업은 없습니다. 사업의 성과가 기대만큼 나지 않아 모두 2~3년을 넘기지
못하고 중단했습니다. 임직원들은 신규사업 이야기가 나오면 "우리 회사는 안 돼"라거나
"현재 사업에나 집중하지 왜 자꾸 되지도 않을 일을 벌이는 거야"라는 냉소적 반응을 보
입니다. 대체 신규사업이 자꾸 실패하는 이유가 무엇일까요?

A 신규사업이 안착하기까지는 투입량과 투입시간의 절대치가 꼭 필요합니다. 또
한 사업 초기에 충분한 인력투자가 이뤄져야만 합니다. 조바심을 버리고 좀 더
뚝심을 발휘하십시오. 기대치를 낮추고 우선 작은 성공을 만들어내는 데 만족하십시오.
그래야 사업을 성공시킬 수 있습니다.

비용, 시간, 인력을 충분히 투입했는가?

—

신규사업이 잘 안 되는 이유는 여러 가지가 있습니다. 사업 아이템을 잘 못 잡은 것일 수도 있고, 적임자를 확보하지 못했을 수도 있습니다. 적절한 투자가 제때 이뤄지지 못한 탓도 있을 겁니다. 원인이 너무 많아서 어떤 것 때문이라고 단정해서 말하기 어렵습니다. 단지 귀하의 회사에서 오랫동안 신규사업을 추진했지만 매번 실패로 끝났다는 점을 감안할 때 '혹시 너무 낙관적이지 않았나'라는 생각부터 하게 됩니다.

신규사업을 할 때 가장 자주 하는 실수는 투입비와 투입시간을 너무 적게 잡는 것입니다. 많은 경영자들이 신규사업 계획을 짤 때 3년 안에 손익분기점을 넘는 것을 목표로 합니다. 어떤 경영자는 아예 3년 안에 투자비를 회수하겠다고 의욕적 목표를 세우기도 합니다. 물론 이런 목표를 달성하는 경우도 있습니다만, 이는 극히 일부에 불과합니다. 대부분 사업이 안착할 때까지 계획보다 훨씬 많은 비용과 시간을 씁니다. 성공하기까지 3~4년은 기본이고 어떤 사업은 10년 넘게 투입을 계속해야 겨우 자리를 잡기도 합니다.

더구나 성공한 사업들을 살펴보면 실제 투입비와 투입시간은 장부에 기록된 것보다 훨씬 더 많습니다. 사업을 크게 일군 경영자들은 해당사업에 착수하기 전에 오랫동안 시장조사를 해왔고, 머릿속에서 수많은 사업계획서를 써왔습니다. 특히 연관 사업에 진출해 성공한 경우라면 이미 간접적으로 해당 사업을 경험했고, 사업 시작 전부터 관련 인력이나 기술, 시장 정보를 확보했습니다. 그래서 신규사업에 들어가는 실제 비용과 시간은 바깥에 알려진 것보다 몇 배에서 몇 십 배까지 많습니다. 그런데도 많은 경영자들이 직접투자비와 투자시간만을 계산하고 사업계획을 짭니다. 그러다 보니 적절한 투자가 이뤄지기 어렵습니다.

성공한 사업가들이 자주 "투입량이 실제보다 더 많이 들어갔다"거나 "사업이 계획대로 잘 진행되지 않았다"고 회고하는 것도 알고 보면 투입량을 적게 계산했기 때문인 경우가 많습니다. 어떤 사업이 기반을 확보하는 데 15만큼의 요소가 필요하다고 가정해보죠. 이를 잘 모르는 경영자는 필요한 요소를 12라고 착각해 3년 동안 4씩 투입합니다. 투입량이 부족하니 신규사업이 제대로 자리를 잡지 못하는 것은 당연할 겁니다. 결국 이 사업은 1~2년간 추가로 투입한 뒤에야 안착에 성공하게 됩니다. 이론적으로 부족분 3만 추가로 투입하면 되겠지만, 남은 기간 동안의 유지비용을 감안할 때 실제 추가투입돼야 하는 것은 3이 아니라 그 이상일 겁니다. 만약 3년간 5씩 투입했다면 계획대로 신규사업이 안착했을 가능성이 큽니다.

신규사업이 안착되려면 절대 투입량 못지않게 절대 투입시간도 충족해야 합니다. 최고의 신기술을 도입하고 자본과 인력을 제때 충분히 투입해 상품을 만들었다고 해도, 그 상품이 시장에서 인지도를 얻고 충성고객을 확보하기까지는 절대시간이 필요합니다. 아무리 마케팅을 강화하고 영업력을 보강해도 시간을 단축하는 데는 한계가 있습니다. 만약 기술과 자본과 인력 중 하나라도 제때 충분하게 공급하지 못했다면 그 시간은 계획보다 더 길어집니다.

또한 신규사업과 관련해 절대 간과하면 안 되는 것이 인재입니다. 신규사업의 성패를 실질적으로 좌우하는 것은 자금도 기술도 아닌 인재입니다. 어떤 인재를 얼마나 확보하느냐가 사업의 안착과 성장에 결정적 영향을 미칩니다. 특히 사업 초기에 우수한 인재가 투입돼야 합니다.

그럼에도 많은 경영자들이 인재의 중요성을 간과합니다. 평범한 인력으로 어찌어찌 해가려고 합니다. 사업이 어느 정도 가시화된 뒤 나중에 우수한 인력을 투입하겠다고 생각합니다. 기업들이 실제보다 신규사업 투입비를 적게 잡는 이유도 여기에 있습니다. 경쟁자와 격차를 만들어낼 수 있는 우수한 인력을 초기에 투입해야 하는데 그렇게 하지 않는 것이죠. 그러나 사업의 꼴은 초기에 만들어집니다. 나중에 우수인력이 다수 들어와도 사업의 꼴을 바꾸기는 어렵습니다. 그러니 회사가 확보할 수 있는 최고의 인력을 사업 초기에 투입해야 합니다.

기대치를 낮추고 작은 성공에서 시작하라

—

이렇게 신규사업은 진행속도가 예상보다 더디고, 성과가 기대보다 적을 가능성이 많습니다. 그런데도 많은 경영자들이 가능성이 없다고 일찍 포기합니다. 씨앗을 잘못 선택한 게 아니라 너무 깊게 심는 바람에 땅속에서 이제 막 싹이 트고 있는데도 겉으로 보이지 않는다고 해서 땅을 갈아엎고 새 씨를 뿌리는 것과 마찬가지입니다.

귀하의 회사도 혹시 그동안 신규사업에 투입량과 투입시간을 너무 적게 잡고 있던 것은 아닌지 점검해보세요. 또 성장속도를 너무 과하게 책정해 싹이 작고 크는 속도가 느리다고 해서 씨앗을 잘못 선택했거나 전망이 없다고 판단한 것은 아닌지 생각해보세요. 그리고 앞으로는 신규사업을 추진할 때 약간의 가능성이라도 발견된다면 좀 더 긴 호흡으로 지켜보십시오.

신규사업은 씨를 뿌려 싹을 틔우고 키워내는 일과 비슷합니다. 물과 거름을 주고 햇볕을 잘 받도록 관심을 쏟으면 비록 예상했던 시간을 초과하더라도 싹이 떡잎 단계를 벗고 제 모습을 갖춰갑니다.

그래서 신규사업을 성공시키는 경영자들은 대개 뚝심이 있고 집요한 성격의 소유자들입니다. 오랫동안 세밀하게 지켜보면서 투입을 계속해야 하기 때문입니다. 작은 가능성을 만들어내기까지 참고 기다려야 하고, 그 뒤 성장하기까지 지속적 관심을 가져야 합니다. 조바심을 내면 신규사업은 제대로 키워내기 어렵습니다.

만약 귀사가 경쟁회사보다 생산성에서 1퍼센트 앞서는 작은 신규사업을 만들어냈다면 절반은 성공했다고 자평해도 좋습니다. 물론 그 사업은 당장 별 매력이 없고 전망도 안 보일 수 있습니다. 그러나 길게 보고 투자를 계속해 해마다 1퍼센트씩 생산성에서 앞서간다면, 귀사는 10년 뒤 경쟁회사보다 10퍼센트 이상 생산성 격차가 벌어진 탄탄한 사업을 갖게 됩니다.

결국 신규사업을 성공시키려면 우선 기대치를 낮춰야 합니다. 투입량과 투입시간이 많고 생산량은 적은 것을 전제로 해야 합니다. 일단 그렇게 작은 성공을 만들어내는 데 초점을 맞추세요. 작은 성공을 만들어내면 큰 성공은 예상보다 빨리 올 수도 있습니다.

　　　　　　　　　　　　　　•• 사장의 생각

레드오션에도
길은 있다
·
성숙산업

Q 저희 회사가 하는 사업은 레드오션에 속해 있습니다. 성숙산업이어서 성장이 거의 멈춘 상태인데 가격경쟁은 날로 심해집니다. 이 때문에 블루오션을 찾아야 한다는 주장이 계속 제기돼왔습니다. 하지만 신규사업은 성공을 장담하기 어렵고 투자 규모가 커서 실패하면 회사에 큰 타격이 우려됩니다. 그래서 기존 사업의 혁신을 통해 경쟁력을 강화하는 쪽으로 방향을 정했는데, 여전히 사내에 반대의견이 상당합니다. 기존 사업의 혁신이 쉽지 않고 비용과 시간도 많이 들어간다는 겁니다. 레드오션에서 승부를 보려는 생각이 잘못된 것일까요?

A 레드오션에서 기존 사업을 혁신해 성과를 거두려면 신규사업만큼 투자를 해야 하고 신규사업보다 더 까다로운 인력 운용을 감수해야 합니다. 신규사업보다 쉽거나 빠른 길이라는 생각은 거두시고, 일단 조직 내에 혁신에 대한 공감대부터 만들어나가십시오.

'해오던 일이니 적당히 투자해도…'

—

부담을 안고 신규사업에 뛰어들기보다 안전하게 기존 사업을 혁신해 경쟁력을 높이겠다는 계획이군요. 물론 가능한 일입니다만, 결코 만만치 않을 것입니다. 여러 임직원들이 걱정하는 대로 레드오션에서 기존 사업의 경쟁력을 강화해 수익을 늘리기란 꽤나 어려운 일입니다. 가시적 효과를 거두려면 많은 투자가 필요하고 상당한 시간이 걸립니다. 당장 비용이 적게 들어 위험이 적은 것처럼 보입니다만, 시장을 바꿀 만한 파괴력 있는 결과를 만들어내기가 쉽지 않아 자칫하면 아까운 시간만 허비할 수 있습니다. 더구나 기회비용까지 감안하면 결코 비용이 적게 든다고 볼 수도 없습니다. 이 때문에 많은 경영자들이 기존 사업을 혁신하는 것보다 신규사업을 곁눈질하게 됩니다.

레드오션에 있는 기업들이 기존 사업의 경쟁력 강화에 성공하지 못하는 것도 상당 부분 이 문제와 관련이 있습니다. 신규사업만큼 많은 시간과 비용을 투입해야 결과를 이끌어낼 수 있는데 그렇게 하지 않는 것입니다. 대부분 투입은 적게 하면서 효과는 금방 나타날 것으로 기대합니다. 물론 기대만큼 단기간에 성과를 볼 수 없습니다. 그러니 레드오션에서 기존 사업의 생산성을 높여 수익을 늘리려는 계획은 종종 실패로 끝나고 맙니다.

따라서 귀하가 기존 사업의 경쟁력을 강화해 수익을 키우려 한다면 무엇보다 신규사업에 준하는 각오로 임해야 합니다. 비용과 시간을 신규사업 못지않게 투입해야 한다는 뜻입니다. 특히 레드오션에서 단순히 수익을 늘리는 것이 아니라 시장의 강자로 자리 잡고자 한다면 더욱 그렇습니다.

성공하려면 마른 수건도 다시 짜라!

—

누군가 이렇게 반문을 제기할지도 모릅니다.

"신규사업 수준으로 투입해야 한다면 차라리 신규사업을 하고 말지 왜 기존 사업에 매달립니까? 기존 사업의 경쟁력 강화에 투자하는 이유는 투입비가 적고 투입효과가 금방 나타나기 때문 아닌가요?"

기존 사업에 투입하는 것은 물론 투입비가 적고 효과가 금방 나타나리라 기대하기 때문이기도 하지만, 또 다른 주요 요인은 투입의 위험이 적다는 점입니다. 사업내용을 잘 알고 있어서 가장 효율적으로 재원을 투입할 수 있기 때문입니다.

전문가들은 혁신에 성공할 경우 레드오션의 성숙산업에서도 연평균 15퍼센트 이상의 높은 성장이 가능하다고 말합니다. 철저한 점검과 끊임없는 노력으로 비용을 절감하고 성과를 끌어올린다면 당장은 아니더라도 시간이 지나면서 경쟁회사를 압도할 수 있는 위치에 오른다는 것입니다.

우리 주변에도 이렇게 기존 사업의 혁신을 통해 위기를 극복하고 작지만 강한 '강소기업'으로 발전하고 있는 기업들이 많이 있습니다. 이들은 마른 수건도 다시 짜는 심정으로 원가를 절감하고 설비와 공정을 개선해 성과를 끌어올렸습니다. 비관련 사업을 매각하고 본업에 집중해 사업의 경쟁력을 강화했습니다. 지속적 혁신으로 생산성이 높아지자 수익성이 좋아졌습니다. 이 회사들은 생산성 향상으로 만들어진 수익으로 경쟁회사나 연관사업을 인수합병하고 설비를 증설합니다. 이렇게 규모를 키우고 시너지를 강화하며 회사는 한 단계씩 도약해나갑니다.

혁신의 열쇠는 인재영입과 운용
—

레드오션에 있는 기존 사업의 경쟁력 강화가 어려운 또 다른 이유는 인력의 효율적 운용이 쉽지 않기 때문입니다.

기존 사업의 생산성을 끌어올리려면 지금까지와는 다른 새로운 시각이 필요합니다. 새로운 시각으로 설비와 공정과 시장을 볼 수 있어야 개선방안을 찾을 수 있습니다. 이를 위해서는 인재영입이 불가피합니다. 그것도 시장 전체를 조망하면서 미래를 볼 수 있는 고급인재를 영입해야 합니다. 기술을 들여오고 설비를 교체하고 프로세스를 개선하고 신제품을 만드는 것은 그다음의 일입니다. 새로운 인물이 새로운 시각으로 바라본 뒤 결정할 일이라는 겁니다.

물론 기존 임직원들이 내부교육과 외부자문을 통해 안목을 키우면서 시간을 갖고 해법을 찾을 수도 있습니다. 그러나 대부분의 회사 상황이 그렇게 천천히 갈 만큼 녹록하지 않습니다. 신규사업을 검토하거나 기존 사업의 혁신에 나서려는 기업들은 대개 상당한 위기에 처해 있습니다. 위기에서 벗어나려면 혁신에 적합한 인재들을 빨리 영입하는 것이 현실적 방안입니다.

그런데 문제는 이런 인재를 찾기 어렵고, 설령 발견했더라도 영입이 쉽지 않다는 것입니다. 앞서 말했듯 레드오션에서 기존 사업의 경쟁력을 강화해 수익을 끌어올리려면 업계의 최선두에 있는 전문가들이 필요합니다. 그런데 이런 인재를 영입하기가 참 어렵습니다. 이런 인재는 대개 선발회사에 재직하고 있고 좋은 대우를 받고 있습니다. 영입하려면 많은 연봉과 복리후생을 포함해 그가 매력적으로 느낄 수 있는 조건들을 제시해야만 하겠지요.

더 큰 문제는 어렵게 적임자를 찾아서 설득하는 데 성공하더라도, 조직 구성원들이 그를 잘 받아들이지 않는다는 것입니다. 레드오션에서 사업을 하다 성장정체를 맞았다는 것은 그 분야에서 오래 자리 잡고 있었다는 뜻이기도 합니다. 그만큼 조직도 굳어졌고 조직문화도 폐쇄적일 가능성이 큽니다. 이런 상태에서는 영입된 인재가 역량을 발휘하기 어렵습니다. 새로운 직원들이 조직 내에서 섬처럼 존재한다면 조직의 혁신을 이뤄내는 게 불가능할 겁니다. 특히 새로운 인력을 영입하려면 기존 인력을 내보내야 할 수도 있는데 이 과정에서 갈등이 빚어지면 혁신은 멈춰버리고 맙니다.

요컨대 레드오션에서 기존 사업의 혁신을 이루는 일은 신규사업보다 훨씬 어려운 과제입니다. 귀하도 이런 문제들을 꼭 염두에 두기 바랍니다. 정말로 혁신을 시작하기로 마음을 정했다면 먼저 조직 구성원들의 동의와 참여를 어떻게 이끌어낼 것인가부터 고민하십시오.

KI신서 6140

사람을 경영하는
사장의 생각

1판 1쇄 발행 2015년 8월 24일
1판 11쇄 발행 2023년 3월 10일

지은이 신현만
펴낸이 김영곤 **펴낸곳** (주)북이십일 21세기북스
출판마케팅영업본부 본부장 민안기
출판영업팀 최명열 김다운
제작팀 이영민 권경민

출판등록 2000년 5월 6일 제406-2003-061호
주소 (우 10881) 경기도 파주시 회동길 201(문발동)
대표전화 031-955-2100 **팩스** 031-955-2151 **이메일** book21@book21.co.kr

(주)북이십일 경계를 허무는 콘텐츠 리더

21세기북스 채널에서 도서 정보와 다양한 영상자료, 이벤트를 만나세요!
장강명, 요조가 진행하는 팟캐스트 말랑한 책 수다 〈책, 이게 뭐라고〉
페이스북 facebook.com/jiinpill21   포스트 post.naver.com/21c_editors
인스타그램 instagram.com/jiinpill21   홈페이지 www.book21.com
유튜브 www.youtube.com/book21pub

서울대 가지 않아도 들을 수 있는 명강의! 〈서가명강〉
유튜브, 네이버, 팟캐스트에서 '서가명강'을 검색해보세요!

ISBN 978-89-509-6087-2 03320
책값은 뒤표지에 있습니다.